BTS TOURISME

1re ET 2e ANNÉES

Collection coordonnée par Dany Deschamps

BLOC 1

GESTION DE LA RELATION CLIENTÈLE TOURISTIQUE

RÉFÉRENTIEL 2019

Philippe Chanliau, Sandrine Dacunha,
Laurence Garnier et Véronique Luce

Nathan TECHNIQUE

ISBN : 978-2-09-167318-9

Avec ce livre, une licence i-MANUEL 2.0

Le i-Manuel 2.0, un outil simple d'utilisation qui reprend l'ensemble des contenus de ce livre sous forme numérique et interactive.

Il permet d'accéder au contenu de ce manuel à tout moment et en tout lieu sur un ordinateur ou une tablette. L'utilisateur peut donc passer du papier au numérique et choisir le support qui lui convient le mieux selon le travail à faire et le lieu où il se trouve.

Une véritable interactivité entre l'enseignant et sa classe

- **Vidéoprojeter** en classe les activités, les documents et les corrections pour animer les cours et travailler collectivement.
- **Piloter la classe** en assurant le suivi du travail des élèves à distance et en cours (recevoir et envoyer du travail, faire des commentaires, intervenir en temps réel).
- **Intégrer et envoyer à la classe**, à un ou plusieurs élèves, **des documents personnels**.
- **Afficher les corrigés** ou la correction individuelle du travail de l'élève.
- **Télécharger le livre** pour une utilisation sans connexion.
- **Imprimer** les documents nécessaires pour mettre les élèves en **situation d'examen**.

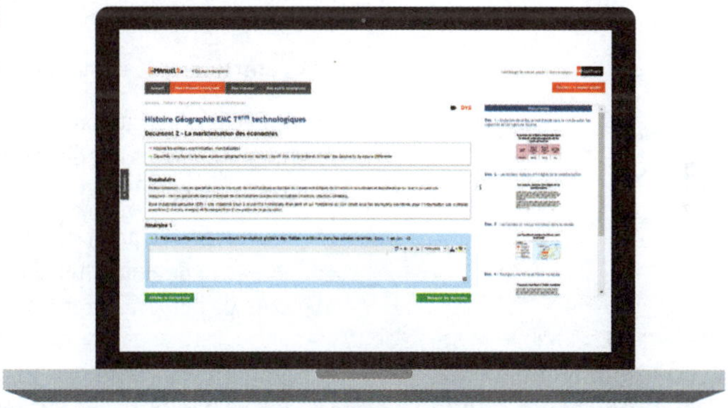

Des fonctionnalités innovantes pour favoriser l'intérêt, la motivation et l'implication des élèves

- **Saisir les réponses** en travaillant sur ordinateur ou tablette.
- **Faire les activités et les exercices**, préparer ou réviser le cours **en classe ou à la maison**.
- **Accéder** aux **ressources numériques**, vidéos, fichiers élèves (Word, Excel, GeoGebra...).
- **Sauvegarder** au **format Word** le travail effectué dans un dossier (classeur).
- **Envoyer le travail** au professeur.
- **S'enregistrer** pour les activités orales.
- **S'auto-évaluer**.

Toutes les infos et les tutos sur www.nathan.fr/i-manuel2

Avec ce livre, des ressources numériques en accès direct

Flashez les QR Codes avec votre smartphone ou saisissez les mini-liens associés pour accéder à des vidéos, animations, QCM...

SOMMAIRE

FICHES RESSOURCES

Chapitre 1

Chapitre 2

Chapitre 3

Chapitre 4

Chapitre 5

Chapitre 6

Chapitre 7

Chapitre 8

Chapitre 9

Chapitre 10

FICHES RESSOURCES

Chapitre 11

Chapitre 12

CHAPITRE

VERS PIX 3.1 Développer des documents textuels
3.3 Adapter les documents à leur finalité

1 Aménager l'espace d'accueil et de vente

TÂCHES

- → Préparer et transmettre de l'information touristique sous forme papier et numérique
- → Mettre en valeur l'offre proposée par le point d'accueil

COMPÉTENCE

- → C1. Organiser l'espace d'accueil

SITUATION PROFESSIONNELLE

Implanté au cœur de la ville, sur l'emblématique Canebière, l'Office de Tourisme et des Congrès de Marseille (OTCM) est un établissement de 3 000 m² situé dans un immeuble haussmannien, qui a été inauguré en mars 2013. Une vingtaine de conseillers et conseillères en séjour polyglottes reçoivent et renseignent chaque jour entre 400 et 4 500 visiteurs de toutes nationalités. L'accueil se fait tous les jours de l'année, du lundi au samedi de 9 h à 19 h, le dimanche et les jours fériés de 10 h à 17 h. Une boutique est à la disposition des visiteurs dans le hall d'accueil. L'OTCM bénéficie depuis 2013 du label Tourisme et Handicap ainsi que du label Famille Plus.

VOTRE MISSION

Vous êtes rattaché(e) au pôle Communication et marketing de l'OTCM. Il vous est demandé d'analyser l'aménagement de ses différents lieux d'accueil et de préparer l'information touristique afin de valoriser l'offre proposée par l'OTCM et ses partenaires.

TRAVAIL À FAIRE

I Identifier les intervenants de la distribution touristique

Vous êtes contacté(e) par le directeur du salon professionnel Ditex (Distribution Tourisme Exposition), rendez-vous incontournable des professionnels du tourisme à Marseille. Ce dernier souhaite inviter une vingtaine d'exposants à découvrir les charmes de Marseille avant l'ouverture du salon. Il vous fournit la liste des exposants.

Liste des exposants
liennathan.fr/h6p73e

1. Classez les exposants selon leur rôle dans la distribution touristique. — Annexe 1 ; Fiche ressource 1
2. Montrez dans quelle mesure le Ditex est un lieu d'accueil et de vente. — Fiche ressource 2
3. Qualifiez la méthode de vente mise en œuvre sur un salon.

Le salon présente encore des stands inoccupés. Vous êtes chargé(e) d'aider son directeur à commercialiser les espaces disponibles.

4. Rédigez un mail destiné aux acteurs locaux du tourisme afin de les convaincre de participer au Salon Ditex. — Annexe 2

II Préparer et transmettre l'information touristique

Votre responsable, M. Salah, vous sollicite afin de créer des supports d'information destinés à mettre en valeur le CityPass, une offre touristique avantageuse pour découvrir Marseille, et de les diffuser largement auprès du grand public.

5. Identifiez les différentes cibles auxquelles seront adressés ces supports. — Annexe 3
6. Imaginez par quels canaux, physiques ou virtuels, vous allez diffuser ces supports afin de communiquer sur cette prestation. — Fiches ressources 2 et 3
7. À l'aide d'un outil de PAO (Publisher, par exemple), créez un support d'information sur le CityPass, sous forme de flyer, à partir des informations dont vous disposez.
8. Suggérez plusieurs lieux où ces flyers pourront être mis à disposition du public.

III Proposer un nouvel aménagement de l'OTCM

M. Salah vous demande d'analyser l'agencement actuel de l'OTCM afin de faire des propositions d'amélioration.

9. Présentez à M. Salah les points forts de l'agencement actuel de l'OTCM. — Annexes 4 et 5 ; Fiche ressource 4
10. Proposez deux améliorations d'aménagement. Justifiez vos choix.

IV Analyser l'aménagement du site Internet

Le site Internet de l'OTCM est régulièrement mis à jour. Vous êtes chargé(e) d'étudier son aménagement actuel en vue de sa prochaine refonte.

11. Identifiez les différentes formes que revêt l'information touristique sur le site Internet de l'OTCM.

Annexe 6
Fiche ressource 3

12. Analysez la structure de la page du site Internet et proposez des améliorations pertinentes pour améliorer l'accessibilité de l'information à ses différents publics.

Fiche ressource 5

13. Justifiez la mention des différents réseaux sociaux sur lesquels l'OTCM est présent.

VOTRE DOSSIER

ANNEXE 1 Classement des exposants du Ditex

Prestataires de base	Producteurs de voyages	Distributeurs de voyages	Intermédiaires *online*	Professionnels du tourisme réceptif	Organismes locaux touristiques (OLT)

ANNEXE 2 Extrait du site du Salon Ditex

POURQUOI EXPOSER ?

Présenter de nouveaux produits
Un salon est le cadre idéal pour dévoiler un nouveau produit ou service. Il constitue une excellente rampe de lancement : Animations sur stand, conférence, relations presse, concours, échantillonnage…

Soigner ses clients / séduire ses prospects / Tisser des partenariats
Le salon est un média de contact, il est l'occasion de rencontrer ses clients et prospects dans un cadre convivial et de faire une excellente opération de relations. Il permet aussi de nouer des partenariats et de développer son réseau

Se tester sur le marché / S'informer
Un salon ne sert pas seulement à faire croître son chiffre d'affaires, il permet de s'informer sur l'état du secteur et sur les nouvelles tendances. Il est une excellente opportunité de tester ou faire tester une nouveauté mais aussi de glaner de nouvelles idées, de nouveaux prestataires etc… Les conférences et débats permettent également de faire le plein d'informations.

Doper la notoriété de sa société
Un stand est un très bon moyen de cultiver son image et d'améliorer sa notoriété.Accompagner sa participation d'un dispositif de communication ambitieux est essentiel et permet au salon d'être le média le plus efficace pour doper sa notoriété.

Mobiliser ses équipes
Le salon est enfin une occasion supplémentaire de mobiliser ses troupes, notamment les forces de vente, autour d'un « événement fédérateur ».

www.ditex.fr

ANNEXE 3 Présentation du CityPass

L'incontournable pour visiter Marseille !

Seul, en famille ou entre amis, profitez des bons plans pour découvrir et visiter la ville à votre rythme avec le CityPass.
Transports, musées, culture et loisirs en forfait tout compris proposé en 24 h, 48 h ou 72 h.

Que comprend le CityPass ?

- Accès aux transports publics en illimité
- Le vélo (1re heure gratuite de chaque trajet)
- Libre accès aux musées de Marseille
- La visite du château d'If
- Le bateau pour aller sur l'île d'If ou les îles du Frioul
- Un circuit en petit train
- Une visite guidée au choix du programme de l'Office (en tarif réduit pour le CityPass 24 h et 48 h, gratuite pour le CityPass 72 h)
- Réductions à la boutique de l'Office de Tourisme et des Congrès de Marseille
- Nombreuses réductions et dégustations dans les magasins et chez les prestataires partenaires
- Tarif réduit pour les enfants de 7 à 15 ans (dans le cadre d'une famille)

Comment j'active mon CityPass ?

- En le présentant à l'entrée des sites mentionnés.
- La carte est valable 24 h, 48 h ou 72 h consécutives à partir du moment où elle est scannée pour la première fois.

ANNEXE 4 L'Office de Tourisme et des Congrès de Marseille

© OTCM

ANNEXE 5 Informations concernant l'OTCM

Office de Tourisme et des Congrès

11 La Canebière – 13001 Marseille

Tél. : 0826 500 500 (0,15 € la minute depuis un poste fixe)

information@marseille-tourisme.com

Accès personnes à mobilité réduite

Animaux acceptés

Coin enfant

Boutique souvenirs

Location de boîtier wifi

Wifi ville

Accueil / Informations

(En raison de la situation sanitaire actuelle, les horaires sont modifiés jusqu'à nouvel ordre)

Du lundi au dimanche et jours fériés : 10 h à 17 h

Jours de fermeture : 25 décembre et 1er janvier

La Boutique

Du lundi au samedi : 10 h à 17 h

Jours de fermeture : 25 décembre et 1er janvier

Contact : 04 91 13 89 16

boutique@marseille-tourisme.com

ANNEXE 6 Extraits du site Internet de l'OTCM

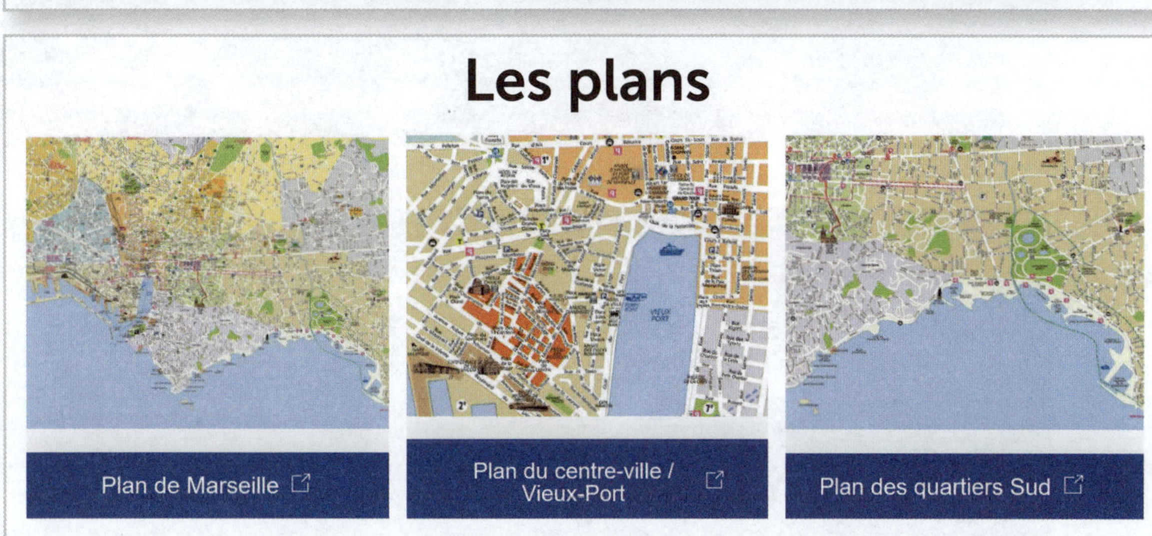

Guides et brochures

Les Incontournables à Marseille

Guide Marseille en famille

Guide des restaurants

Marseille en vidéos

Retrouvez toutes les vidéos de promotion de Marseille, pour vous donner un aperçu de toutes les facettes de la ville, ressentir son atmosphère, sa nature, ses habitants et son art de vivre au bord de la Méditerranée ! Des vidéos disponibles à la demande.

Marseille
OFFICE DE TOURISME ET DES CONGRÈS

L'équipe vous accompagne

Office Métropolitain de Tourisme et des Congrès de Marseille
11 La Canebière - CS 60340
13211 Marseille cedex 01

NOUS ÉCRIRE >

+33 (0)826 500 500 >

*0,15€ la minute depuis un poste fixe

COMMENT VENIR >

Restons connectés
Suivez nous

Abonnez vous à nos actualités

Votre adresse mail

S'abonner

Mentions légales · Plan du site · Politique de confidentialité

DOCUMENTATION | HANDICAP | FAMILLE PLUS

FICHE RESSOURCE

1 Les intervenants dans la distribution touristique

La distribution touristique désigne l'ensemble des opérations mises en œuvre par le producteur lui-même ou par un ou plusieurs intermédiaires, appelés « distributeurs », permettant la commercialisation d'un produit touristique auprès du consommateur final (particulier ou entreprise).

I Les producteurs de produits touristiques

1 Les fournisseurs de prestations de base

Ce sont les prestataires de services qui entrent dans la composition d'un séjour touristique. Chacune des composantes est appelée « prestation sèche » : entreprises de transport, d'hébergement, de restauration, de loisirs, sociétés d'assurances spécialisées pour les professionnels du tourisme...

2 Les voyagistes

Également appelé « tour-opérateur » (TO), mot issu de l'anglais « *tour operator* », le voyagiste ou producteur de voyages est un professionnel chargé d'assembler des prestations sèches afin de créer un forfait touristique (ou package) vendu à un prix tout compris.

On distingue les voyagistes ayant une clientèle individuelle, les groupistes spécialisés dans l'organisation de voyages d'agrément pour des groupes déjà constitués, et les agences événementielles.

II Les distributeurs de voyages

1 Les agences de voyages traditionnelles

Une agence de voyages est une entreprise commerciale qui vend des offres de voyages à ses clients. Elle remplit en outre un rôle de conseil et compose parfois des produits sur mesure. Pour communiquer les offres à leur clientèle, les agents de voyages utilisent les brochures des TO et des systèmes de réservation informatique. De plus en plus d'agences indépendantes appartiennent à un réseau qui apporte des avantages liés à la taille : accès à une offre plus large, taux de commission supérieurs, mise à disposition d'outils technologiques, centrale de paiement, études et conseils, etc.

Exemples : Selectour, TourCom.

2 Les agences d'affaires

Elles sont spécialisées dans le tourisme d'affaires et peuvent prendre différentes formes.

- Le **plateau d'affaires** (BTC, *Business Travel Center*) est une agence non ouverte au public qui traite les demandes des entreprises clientes pour les déplacements et voyages d'affaires ; elle les conseille dans la gestion de leur politique de voyage.
- L'**implant** est une agence de voyages basée au sein d'une société cliente (locaux du client) et qui gère les déplacements d'affaires des salariés de cette entreprise.
- Le **service affaires d'une agence traditionnelle** est un service affecté à la gestion des voyages des salariés des entreprises clientes.

3 Les agences de voyages en ligne ou OTA (*Online Travel Agency*)

Elles concurrencent les agences de voyages traditionnelles en offrant un large choix de produits touristiques, ainsi que des packages dynamiques sur Internet à l'aide d'un moteur de recherche intégré.

>>>

III Les autres intermédiaires *online*

1 Les infomédiaires

Ce sont des intermédiaires entre les producteurs d'information et les internautes. Ils permettent un accès organisé aux informations pour les internautes qui doivent faire face à un volume exponentiel d'informations diffusées par une multitude de producteurs, et les renvoient vers les sites marchands par un lien Internet pour passer commande.

Exemples : sites éditoriaux (Le Routard...), comparateurs (Easyvoyage...), avis de voyageurs (TripAdvisor...).

2 Les places de marché (*marketplaces*)

Une place de marché est une plateforme de commercialisation dont l'objectif est la mise en relation directe des prestataires et des acheteurs de prestations touristiques. Elle est généralement hébergée sur un site de commerce en ligne qui génère beaucoup de trafic (exemple : Amazon) ou sur le site d'un institutionnel.

3 Les plateformes de réservation en ligne

Ce sont des plateformes électroniques de gestion des réservations centralisées qui permettent de connaître en temps réel l'état du stock du ou des fournisseurs de produits touristiques et de réserver à distance.

IV Les professionnels du tourisme réceptif

Appelée « réceptif » ou « agence locale », l'agence réceptive a pour mission de concevoir et d'organiser des excursions, circuits et séjours dans le pays ou la région d'accueil dans laquelle elle est implantée. Un réceptif se charge de réaliser les programmes qu'il a conçus et prend en charge les clients sur place, tout en veillant au bon déroulement du séjour et à sa logistique sur le territoire d'accueil.

V Les organismes locaux touristiques (OLT)

1 L'office de tourisme (OT)

Il s'agit d'un centre d'information dont la mission est l'accueil, l'information et la promotion du tourisme au niveau local, à destination du public ou des visiteurs. L'objectif est de faciliter le séjour touristique des visiteurs. Un OT peut, à certaines conditions, concevoir et commercialiser des produits touristiques en lien avec le territoire : produits packagés, excursions, visites guidées, CityPass, billetterie spectacle...

2 Le comité départemental du tourisme (CDT)

Également appelé « agence de développement touristique » (ADT) ou « agence de développement et de réservation touristiques » (ADRT), le CDT a pour vocation de contribuer au développement et au dynamisme du tourisme départemental. Il prépare et met en œuvre la politique touristique du département et contribue à assurer l'élaboration, la promotion et la commercialisation de produits touristiques. Certains CDT sont dotés d'un service commercial qui assure la réservation et la vente de prestations et de forfaits touristiques.

3 Le comité régional du tourisme (CRT)

Il est chargé de mettre en œuvre la politique du tourisme de la région en assurant une mission d'intérêt général : études économiques, planification, aménagement et équipement, assistances techniques à la commercialisation, formation professionnelle...

FICHE RESSOURCE

2 Les méthodes et lieux de vente des produits touristiques

I Les lieux de vente de prestations touristiques

Les produits touristiques peuvent être distribués de façon simultanée sur des canaux différents, dans le cadre d'une stratégie de distribution multicanale.

1 Les lieux de vente physiques (*offline*)

- Une **agence de voyages** propose diverses prestations touristiques à ses clients : forfaits touristiques sur brochure ou sur mesure, billets d'avion, location de voiture...
- Un **salon** est un événement thématique qui regroupe, au sein d'un même lieu, des prestataires exposants et des visiteurs d'un même secteur. On distingue deux types de salons :
  – les **salons professionnels (*BtoB*)** sont consacrés à la promotion de destinations ou de prestations touristiques auprès des professionnels du tourisme. Ils permettent de nouer des contacts commerciaux, d'avoir une meilleure visibilité et de réaliser une veille concurrentielle ;
  – les **salons grand public (*BtoC*)** permettent aux exposants de vendre leurs produits, souvent à des tarifs promotionnels, de constituer des fichiers prospects et de développer leur notoriété.
- D'autres lieux de vente physiques existent, tels que les **agences commerciales** des entreprises touristiques (agences SNCF, de location de voitures...), les **offices de tourisme** habilités à vendre des prestations touristiques, les **comptoirs de vente en gare**, dans les **aéroports** (compagnies aériennes, agences de location de voitures...), les **parcs d'attractions**, les **musées**, les **lieux d'hébergement** (hôtellerie, hébergement de plein air, résidence de tourisme...), les **corners** ou «***shop in shop***» (espace commercial de petite taille dédié à une marque et hébergé au sein d'un point de vente partenaire)...

2 Les lieux de vente virtuels (*online*)

- Un **site Internet marchand** propose des prestations touristiques que l'internaute peut consulter et acheter en ligne. Cette «agence virtuelle» propose une offre de produits touristiques distribués dans le monde entier, qui peut être modifiée en temps réel.
- Un **centre d'appels (*call center*)**, également appelé « centre de relation clients », est un espace constitué d'un ensemble de postes de travail téléphoniques et d'agents (ou téléopérateurs) chargés de prendre en charge la relation à distance entre une entreprise touristique et ses clients ou prospects.

  Exemple : le centre d'appels Egencia, basé à Marseille, est le plus important service client en Europe de la branche voyages d'affaires d'Expédia.
- Un ***web call center*** est un centre d'appels ou de support clients gérant l'ensemble des contacts en provenance d'Internet : e-mails, tchat, demande de rappel téléphonique essentiellement. Il permet à une entreprise touristique de proposer à ses clients internautes visitant son site Web de les mettre en relation avec des web-conseillers, afin de faciliter un achat en ligne, mais également de guider les internautes sur le site, de les aider à remplir les formulaires ou de les orienter vers les bonnes informations.

  Exemple : Call Expert gère la relation client par courrier, tchat, réseaux sociaux, téléphone et e-mail. Ses clients sont des agences de voyages en ligne, des compagnies aériennes et maritimes, des TO.

>>>

II Les méthodes de vente

Ce sont les techniques par lesquelles les professionnels du tourisme vendent leurs produits touristiques aux clients.

Méthodes de vente		Descriptions
VENTE EN FACE-À-FACE (physique)	Vente traditionnelle	Le client se rend sur le lieu de vente du vendeur, qui joue un rôle actif par les conseils et l'aide apportés à l'acheteur, ainsi que par sa connaissance du produit touristique. Cette méthode de vente repose sur le contact humain. ***Exemple :*** vente d'une location de voiture au comptoir d'une agence commerciale Avis.
	Vente par représentant	Le commercial (VRP, délégué commercial, marchandiseur) se rend chez ses clients et/ou prospects, ses distributeurs afin de leur vendre ses produits. Cette méthode permet de rechercher de nouveaux clients (prospection) ou de suivre l'évolution des besoins. ***Exemples :*** – en BtoC : proposition d'un circuit en autocar à des groupes (CE, associations) ; – en BtoB : présentation d'une nouvelle brochure « hiver » à des agences distributrices et partenaires.
	Vente à domicile	Le conseiller en séjour, ou coach voyage, visite ses clients et/ou prospects sur prise de rendez-vous. Cette méthode permet une personnalisation de l'offre et est adaptée à la vente de produits sur mesure ou à forte valeur ajoutée. ***Exemple :*** visite au domicile d'un couple de jeunes mariés pour l'organisation de leur voyage de noces.
	Vente sur stand	Vente qui s'effectue dans un espace limité implanté dans un salon professionnel ou grand public. L'objectif est de nouer des contacts professionnels et de vendre des produits tout en développant sa notoriété. ***Exemple :*** référencement d'un hôtel par un TO suite à une rencontre sur le Salon Ditex.
VENTE VISUELLE	Vente en libre-service	Le client choisit seul les produits qu'il souhaite acheter et les paie en une seule fois à la caisse de sortie du point de vente. ***Exemple :*** boutique en office de tourisme (cartes postales, souvenirs...).
	Vente par distributeur automatique	Dans un lieu public, le client sélectionne un service proposé par l'automate, paie et se sert seul. ***Exemple :*** vente d'un billet de train sur une borne de billetterie automatique.
VENTE À DISTANCE	Vente par téléphone (télévente)	Prospection par téléphone visant à attirer la clientèle dans un point de vente, à l'informer ou à vendre. Elle est fondée sur des appels en nombre et ciblés. ***Exemple :*** relance d'anciens clients par une agence de voyages afin de leur présenter une offre promotionnelle.
	Vente par correspondance (VPC)	La VPC utilise le catalogue ou la brochure envoyé(e) par voie postale au domicile du client. La commande est ensuite passée par le client par correspondance. Cette méthode repose sur l'utilisation de bases de données et la maîtrise des techniques de mercatique directe. ***Exemple :*** réservation par téléphone d'un séjour Azureva suite à la réception d'une brochure par courrier.
	Commerce électronique (e-tourisme, m-tourisme)	Vente effectuée en ligne, sur un site Internet ou une application marchande, où sont proposées des prestations. Les entreprises touristiques utilisent également la messagerie instantanée pour vendre : des assistants conversationnels (chatbots ou bots) jouent le rôle du conseiller-vendeur. ***Exemple :*** réservation d'un hôtel avec l'application Booking.
	Téléachat	Lors d'émissions télévisées, des animateurs présentent des produits aux téléspectateurs, qui peuvent passer commande par courrier, par téléphone ou par Internet. Cette méthode est peu développée en France. ***Exemple :*** M6 Boutique et Promovacances ont proposé une émission spéciale Maroc durant laquelle ont été présentées des offres exclusives en hôtel-club 4 et 5 étoiles.

FICHE RESSOURCE

3 L'information touristique

I Définition et fonctions de l'information touristique

Sur le plan étymologique, le terme « information » provient du latin « *informare* », qui signifie « donner une forme, une structure, transmettre des connaissances, des renseignements ». Il s'agit d'un fait, d'une réalité ou d'un jugement que l'on porte à la connaissance d'une personne ou d'un public.

L'information touristique est l'ensemble des données interprétées (par les individus, par les technologies de l'information) relatives au secteur touristique, dans un contexte défini.
Elle a pour fonctions :
– d'apporter des connaissances : elle répond à des objectifs, à des besoins d'information (exemple : le conseiller en voyages doit acquérir des informations sur les destinations afin de conseiller au mieux ses clients) ;
– d'agir, de prendre des décisions : elle réduit l'incertitude dans un contexte qui évolue constamment (exemple : un chef de produit touristique peut choisir de supprimer un circuit en fonction des ventes réalisées, des retours clients) ;
– de communiquer, de se coordonner (exemples : promouvoir un hôtel auprès d'une clientèle étrangère, collaborer dans le cadre d'un projet touristique).

Les systèmes d'information touristique (SIT) permettent d'organiser la collecte et la diffusion de l'information touristique et culturelle auprès de différents publics.
Exemple : la plateforme Apidae permet de mutualiser la saisie de l'information touristique entre les offices de tourisme des Bouches-du-Rhône et d'optimiser sa diffusion papier ou numérique.

II Les formes de l'information touristique

L'information peut revêtir plusieurs formes : écrite (texte), picturale (photo, image, plan, graphique...), sonore (podcast, audioguide...), audiovisuelle (vidéo promotionnelle sur une destination, spot publicitaire sur un TO...), mais aussi tactile (braille pour les personnes en situation de handicap visuel), olfactive (diffusion d'odeurs)...

L'information touristique peut être enregistrée sur des supports :
– papier : documentation touristique, carnet de voyage, guide touristique, plaquette d'entreprise ;
– numériques : sites Internet des producteurs et distributeurs de voyages, sites de comparateurs de prix, sites d'avis (e-tourisme), applications mobiles (m-tourisme), réseaux sociaux (s-tourisme)...

Dans une optique de développement durable, les tendances actuelles se tournent vers la dématérialisation des supports d'information. Ainsi, les supports numériques sont de plus en plus nombreux : brochures en ligne, documentation à télécharger, plans de villes sur applications mobiles...

III Les qualités de l'information touristique

Seule une information de qualité doit être diffusée. La valeur de l'information touristique s'apprécie au regard de plusieurs critères. Elle doit être :
– fiable, c'est-à-dire issue de sources sûres, vérifiées et dignes de confiance. Le contenu de l'information doit être vérifié et éventuellement recoupé avec d'autres sources. Les sources officielles, tels que les organismes institutionnels, sont à privilégier ;
– précise et exacte, afin d'apporter de la crédibilité ;
– actuelle ou actualisée : l'information se périme vite, il faut veiller à sa mise à jour régulière ;
– disponible (facile à retrouver) et accessible (utilisable au moment où le décideur en a besoin) ;
– pertinente : elle doit être adaptée au décideur ou au touriste et doit l'aider à prendre des décisions.

FICHE RESSOURCE

4 L'aménagement de l'espace d'accueil et de vente

L'aménagement et la mise en valeur de l'espace d'accueil et de vente doivent permettre d'attirer, de séduire et de fidéliser une clientèle informée et exigeante. Les nouveaux concepts d'aménagement privilégient les espaces conviviaux et intimistes, et intègrent les outils numériques, améliorant ainsi l'expérience du client.

I L'identification du point de vente

La devanture commerciale fait partie intégrante de l'immeuble : elle doit s'intégrer harmonieusement au bâtiment en respectant son architecture et l'harmonie de la façade. Le choix des couleurs et la nature des matériaux doivent être en cohérence avec la charte graphique du réseau, le positionnement de l'entreprise et l'aménagement intérieur. Les accès doivent permettre l'accueil de personnes à besoins spécifiques. L'enseigne doit permettre l'identification du point de vente : elle peut être disposée en bandeau et/ou en drapeau afin de faciliter son repérage.

II L'aménagement de la vitrine

La vitrine doit donner envie au chaland de pénétrer dans l'agence : elle doit séduire dès les premières secondes par son aménagement et sa thématique. Elle constitue un support d'information et doit être mise à jour régulièrement (offres en cours, promotions). Elle doit également être adaptée aux campagnes de publicité élaborées au niveau national dans le cadre de l'appartenance à un réseau, aux saisons (vacances d'été, sports d'hiver...), aux fêtes (Noël, fête des Mères...). Grâce aux nouvelles technologies, la vitrine peut être animée (diffusion de vidéos) ou tactile.

III L'agencement des différents espaces

1 Le salon d'attente

Le lieu de vente doit disposer d'un salon d'attente convivial et confortable en cohérence avec sa charte graphique et son positionnement. L'objectif est de réduire la perception de la durée de l'attente en faisant patienter le client de façon agréable, afin qu'il reste dans le point de vente.

2 L'espace de vente

Plusieurs types d'aménagement peuvent être envisagés selon le degré de personnalisation de la relation client, l'importance des flux de clientèle et la nature de la prestation touristique.

- Le **guichet** permet d'effectuer des tâches répétitives et rapides, mais dépersonnalise la relation. Il est adapté aux produits touristiques simples (titres de transport, billetterie pour un parc d'attractions...).
- Le **comptoir** facilite la communication et l'échange de documents. Il est adapté aux produits touristiques permettant un accueil debout (prestations hôtelières, location de voitures...).
- Le **bureau** permet d'instaurer une relation plus longue et personnalisée, le client est assis au sein d'un espace dédié. Il est à privilégier pour des produits plus complexes, nécessitant des recherches ou des offres personnalisées (circuits touristiques, voyages sur mesure...).
- Le **salon** est réservé à une clientèle fidèle ou à haute contribution, et permet d'offrir un espace convivial axé sur le confort et la valorisation du client (salon « grands voyageurs » des compagnies aériennes...). Il nécessite de disposer d'une surface de vente importante.

3 L'espace enfants

L'accueil des enfants ne doit pas être négligé, car certains touristes viennent en famille dans les lieux d'accueil et de vente. Les enfants ayant un pouvoir prescripteur, ils peuvent inciter les parents à acheter un séjour (parc d'attractions, activité ludique...) et à revenir dans le lieu de vente.

Occuper les enfants à des activités silencieuses dans des espaces dédiés (un coin lecture ou coloriage, ou encore un espace jeux) permettra aux parents de se renseigner dans un climat calme et détendu.

4 Les autres espaces

Selon la surface disponible, un espace d'exposition peut être aménagé de façon à informer ou distraire le client ou le touriste (exposition de photos, d'objets artisanaux...). Un espace de vente ou espace « boutique » permet de valoriser les produits régionaux et de générer de la marge (souvenirs, cartes postales, livres...).

IV La valorisation de l'espace d'accueil ou de vente

La mise en valeur de l'espace d'accueil ou de vente est primordiale pour développer et fidéliser la clientèle, mais également pour se démarquer des concurrents. Les techniques de marchandisage, par une présentation appropriée et une mise en valeur des produits dans les lieux de vente, permettent de séduire le client et d'optimiser l'activité commerciale.
L'objectif est d'améliorer l'expérience du client par la création d'une ambiance propice à la vente et à la fidélisation : choix étudié des facteurs d'ambiance par le marketing sensoriel (matériaux, mobilier, décoration, éclairage, couleurs, musique d'ambiance et odeurs), outils de PLV (publicité sur le lieu de vente), mise à disposition d'outils numériques (digitalisation), mise en place d'une signalétique...

V L'aménagement d'un espace temporaire (stand dans un salon)

1 Un stand en fonction des objectifs de l'entreprise

Les objectifs que l'entreprise se fixe sur un salon déterminent la façon dont le stand sera aménagé.

Objectifs	Aménagement du stand
Pour présenter de nouveaux produits touristiques ou de nouvelles brochures	Prévoir un espace d'exposition avec suffisamment de présentoirs et varier les supports d'information touristique.
Pour mettre l'accent sur la relation client	Prévoir un espace ou un bureau sur le stand pour discuter avec les clients et/ou prospects, et finaliser les ventes. Selon la superficie du stand, il convient d'installer un ou des espaces de réception intimistes, avec table basse, chaises et fauteuils confortables. Pour un salon professionnel, aménager un espace « VIP » valorisera les prospects.
Pour se faire connaître	Choisir un stand d'angle (ouvert sur une ou plusieurs allées) ou ouvert sur les quatre faces (îlot) est plus visible et attire plus de visiteurs. Un emplacement proche des pôles d'attraction et des exposants majeurs est à privilégier.

2 Un stand attractif et convivial proche des valeurs de l'entreprise touristique

Le stand doit comprendre différents espaces pour accueillir plusieurs visiteurs simultanément et doit attirer et séduire : mise à disposition d'informations papier et numériques (écran, affiches, brochures, kakemonos...), choix de l'éclairage (spots, lampes à poser, parois rétroéclairées...), de la décoration, des couleurs... pour mettre en avant les produits et créer une ambiance propice à l'accueil. Les couleurs et le design du stand doivent respecter la charte graphique de l'entreprise. Par ailleurs, les choix d'aménagement doivent être compatibles avec les valeurs de l'entreprise.

3 Un stand pratique et sécurisé

- Le stand doit répondre à tous les besoins possibles des visiteurs : s'asseoir, poser une question rapide, obtenir de la documentation, patienter si tous les conseillers sont occupés...
- Il convient de disposer d'un nécessaire de nettoyage pour que le stand soit maintenu propre tout au long de la journée.
- Il faut prévoir une réserve pour conserver les effets personnels et la documentation en stock.
- La circulation au sein du stand doit être agréable, même en cas d'affluence. Si la superficie est réduite, il faut privilégier des chaises et des fauteuils à faible encombrement.
- Il convient de veiller à la sécurité des visiteurs lors de leur déplacement sur le stand : fils électriques au sol et prises électriques protégés, boissons et nourriture conservées dans un endroit réfrigéré...

FICHE RESSOURCE

5 L'aménagement de l'espace d'accueil numérique

I L'arborescence du site

L'arborescence d'un site Internet correspond à sa structure, son architecture ; elle permet d'organiser l'information et les contenus du site de façon logique. Elle est composée d'une page d'accueil (*home-page*) à partir de laquelle l'internaute va parcourir les différentes rubriques, sous-rubriques et pages qui composent le site. Afin que l'internaute navigue d'une page à l'autre de façon simple, intuitive et rapide, le site doit comporter :
- un **menu de navigation principal**, avec une barre de navigation par onglets située en haut de chaque page ;
- un menu de navigation secondaire, avec un menu latéral situé à gauche de la page ;
- un **fil d'Ariane**, permettant de se repérer dans le site grâce à l'affichage du parcours de navigation ;
- un **moteur de recherche**, pour accéder directement à l'information souhaitée.

II La structure de la page d'un site

Chaque page d'un site comporte une structure qui doit être identique afin de faciliter le repérage des informations. Une maquette fonctionnelle (*wireframe*) est utilisée lors de la conception de la page, qui est composée de plusieurs parties :
- l'**en-tête** (*header*), élément fixe situé en haut de la page, comporte le logo à gauche et le menu ;
- le **corps de la page** (*body*) contient les différentes informations de la page (texte, image, vidéo) ;
- le **pied-de page** (*footer*), partie fixe en bas de page, contient les liens complémentaires tels que les mentions légales, le plan du site, les contacts, les réseaux sociaux...

La page d'accueil fait office de vitrine, et doit être attractive et informative car elle constitue le premier contact avec l'internaute.

III L'aménagement du site

Le « *e-merchandising* » désigne les méthodes et techniques de présentation et de navigation des sites marchands. L'aménagement de l'espace d'accueil doit répondre à plusieurs critères :
- l'accessibilité : cela consiste à rendre les services de communication au public en ligne accessibles à tous, et plus particulièrement aux personnes handicapées ;
- la navigabilité : l'accès à l'information à partir de la page d'accueil doit être facilité grâce à une structure interne logique, il doit être fluide et intuitif ;
- la lisibilité : le contenu de chaque page doit être organisé et structuré, la mise en page claire ;
- l'esthétisme : le graphisme doit être en adéquation avec l'image de l'entreprise et contribuer à dynamiser l'offre.

1 Analyser la qualité de l'information touristique

Un couple d'amis habitant en Dordogne vous confie leur projet d'ouvrir 5 chambres d'hôtes dans leur maison, qu'ils sont en train de rénover. Les travaux ont bien avancé et ils envisagent de lancer leur activité lors de la saison estivale. Vos amis ont pris contact avec l'office de tourisme intercommunal de la commune voisine, qui leur demande un feuillet de présentation de leur maison d'hôtes afin de l'afficher au sein de l'office. Ils vous consultent afin de recueillir votre avis sur la maquette qu'ils ont élaborée.

1. **Faites une analyse critique de la maquette présentée (document 1), en distinguant les éléments de fond et de forme.**

2. **Montrez que certains critères de qualité de l'information touristique ne sont pas respectés.**

3. **En vous appuyant sur les documents 2 et 3, proposez une nouvelle maquette de présentation de la maison d'hôtes, que vous réaliserez à l'aide d'un logiciel de PAO (publication assistée par ordinateur ; par exemple, Publisher) ou sur un site en ligne (par exemple, Canva).**

4. **Suggérez à vos amis différents canaux de distribution pertinents pour le feuillet de présentation de leur maison d'hôtes.**

DOCUMENT 1 Maquette du feuillet de présentation

Les chambres d'hôtes du Clos Fleuri

Depuis peu parents d'un petit Victor, nous avons décidé en 2020 de changer de vie en quittant le monde agité des grandes métropoles, pour réaliser notre rêve de « Petite Maison à la Campagne »...

Le Clos Fleuri nous offre pour la première fois l'occasion de vous accueillir et de partager avec vous, amis voyageurs, des moments privilégiés, dans un lieu qui nous est cher, au cœur duquel vous vous sentirez chez vous. Poussez notre porte, posez vos bagages le temps d'une nuit, d'un week-end ou pour quelques jours, découvrez derrière nos murs le charme authentique d'une maison familiale, rurale et traditionnelle périgourdine. De conception traditionnelle.

En amoureux, en famille ou entre amis, nos 5 chambres de caractèere sauront vous charmer. Laissez-vous séduire par ce refuge au grand air, véritable bulle de douceur où règnent le calme et la sérénité.

Équipements :

- *Lits doubles ou simples équipés d'une literie neuve et confortable*
- *Une salle d'eau privative attenante, équipée d'une douche à l'italienne et de WC*
- *Accès direct et privatif à notre salle à manger, où vous pourrez prendre le petit-déjeuner*

>>>

Tarifs : *à partir de 75€/nuit, base 2 participants*
Participant supplémentaire (par nuit) : + 12 ans : 18 € /
Enfant - 12ans : 10 €

Occupation de la chambre : *de 1 à 4 personnes (possibilité d'y ajouter un lit bébé, une petite baignoire et une chaise haute)*

- *Linge de lit et linge de toilette fournis*
- *Petit-déjeuner inclus*
- *Wifi*

Bon à savoir ! - Arrivées : entre 17 h 00 et 20 h 00 / Départs : au plus tard, à 10 h 30
- À votre disposition : mini-frigo, micro-onde, grille-pain, bouilloire et cafetière ; Nombreuses documentations, cartes et guides touristiques des principaux attraits de la Dordogne
- Paiements acceptés : règlement par chèque (français), espèces ou virement bancaire

Pour plus de renseignements : *nous contacter*

DOCUMENT 2 Qu'est-ce qu'une chambre d'hôtes ?

C'est une formule de chambre chez l'habitant dans la maison même du propriétaire.
Les chambres d'hôtes font l'objet d'un classement par épis (1 à 5). L'investissement personnel du propriétaire (accueil, disponibilité, information...) est fondamental. La prestation comprend l'hébergement pour la nuit et le service du petit-déjeuner dans l'habitation du propriétaire.
Une maison d'hôtes ne peut pas comprendre plus de 5 chambres et ne peut recevoir que 15 personnes.
Le ménage et l'entretien de la chambre sont assurés quotidiennement par le propriétaire, qui fournit les draps et le linge de toilette.
Les hôtes ont accès aux lieux de vie des propriétaires (salon, salle à manger...).

Et la table d'hôtes...
Cette formule ne peut être proposée qu'aux occupants des chambres d'hôtes. Il s'agit de servir, dans la salle à manger familiale, un repas de type traditionnel, valorisant autant que possible les produits du terroir et spécialités régionales. Les plats proposés doivent être copieux et élaborés à base de produits frais. Les conserves et produits surgelés sont à éviter.

Guide du créateur Gîtes de France

DOCUMENT 3 Conseils pour créer un dépliant

Pour réaliser un dépliant original sur votre entreprise, il vous faut du contenu. Avant de commencer, créez un dossier regroupant les éléments essentiels suivants :

- **Logo :** si vous possédez un logo, choisissez la résolution la plus haute afin qu'il ressorte bien à l'impression.
- **Images :** sélectionnez quelques-unes des meilleures photos de vos produits et services, et éventuellement une photo de vous ou de votre équipe. Là encore, assurez-vous qu'elles soient de haute qualité.
- **Contenu (texte) :** votre message est important, alors prenez le temps de rédiger à l'avance ce que vous souhaitez dire – vous pourrez toujours le modifier plus tard. Votre texte doit inclure les éléments fondamentaux suivants :
  - **Introduction/À propos** – Un dépliant vous donne l'occasion de parler un peu plus de vous et de vos valeurs (fiabilité, service personnalisé, qualité des produits, etc.). Essayez de privilégier un ou deux messages clés.
  - **Renseignements sur le produit/service** – Préparez toutes les informations essentielles sur votre offre. Divisez-les en catégories, elles n'en seront que plus faciles à retenir et à assimiler.
  - **Coordonnées** – Expliquez à vos clients comment vous contacter et précisez vos heures d'ouverture.

Vistaprint

2 Sélectionner l'information touristique pertinente

Vous avez obtenu un job d'été au sein du bureau d'accueil de Mareuil en Périgord, en qualité de conseiller/conseillère en séjour. Lors de votre premier jour de travail, vous vous familiarisez avec l'information touristique proposée par le bureau d'accueil.

1. Montrez l'intérêt, pour le bureau d'accueil, de disposer d'une borne interactive à l'extérieur de l'établissement (document 1).

2. Complétez le tableau suivant en fonction des situations d'accueil rencontrées, en précisant le type de public rencontré, les caractéristiques de la demande ainsi que le ou les supports d'information touristique pertinents (document 2).

Situation d'accueil	Type de public (touristes / locaux / professionnels)	Caractéristiques de la demande	Support(s) d'information touristique
Une famille avec 3 enfants de moins de 10 ans souhaite découvrir les centres d'intérêt de la ville.			
Un groupe de 3 amis, très sportifs, vous demande des idées de randonnées dans la région.			
Florian, un habitant de Mareuil en Périgord, souhaite mettre son appartement en location saisonnière. Il vous demande des conseils.			
Une agence de voyages parisienne vous contacte afin de connaître les offres sur la Dordogne pouvant être commercialisées.			
Un couple de retraités souhaite prolonger son séjour en Dordogne. Le mari est en fauteuil roulant.			

>>>

DOCUMENT 1 Fiche d'identité

BUREAU D'ACCUEIL DE MAREUIL EN PÉRIGORD
12 rue Pierre Degail 24340 Mareuil en Périgord
Mareuil@perigord-dronne-belle.fr

HORAIRES D'OUVERTURE DU BUREAU
- Lundi, mardi, jeudi : 9 h-12 h / 14 h-16 h
- Mercredi : 14 h-16 h
- Vendredi : 9 h-12 h

DOCUMENT 2 Plaquettes d'information du bureau d'accueil

PAYS PÉRIGORD DRONNE BELLE

Guide de Bienvenue 2020
Guide touristique : patrimoine, activités, commerces, hébergement, restauration.
Télécharger

Carte touristique PÉRIGORD Dronne Belle
Les lieux et activités touristiques à ne pas manquer dans la région.
Télécharger

Numéros d'urgence
Médecins, soins infirmiers, pharmacies, dentistes, cabinets vétérinaires, garagistes.
Télécharger

Nos engagements
L'Office de Tourisme PÉRIGORD Dronne Belle classé dans la catégorie II s'engage à…
Télécharger

Le plateau d'Argentine
Pour plus d'informations, consultez le site du Parc naturel régional Périgord-Limousin : www.pnr-perigord-limousin.fr
Télécharger

Sentier des meulières
A 10 mn de Brantôme en Périgord, découvrez le sentier des carrières de meules de Saint-Crépin-de-Richemont.
Télécharger

BRANTÔME EN PÉRIGORD

Brochure touristique abbaye de Brantôme
Informations touristiques et pratiques sur l'abbaye de Brantôme.
Télécharger

Boucle de randonnée n° 1 Brantôme en Périgord
Boucle de randonnée n° 1 : Chambon – 12,5 km (3h)
Télécharger

DORDOGNE-PÉRIGORD

Chemins de terre Harrison Barker
Itinéraire de 90 km entre Aubeterre-sur-Dronne et Brantôme en Périgord dans les pas de Harrison Barker, écrivain voyageur du XIXe siècle.
Télécharger

Petites Cités de Caractère® en Nouvelle-Aquitaine
Petites Cités de Caractère® en Nouvelle-Aquitaine.
Télécharger

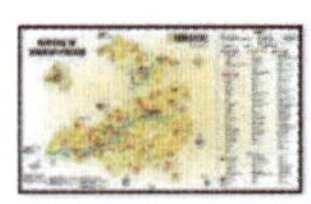
SUPERIGUEUX Tourisme – Carte touristique
Carte touristique marque de territoire.
Télécharger

Manuel des Ventes Dordogne Offres Premium – 2020
Manuel des ventes d'Offres Premium sur la Dordogne à destination des opérateurs de voyages.
Télécharger

Bienvenue à la Ferme 2020
Guide Bienvenue à la Ferme 2020
Télécharger

Carte touristique Périgord Vert
Offices de Tourisme, Plus beaux villages de France, bases de loisirs.
Télécharger

Dordogne-Périgord
Accès gares et aéroports.
Télécharger

Guide Dordogne en famille 2019
Sélection d'une centaine d'offres spécialement adaptées aux familles.
Télécharger

Guide Grand Périgueux et ses environs
Sites et lieux à découvrir à Périgueux et dans ses environs : Bourdeilles, Brantôme…
Télécharger

Guide du créateur d'hébergement touristique
Guide du créateur d'hébergement touristique en Dordogne (hôtels, campings, locations saisonnières…).
Télécharger

Tourisme & Handicap
L'offre Tourisme & Handicap en Dordogne-Périgord : meublés de tourisme, chambres d'hôtes, hôtels, campings, gîtes d'étape et de séjour, restaurants, sites, monuments et autres visites, équipements de loisirs, Offices de Tourisme.
Télécharger

Magazine des vacances et des loisirs 2019-2020
Hébergements, patrimoine, idées de sorties, témoignages de « gens du Pays » qui partagent avec vous la passion de leur métier et du Périgord.
Télécharger

3 Aménager un espace enfants en office de tourisme

Vous travaillez depuis quelques semaines au sein de l'office de tourisme d'Albi (81), en tant que conseiller/conseillère en séjour. Guichet unique pour l'accueil et l'information des touristes et des Albigeois, l'établissement est situé au cœur du quartier historique, face à la cathédrale Sainte-Cécile. Il emploie une équipe de 16 personnes et est ouvert 7 jours/7. L'office de tourisme ne dispose pas d'un espace enfants. Lors d'une réunion, vous devez convaincre votre responsable de l'opportunité de sa mise en place, dans le respect des règles de sécurité.

1. **Qualifiez les différents espaces de l'office de tourisme d'Albi (document 1) et indiquez le rôle de chacun.**

2. **Analysez les différents facteurs d'ambiance de l'office de tourisme.**

3. **Indiquez l'intérêt d'aménager un espace enfants au sein de l'office de tourisme (document 2).**

4. **Formulez des recommandations pour l'aménagement de l'espace enfants.**

5. **Proposez des idées d'activités à mettre en place au sein de cet espace.**

DOCUMENT 1 L'office de tourisme d'Albi

Photo 1

Photo 2

Photo 3

Photo 4

>>>

DOCUMENT 2 Fiche pratique – Les espaces enfants

Suivez les règles

Règle 1 – Conformez-vous aux normes de sécurité

Les mobiliers et objets utilisés doivent correspondre à des normes spécifiques tout particulièrement pour les enfants de moins de 3 ans. Veillez bien à ce respect des normes lors des achats d'équipements et de leur mise en place. De plus, l'espace enfants doit être directement visible de l'espace accueil et de la zone où les parents s'informent.

Règle 2 – Pensez aux différentes tranches d'âge

Si cela est possible, distinguez les tranches 2-4 ans, 5-7 ans, 8 ans et plus. Chacune a ses besoins et demandes spécifiques.

Règle 3 – Soyez créatif et innovant

Pensez à des espaces ludiques et innovants en phase avec les thématiques du territoire et faites appel aux différents sens (tactile, sensoriel, etc.).

Quelques idées :

- Des zones d'affichage sur des thèmes liés au territoire
- Des zones de dessins géantes (murs vierges repeints périodiquement)
- Des mini-salles sensorielles
- Des espaces de découverte de la nature (senteurs, touchers)
- Des espaces interactifs numériques avec des classeurs numériques ou des jeux interactifs de découverte
- Des concours créatifs de jeu de construction avec un musée des enfants
- Des espaces d'expression libre : lecture, cinéma, jeux de société
- Des espaces thématiques autour d'un fil conducteur lié au territoire

Règle 4 – Mais respectez des principes simples d'aménagement et d'équipement

Bien délimiter l'espace (angle de pièce, espace de couleur différente, salle spécifique) et adapter également le sol (température, souplesse). Selon l'âge de votre cible principale et vos orientations de décors, vous pouvez créer des espaces doux et calmes aux couleurs pastel ou des espaces plus ludiques aux couleurs vives. Vous pouvez également imaginer des espaces personnalisés selon le thème de votre choix en lien avec la destination.

Règle 5 – Pensez durable

Utilisez des matériaux naturels adaptés aux différentes catégories d'âge, comme du bois certifié issu de forêts gérées durablement (si possible venant de France ou de provenance proche). Évitez les meubles et matériaux contenant des substances plastiques non recyclables, des colles et des COV (composants organiques volatiles).

Règle 6 – Pensez aussi vente pour développer des retombées économiques sur le territoire

Réfléchissez aussi vente pour les enfants en vous posant des questions clés : « Quelles sont les offres pouvant intéresser des enfants (découverte, jeux, eau...) ? » « Quelle est la meilleure façon de présenter cette offre pour la faire connaître aux parents et aux enfants ? » « Quelles sont les offres à développer sur le territoire ? »

Guide de l'office du tourisme du futur

4 Analyser l'aménagement de l'espace d'accueil et de vente virtuel

Avec 15 millions de voyageurs transportés chaque jour en France et dans le monde, le groupe SNCF s'impose parmi les leaders mondiaux du service de transport de voyageurs. Les structures d'accueil du groupe doivent être accessibles au plus grand nombre.
Vous étudiez le site sncf.com, portail de présentation de l'offre et des actualités du groupe.

À l'aide des documents 1 à 4, répondez aux questions suivantes.

1. Qu'est-ce que l'accessibilité du Web ?

2. Indiquez les raisons pour lesquelles le groupe SNCF s'est engagé dans l'aménagement d'un site accessible.

3. Montrez les différentes fonctionnalités du site permettant son utilisation par des personnes en situation de handicap.

Le label AccessiWeb est une procédure contractuelle établie entre l'association BrailleNet et le propriétaire d'un site Web, permettant de vérifier que le site est conforme aux recommandations WCAG de W3C/WAI (organisation internationale de normalisation pour Internet).

4. Indiquez l'intérêt pour le groupe SNCF de disposer du label AccessiWeb.

DOCUMENT 1 Extrait du site Internet sncf.com

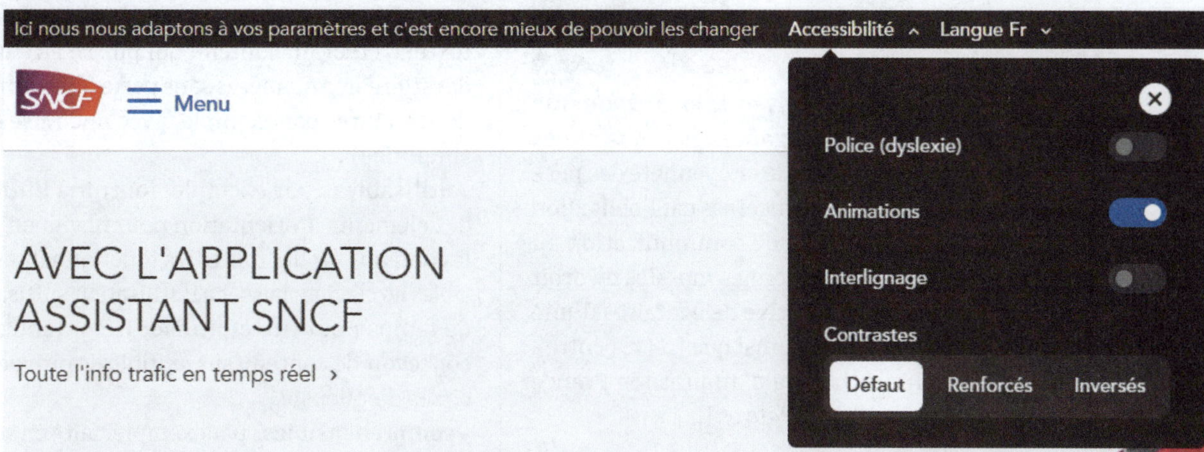

DOCUMENT 2 Rapport de labellisation AccessiWeb

Rapport de labellisation SNCF – www.sncf.com

- Site Web : SNCF - www.sncf.com
- Label AccessiWeb obtenu
  - ✓ Version : RGAA 3.0 – 2017
  - ✓ Date d'attribution : 11-02-2019
  - ✓ Période de validité : 2 ans
  - ✓ Date de fin de validité : 10-02-2021

AccessiWeb label Argent 2019

>>>

DOCUMENT 3 Extrait du site sncf.com

Le label d'accessibilité pour sncf.com

Le site sncf.com a obtenu la certification Argent 2019 du label AccessiWeb. Délivré par l'association BrailleNet et valable pour une durée de deux ans, ce label atteste que notre site est conforme aux critères d'accessibilité. SNCF a mobilisé l'ensemble de ses équipes pour concevoir un site accessible et *responsive*. L'ambition est d'offrir un maximum de confort de consultation à tous les publics et dans toutes les situations. Une façon d'honorer l'engagement pris le 1er décembre 2016 par le groupe, lors de la signature du pacte pour la promotion de l'accessibilité numérique. Ce pacte énonce les principes à mettre en œuvre, par l'ensemble des actants, afin de rendre l'information digitale facile d'utilisation pour tous les citoyens.

www.sncf.com

DOCUMENT 4 L'obligation d'accessibilité des services numériques

Comme le prévoit l'article 47 de la loi n° 2005-102 du 11 février 2005 pour l'égalité des droits et des chances, la participation et la citoyenneté des personnes handicapées, sont concernés par l'obligation d'accessibilité les services de communication au public en ligne [...] les personnes morales de droit public [et celles] de droit privé délégataires d'une mission de service public, ainsi que [...] les entreprises [réalisant un] chiffre d'affaires [en France supérieur à] 250 millions d'euros [...].

Notion d'accessibilité numérique

Le handicap est défini comme : toute limitation d'activité ou restriction de participation à la vie en société subie dans son environnement par une personne en raison d'une altération substantielle, durable ou définitive d'une ou plusieurs fonctions physiques, sensorielles, mentales, cognitives ou psychiques, d'un polyhandicap ou d'un trouble de santé invalidant. L'accessibilité numérique consiste à rendre les services de communication au public en ligne accessibles aux personnes handicapées, c'est-à-dire :

- **perceptibles** : par exemple, faciliter la perception visuelle et auditive du contenu par l'utilisateur, proposer des équivalents textuels à tout contenu non textuel, créer un contenu qui puisse être présenté de différentes manières sans perte d'information ni de structure (par exemple, avec une mise en page simplifiée) ;
- **utilisables** : par exemple, fournir à l'utilisateur des éléments d'orientation pour naviguer, trouver le contenu ; rendre toutes les fonctionnalités accessibles au clavier ; laisser à l'utilisateur suffisamment de temps pour lire et utiliser le contenu ; ne pas concevoir de contenu susceptible de provoquer des crises d'épilepsie ;
- **compréhensibles** : par exemple, faire en sorte que les pages fonctionnent de manière prévisible, aider l'utilisateur à corriger les erreurs de saisie ;
- et **robustes** : par exemple, optimiser la compatibilité avec les utilisations actuelles et futures, y compris avec les technologies d'assistance.

www.numerique.gouv.fr

CHAPITRE

VERS PIX
2.2 Partager et publier
3.1 Développer des documents textuels
3.3 Adapter les documents à leur finalité

2 Animer un espace d'accueil et de vente

TÂCHES

- Animer des espaces d'accueil y compris des espaces spécifiques
- Mettre en valeur l'offre proposée par le point d'accueil

COMPÉTENCE

- C1. Organiser l'espace d'accueil

SITUATION PROFESSIONNELLE

Havas Voyages, spécialiste reconnu de la distribution de voyages de loisirs et d'affaires pour les particuliers et les PME-PMI, compte 335 agences de voyages réparties sur le territoire français et un site marchand : www.havas-voyages.fr. Société du groupe Marietton, Havas Voyages est aujourd'hui le troisième réseau français d'agences de voyages. Depuis 2015, il développe un concept novateur d'aménagement d'agences de voyages appelé « l'Agence de Demain », mêlant proximité avec le client, objets digitaux et une décoration propice à l'évasion.

VOTRE MISSION

Vous travaillez au sein de l'agence Havas de Périgueux en tant que conseiller(ère) en voyage. L'établissement a été fermé pendant plusieurs semaines afin de subir des travaux de rénovation pour devenir une « Agence de Demain ». Vous le découvrez entièrement réaménagé et préparez sa prochaine réouverture. Vous êtes notamment chargé(e) de l'organisation de la soirée d'inauguration destinée à présenter votre nouvelle agence à vos clients fidèles.

TRAVAIL À FAIRE

I Promouvoir l'offre par la digitalisation

Vous découvrez le nouvel aménagement de votre agence de voyages et constatez les changements apportés en matière de valorisation de l'offre et de relation client.

1. Expliquez comment le concept de « l'Agence de Demain » permet de faire vivre une expérience de voyage à sa clientèle. — Annexe 1
2. Indiquez les différents objectifs poursuivis par l'agence de Périgueux avec son nouvel aménagement. — Annexe 2
3. Étudiez les moyens utilisés par votre agence pour promouvoir et valoriser son offre sur le lieu de vente. — Annexe 3, Fiche ressource 1

II Organiser une animation commerciale

Afin de présenter l'agence à vos clients fidèles, vous suggérez à votre responsable d'agence d'organiser une soirée d'inauguration. Vous devez réfléchir à la mise en place de cet événement.

4. Argumentez auprès de votre responsable sur l'intérêt d'organiser un événementiel sur le lieu de vente à l'occasion de la réouverture de l'agence. — Fiche ressource 2
5. Présentez le projet d'organisation de la soirée, en précisant les différents éléments suivants : objectifs, cible, date, ressources à mobiliser, actions de communication à mener.
6. Préparez un post sur support papier ou numérique destiné à être publié sur votre page Facebook afin d'annoncer l'événement à vos clients fidèles. — Annexe 4, Fiche ressource 3
7. Proposez 3 animations différentes à prévoir lors de cette soirée afin d'attirer les invités et de valoriser votre agence.

Pour réaliser la communication sur cette soirée, vous disposez de la liste des clients auxquels vous devez faire parvenir un carton d'invitation par voie postale.

8. Procédez à une analyse critique de l'extrait du fichier clients et faites les modifications nécessaires. — Annexe 5
9. Avec un logiciel de PAO, réalisez la maquette du carton d'invitation.

Vous décidez d'inviter 350 clients. Le taux d'ouverture du mailing est de 80 % et le taux de réponse de 45 %. Parmi les répondants, seuls les 2/3 viendront à la soirée. Par ailleurs, vous avez fait élaborer quelques devis pour la restauration. Vous retenez la formule « Apéritif dînatoire », à laquelle vous ajouterez une formule « Cocktail prestige » pour chacun de vos invités. Pour des raisons de sécurité, seuls des plats froids seront proposés.

10. Calculez le nombre prévisionnel de participants à la soirée.

11. Déterminez le budget à allouer à la soirée en tenant compte des coûts d'impression et d'envoi des cartons d'invitation (poids d'un courrier : 30 g), ainsi que du coût du buffet en fonction du nombre d'invités.

Annexes 6, 7 et 8

Suite à la soirée d'inauguration, vous consultez le tableau d'indicateurs et les commentaires clients sur les réseaux sociaux.

12. Concluez sur l'efficacité de l'opération d'animation commerciale réalisée.

Annexes 9 et 10
Fiche ressource 2

VOTRE DOSSIER

ANNEXE 1 Havas Voyages adopte le concept « Agence de Demain »

[...] Partant du constat qu'il fallait se réconcilier avec la clientèle, valoriser l'expertise du Travel Planner et rendre le point de vente plus attractif, le réseau est allé jusqu'à créer un concept architectural, en collaboration avec l'agence Lonsdale Western. Adieu les affichettes collées sur la devanture, bonjour la vitrine digitale. Celle-ci, relais d'havas-voyages.fr, alterne informations pratiques sur l'agence et promotions ou actualités produits, ainsi que des vidéos partenaires en format court adaptées à un temps de lecture réduit. Sur le point de vente, pas de bornes en « self care » comme il est souvent conseillé. « *Les clients qui font l'effort de venir en agence souhaitent rencontrer un Travel Planner, pas se débrouiller seuls* », explique Emmanuelle Bach Donnard, directrice Communication & Marketing d'Havas Voyages [...].

Contemplateur ou acteur ?

[...] Bénéficiant de plusieurs salons d'accueil et supprimant les bureaux individuels des conseillers, l'agence semble tout de suite plus moderne et chaleureuse. À l'intérieur, pour aider le client à choisir sa destination, Havas Voyages mise sur son mur d'inspiration et sur une table tactile. Avec un vrai focus sur sa politique de contenu online et offline, le réseau met en avant des contenus multimédias très orientés « inspiration » afin de mettre en valeur les destinations et les produits. Le mur d'inspiration justement, composé de plusieurs écrans, alterne des vidéos valorisantes pour les destinations, des posts de voyageurs, ainsi que des suggestions par thématiques [...]. « *Nous diffusons également les avis de nos Travel Planners, utiles pour aider le voyageur à faire son choix* », ajoute [Emmanuelle Bach Donnard]. La table tactile est quant à elle dotée dans un premier temps de l'outil d'inspiration présent sur le site du voyagiste et créé par TripTuner [outil qui permet de trouver en quelques clics les destinations qui correspondent le plus aux goûts des voyageurs]. Des jeux permettant de découvrir sa destination idéale ou son type de voyage sont aussi proposés. « *Contrairement au mur d'inspiration qui met le client dans une posture contemplative, le futur voyageur devient ici acteur* », explique Emmanuelle Bach Donnard. Les principaux devices sont donc là pour inspirer le client de manière ludique, provoquer l'acte d'achat et faciliter le travail du conseiller. [...] S'il y a une chose que personne n'aime, c'est attendre. Emmanuelle Bach Donnard confirme que le conseiller avec qui le premier lien est établi sera toujours disponible à l'heure de l'éventuel rendez-vous fixé en amont si le client le souhaite [...]. « *Il n'y a plus de bureau qui sépare le Travel Planner de son client. La découverte du besoin et l'organisation du voyage se font la plupart du temps dans le salon grâce à la tablette du Travel Planner* », développe-t-elle. « *En fait, ils vont monter le projet ensemble, côte à côte. La table d'hôtes située au centre de l'agence ne sert qu'à la procédure de réservation et de règlement.* » Quelques rituels sont mis en place pour rendre encore plus agréable le temps passé au sein de l'agence. On propose par exemple un café au client. « *C'est anecdotique, mais important* », souligne Emmanuelle Bach Donnard. Il est en effet important que le client, lui aussi, se sente valorisé. Pour le réseau, il est certain qu'avec un environnement favorable, la vente de prestations additionnelles sera plus aisée [...]. Il est probable que ce sérieux lifting du point de vente permette à l'enseigne de rajeunir sa cible. Viser les 35-59 ans, tout en satisfaisant toujours les seniors, fait aussi partie de ses objectifs.

Site Internet Tom.travel

ANNEXE 2 Présentation de l'agence Havas Voyages Visages du Monde de Périgueux

Chers Voyageurs,
Tout a changé dans votre agence de voyages, sauf notre envie d'exaucer tous vos rêves de voyages !
Venez découvrir une agence réinventée : mobilier chaleureux et confortable, décoration incitant à l'évasion, couleurs douces et élégantes, espaces confidentiels, tout a été pensé pour que votre voyage commence dès ici. La vitrine connectée vous présentera toutes nos promotions et le mur digital d'inspiration vous emmènera au bout du monde en vous donnant des idées pour de nombreuses escapades.
Située en plein cœur de Périgueux, 3 rue de la République, l'agence est ouverte du lundi au samedi. Nos Travel Planners*, Manon et Laure, ont à cœur de découvrir vos envies et souhaits afin d'organiser, grâce à leur expertise et leur passion, le voyage qui VOUS ressemble. Elles vous accompagneront avant, pendant et après votre voyage pour une totale sérénité.

Havas Voyages Visages du Monde, c'est aussi une équipe dédiée aux voyages d'affaires des entreprises !

Vous êtes responsable achat au sein d'une entreprise, vous faites voyager vos collaborateurs, vous êtes-vous même grand voyageur ? Rencontrons-nous pour élaborer la solution adaptée aux besoins de votre entreprise.
À très bientôt dans notre nouvelle agence Havas Voyages Visages du Monde.

** Travel Planners : organisateurs de voyages.*

Site Internet Havas Voyages

ANNEXE 3 Extraits du site Internet Havas Voyages

HAVAS VOYAGES

Accueil > Localiser une agence > Nouvelle Aquitaine > Dordogne > HAVAS VOYAGES VISAGES DU MONDE PERIGUEUX

Localisez-moi OU Exemple: ville, code postal... Rechercher

HAVAS VOYAGES VISAGES DU MONDE PERIGUEUX
À proximité de Bordeaux
3 Rue de la République - 24000 Périgueux
Tel: 0553084911

Recevez nos coordonnées par EMAIL ou SMS

Newsletter Imprimer

Demande de devis | Présentation | Travel Planners | Accès | Nos Prestations

Recevez la newsletter
Cliquez ici pour vous inscrire à notre newsletter

Suivez-nous

Une question ?
Contactez-nous

ANNEXE 4 Exemples de posts publiés sur la page Facebook Havas Voyages

Havas Voyages
7 septembre 2020 ·

Nous sommes très heureux de vous annoncer qu'Havas Voyages Sports devient « Distributeur de Voyages Agréé de de la Fédération Française de BasketBall "

A la reprise des compétitions ouvertes au public et des « Voyages Sports », HVS proposera aux particuliers, groupes, clubs, mais aussi aux entreprises, des séjours autour des matchs des Equipes de France de BasketBall.

Vous pourrez retrouver vos séjours « 100% Basket France » dans nos 330 Agences Havas Voyages ainsi que sur... **Afficher la suite**

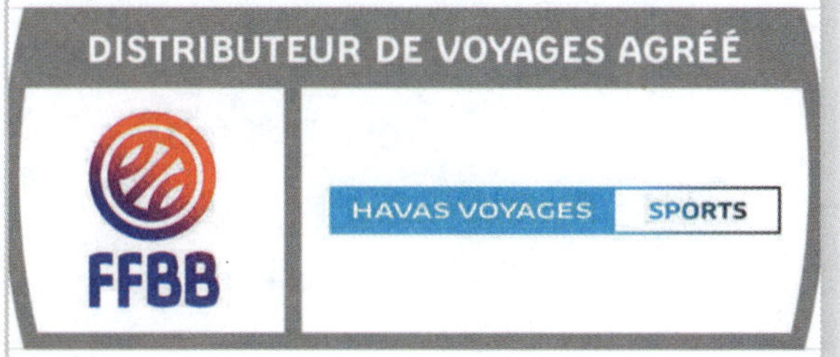

33 — 30 partages

Havas Voyages
2 décembre 2020 ·

En avant les « Blue Weeks » en Décembre!
jusqu'à 500 euros offerts sur le voyages de votre choix .
(voir condition en agence et sur havas-voyages.fr)

20 — 33 partages

ANNEXE 5 Extrait du fichier clients de l'agence Havas Périgueux

N° Client	Raison sociale	Civilité	Nom client	Rue	CP	Ville	Adresse mail
411001	HABBE SA	Monsieur	Habbe Luc	4 rue des Hirondelles	24000	PERIGUEUX	habbe@gmail.com
411002		Madame	Pincherl Luce	1 chemin des croisés	24000	PERIGUEUX	luce.pincherl@laposte.net
411003	SOFRACOM	Monsieur	Ribert Pierre	2 rue du Maine	13000	MARSEILLE	sofracom@orange.fr
411004		Madame	Boyou Nelly	14 place Lafayette	38000	PERIGUEUX	boyounelly@free.fr
411005		Madame	Saano Lucie	2 rue A. Camus	24000	PERIGUEUX	
411006		Monsieur	Prodon Fidel	Chemin des aluèges	24000	PERIGUEUX	prodon@gmail.com
411024		Madame	Boyou Nelly	14 place Lafayette	38000	PERIGUEUX	boyounelly@free.fr
411028	ANTONEL	Monsieur	Hasan Mehdi	214 avenue Desroy	38000	PERIGUEUX	m.hassan@orange.fr
411141		Monsieur	Paul Léon	Place Tassigny	38000	PERIGUEUX	paul.leon@gmail.com

ANNEXE 6 Tarifs Destineo de La Poste (envoi de mailings adressés)

DESTINEO DÉCOUVERTE

Solution d'envoi permettant de découvrir le média Courrier.

Délai indicatif **J+7**

POIDS ≤ 100 g

À partir de **100 plis** par campagne

Offre sous contrat valable pour les 1res campagnes en courrier adressé pendant neuf mois à partir du premier dépôt et sous réserve du respect des conditions d'éligibilité

Offre disponible pour les envois à destination de la France (y compris l'Outre-mer), d'Andorre et de Monaco

Tranches de poids	Tarifs HT unitaires
≤ 35 g	0,31 €
36-50 g	0,39 €
51-100 g	0,57 €

ANNEXE 7 Tarifs relevés sur le site Internet Les Grandes Imprimeries

Flyer / Tract / Prospectus - Pelliculage Mat SOFT TOUCH - A6 105x148mm - Quadri recto-verso - 250g couché brillant - Pelliculage Soft Touch velours Recto

Votre Sélection

- Impression ultramoderne Haute définition
- Finition : **Flyer / Tract / Prospectus**
- Finition Design : **Pelliculage Mat SOFT TOUCH**
- Format : **a6 105X148Mm**
- Type d'impression : **Quadri Recto-Verso**
- Support/papier/grammage : **250g Couché Brillant**
- Finition 1 : **Pelliculage Soft Touch Velours Recto**

Choisissez la quantité

Quantité	Standard
25 Ex.	~~83,53 €~~ **62,00 €**
50 Ex.	~~83,53 €~~ **62,00 €**
100 Ex.	~~83,53 €~~ **62,00 €**
250 Ex.	~~83,53 €~~ **62,00 €**
500 Ex.	~~108,24 €~~ **83,00 €**
750 Ex.	~~115,29 €~~ **89,00 €**
1 000 Ex.	~~128,24 €~~ **100,00 €**
1 500 Ex.	~~197,65 €~~ **159,00 €**

Les frais de transport et d'expédition sont estimés à 9,00 €.

ANNEXE 8 Tarifs du traiteur choisi

Formule Apéritif dînatoire
20 personnes **180,65 €**
30 personnes **283,55 €**

Formule Cocktail prestige
13 pièces / personne à **19,20 €**

ANNEXE 9 Retombées commerciales de la soirée

Au cours des 4 semaines suivant l'événement :
– Nombre de rendez-vous fixés : 18
– Nombre de devis réalisés : 12
– Nombre de réservations de séjour : 8
– Prix moyen du séjour : 3 800 € (commission 8 %)

ANNEXE 10 L'un des nombreux commentaires sur les réseaux sociaux

Luc Servon
Merci à toute l'équipe de **#HavasPérigueux** pour cette belle soirée. Votre nouvelle agence est vraiment magnifique. Hâte de réserver mon prochain voyage !
#Havas #voyage #détente

J'aime • Répondre • 4 j

FICHE RESSOURCE

1 Les techniques de promotion sur le lieu de vente

Les techniques de promotion de l'offre sur le lieu de vente permettent d'optimiser l'activité commerciale en influençant l'acte d'achat. Elles reposent sur l'utilisation de supports informationnels au sein de l'espace de vente et sur la mise en place de techniques destinées à offrir un avantage temporaire au consommateur final. La promotion de l'offre peut également avoir pour cible le réseau de distribution.

I La publicité sur le lieu de vente (PLV)

1 Définition et objectifs

La PLV regroupe l'ensemble des supports publicitaires utilisés par les producteurs ou les distributeurs de produits touristiques pour valoriser leur marque et leurs produits au sein de l'espace de vente. Elle permet de créer une ambiance, une atmosphère grâce aux visuels et objets mis en avant.
Ses objectifs sont :
–d'attirer l'attention : pour être efficace, la PLV doit être originale et/ou comporter des éléments visuels familiers pour le consommateur, souvent utilisés dans les campagnes de communication médias ;
–d'informer le client : le consommateur est informé des offres spéciales et des nouveaux produits. Il est également acteur grâce aux nouvelles technologies permettant une interactivité, et non simple récepteur des informations ;
–de susciter l'acte d'achat : les avantages produits sont clairement mis en avant (prix promotionnels, offres spéciales...) pour pousser le consommateur à acheter.

2 Les supports de la PLV

Ils sont le plus souvent fournis par les producteurs dans le cadre d'une collaboration avec les distributeurs (*trade marketing*), assurant ainsi une meilleure visibilité de leur marque et de leur offre au sein du point de vente.

- **Supports de communication promotionnels** : affiches et affichettes, banderoles, posters, kakemonos...
- **Mobilier publicitaire** : présentoirs à brochures, displays personnalisés aux couleurs de l'enseigne.
- **Objets décoratifs** : ballons à gonfler, autocollants, vitrophanies.
- **Diffusion de visuels sur supports numériques** : vidéos ou messages sur des écrans numériques, bornes et écrans tactiles.
- **Éléments sonores** : diffusion de messages publicitaires sur le point de vente, musiques...

II La promotion commerciale à destination des consommateurs

1 Définition et objectifs

La promotion sur le lieu de vente regroupe l'ensemble des procédés et techniques qui visent à promouvoir de façon ponctuelle l'offre de produits touristiques sur le lieu de vente. Elle consiste à associer à un produit un avantage temporaire destiné à stimuler son achat par le client.
Elle a pour mission de pousser le produit vers le consommateur (stratégie « *push* ») au moment de l'acte d'achat. Les objectifs diffèrent selon les techniques mises en œuvre : se faire connaître, développer les ventes, conquérir de nouveaux clients, lancer un nouveau produit, fidéliser les clients actuels...

>>>

2 Les différentes techniques promotionnelles

Types de promotions	Techniques promotionnelles
Réductions de prix	– Réduction directe : consiste à vendre un produit ou une prestation touristique à un prix inférieur au prix normal, pendant une période limitée. ***Exemple :*** 25 % sur un séjour. – Couponnage (*couponing*) : codes de réduction ou e-coupon donnant droit à une réduction de prix sur l'achat d'une prestation. ***Exemples :*** remise de 100 € après saisie d'un e-coupon, réduction sur un achat avant une date limite. – Offre spéciale / offre de dernière minute. ***Exemple :*** réduction liée à la date d'achat, aux quantités achetées... – Offre de remboursement : remboursement total ou partiel d'une prestation sur présentation d'une preuve d'achat. ***Exemple :*** remboursement de la différence de prix d'un produit moins cher chez un concurrent.
Prime et cadeau	– Prime : avantage obtenu gratuitement suite à l'achat d'un produit. Elle peut être directe ou différée sur un prochain achat. ***Exemples :*** 1 semaine achetée = 1 gratuite, frais de dossier offerts. – Cadeau : produit remis gratuitement, avec ou sans achat préalable. ***Exemple :*** produit estampillé au nom d'un voyagiste (étiquette voyage, stylo...).
Concours, jeu et loterie	– Concours : opération faisant appel au talent ou aux recherches du candidat pour gagner un cadeau, sans intervention du hasard. ***Exemple :*** concours de photos sur Instagram avec cadeau à gagner. – Jeu, loterie : opérations offrant une espérance de gain, acquis à la suite d'un tirage au sort. ***Exemple :*** jeu avec lots à gagner organisé par FRAM, avec tirage au sort.

III Les actions promotionnelles à destination du réseau de distribution

La promotion à destination du réseau de distribution consiste à stimuler les distributeurs afin de les inciter à prescrire ou à vendre une marque ou un produit. Elle repose largement sur des actions de formation, mises en place lors d'événements ponctuels destinés aux professionnels.

Actions promotionnelles	Définitions
Formation	Apport de connaissances sur une destination ou un produit afin d'aider à mieux conseiller et/ou vendre. ***Exemples :*** stages de formation, e-learning (formation en ligne réalisée en autonomie).
Workshop	Atelier collaboratif de travail et d'échanges sur une destination ou l'offre d'un producteur à des fins de formation. ***Exemples :*** réunion de présentation d'une nouvelle brochure, présentation des opérateurs touristiques spécialisés sur une destination.
Roadshow	Tournée de présentation de l'offre d'un TO ou d'une destination à travers plusieurs villes permettant d'aller à la rencontre d'agents de voyage. ***Exemple :*** organisation de soirées de présentation de l'offre « printemps-été » d'un tour-opérateur dans plusieurs villes.
Incitations financières	Pour favoriser la vente d'un produit, inciter à orienter le client vers une marque ou un produit. ***Exemples :*** commissions et sur-commissions, concours et challenges de vente avec des cadeaux à gagner.
Eductour*	Invitation des professionnels à tester un séjour, un voyage à titre gratuit afin de leur permettre de mieux le vendre auprès de leurs propres clients. ***Exemple :*** invitation de 15 agents de voyages dans un hôtel-club durant 4 jours en Tunisie.

* Raccourci de l'anglais « *educational tour* » : offre faite par les fabricants de voyages à certains personnels d'agences afin de découvrir sur quelques jours (gratuitement ou à peu de frais) leurs nouveaux circuits ou produits dans le but de mieux les proposer ensuite aux clients.

FICHE RESSOURCE

2 Organiser une animation commerciale

Une animation commerciale consiste à organiser un événement ou une opération promotionnelle dont l'objectif est d'augmenter les ventes d'un produit ou d'une marque, ou de générer du trafic sur l'espace d'accueil et de vente. Elle repose généralement sur un dispositif ludique, qui dépendra de l'objectif commercial à atteindre, des cibles visées et du budget alloué.

L'organisation d'une animation suppose de respecter plusieurs étapes.

I Se fixer des objectifs

La finalité de toute animation commerciale est l'optimisation de l'activité commerciale. Différents objectifs peuvent être poursuivis :

- faire connaître un nouveau produit touristique, une nouvelle brochure dans le cadre d'une campagne de lancement ;
- valoriser une destination pour laquelle on souhaite promouvoir ou relancer les ventes ;
- fidéliser les clients et valoriser l'image de l'entreprise ;
- inaugurer une nouvelle boutique, présenter une nouvelle équipe...

Dans tous les cas, les objectifs doivent être SMART : Spécifiques, Mesurables, Atteignables, Réalistes et Temporels. Exemples d'objectifs :

- spécifique : « grâce à cette animation commerciale, j'augmenterai les ventes de 15 % sur le mois de novembre sur la destination Cuba » ;
- mesurable : « à cette occasion, nous appliquerons un code promotionnel qui nous permettra de suivre facilement les résultats de cette action » ;
- atteignable : « nous avons mis en place les ressources (personnel sur place, stand et PLV) pour atteindre cet objectif » ;
- réaliste : « nous avions déjà atteint de tels résultats lors d'une animation commerciale passée » ;
- temporel : « nous analyserons l'impact de cette action sur nos ventes des 4 prochaines semaines ».

II Déterminer une date et choisir un type d'animation

Le choix de la date et du type d'animation dépendra également de plusieurs variables (objectifs, cible, lieu, budget...). L'animation envisagée doit toujours être en cohérence avec le positionnement et l'image de marque du point de vente :

- ventes privées dans un lieu loué ;
- événement VIP (présentation en avant-première) dans les locaux de l'organisation touristique ;
- conférence premium avec cocktail ;
- salon professionnel payant ou ouvert au grand public ;
- journée « portes ouvertes » ;
- participation à des événements promotionnels organisés par des partenaires...

III Proposer une offre spécifique

Quel que soit le type d'animation commerciale, une offre promotionnelle unique et limitée dans le temps devra être proposée aux participants :

- réduction sur le prix (*via* un bon de réduction, par exemple) ;
- conditions de financement (paiement en plusieurs fois sans frais, par exemple) ;
- jeu-concours (avec des lots, généralement un voyage, à gagner) ;
- cadeaux (goodies, frais de dossier ou surclassement offert...).

>>>

IV Mettre en place un plan de communication

Des actions de communication sont nécessaires pour faire connaître l'événement auprès de la ou des cibles (grand public, clients fidèles, distributeurs, leaders d'opinion...). Il faut réfléchir à un plan de communication en amont :

	Canaux online	Canaux offline
Communication de masse	Site Internet ou blog, réseaux sociaux	Flyers, radio locale, affichage, presse, relations publiques
Communication one-to-one	E-mailing, newsletter, messagerie électronique (Messenger, WhatsApp)	Mailing d'invitation, SMS, phoning

V Prévoir l'organisation matérielle

Il est nécessaire de mobiliser les ressources humaines et matérielles pour le jour J : recherche de prestataires (cocktail, mobilier, animation musicale...), mais également des partenaires commerciaux qui pourront animer l'événement et/ou présenter leur offre.

Des ateliers, des activités et des animations spécifiques doivent être prévus afin de laisser un souvenir mémorable de l'événement aux invités : spectacle, jeu-concours, démonstrations culinaires...

Le lieu doit être aménagé pour recevoir le nombre de participants et d'invités prévus, et décoré selon la thématique de l'événement. Enfin, le personnel mobilisé doit pouvoir disposer d'outils d'aide à la vente : brochures et documentation commerciale à remettre aux clients, cartes de visite, accès au CRM de l'entreprise pour saisir ou mettre à jour les contacts...

VI Organiser le suivi commercial

Un suivi de l'opération commerciale doit être effectué afin d'optimiser son efficacité :
- envoi d'un e-mail de remerciement personnalisé ;
- envoi de l'offre commerciale en précisant la date limite de retour ;
- mise à jour des fichiers clients ou prospects et relances automatisées.

VII Évaluer les retombées de l'événement

Après l'événement, il est indispensable de faire un bilan quantitatif et qualitatif afin de calculer le retour sur investissement (ROI).

Les frais engendrés lors d'une animation commerciale (communication, personnel, logistique) doivent être rentabilisés par des ventes générées par l'événement, un nombre de prospects générés, des retombées presse... Les effets en termes de notoriété et d'image doivent être pris en compte : calcul du taux de notoriété spontané ou assisté avant/après, analyse des commentaires sur le site et sur les réseaux sociaux, étude d'image avant/après par sondage...

Exemples d'indicateurs	Explications
Taux de réponse	(Nombre de personnes présentes / Nombre de personnes invitées) × 100
Taux de présence	(Nombre de personnes présentes / Nombre d'invitations envoyées) × 100
Nombre de participants	Nombre de personnes assistant à l'événement
ROI (retour sur investissement)	Marge (Gain *ou* Perte de l'événement – Coût de l'événement) / Coût de l'événement

FICHE RESSOURCE

3 L'animation commerciale en ligne

L'animation d'un espace de vente virtuel consiste à utiliser des outils et techniques destinés à augmenter les ventes, développer son trafic et améliorer son référencement. Un site Internet doit être renouvelé périodiquement afin d'offrir une image dynamique et de renforcer son attractivité.

I Les objectifs d'une animation commerciale en ligne

Objectifs	Explications
Générer du trafic	Les actions commerciales ponctuelles sur l'e-commerce permettent d'attirer immédiatement plus de trafic sur celui-ci. Pour que l'acquisition de trafic soit maximale, une animation commerciale peut s'appuyer sur les canaux de communication de l'entreprise touristique.
Optimiser la conversion	Une animation commerciale favorise l'achat d'impulsion, l'internaute étant tenté de profiter de la promotion.
Redynamiser les ventes en période creuse	Une offre exceptionnelle, un grand concours, des ventes privées ou flash permettent de dynamiser les ventes et de déstocker les prestations invendues.
Promouvoir un nouveau produit	Informer les clients et prospects des nouveautés encourage les achats d'impulsion.
Augmenter le panier moyen	Grâce à une vente flash, un bon d'achat ou un concours où la participation est liée à l'achat.
Favoriser le Web-to-Store	Les promotions effectuées sur le site vont amener les clients à prendre rendez-vous en agence pour la finalisation des ventes ou le suivi de leur dossier.
Fidéliser le client	Les clients sont incités à consulter régulièrement le site afin de connaître en temps réel les nouvelles offres, concours et opérations exceptionnelles.
Améliorer l'e-réputation	Les animations commerciales permettent d'alimenter les réseaux sociaux en créant l'engagement des abonnés et en renforçant le lien de proximité avec eux.

II Les différents types d'animations commerciales

1 Les animations « prix »

Elles proposent généralement une réduction de prix exceptionnelle exprimée en pourcentage ou en valeur, ou une prestation offerte (frais de dossier, assurance...). Elles ont une durée limitée et/ou peuvent être appliquées sous conditions (de date, de valeur, de volume acheté...).

2 Les animations « merchandising »

Elles mettent en avant des produits phares (par exemple, une destination mise en avant, une sélection de produits à déstocker, un type de séjour). Elles peuvent prendre la forme d'une réduction importante, d'une vente privée, d'une mise en avant *via* un encart dédié (idées séjours, top ventes, coups de cœur, ventes flash...). Ce type d'animations permet de s'inscrire dans le cadre d'un événement.

>>>

Thèmes d'animation	Descriptions
Les saisons	Elles permettent de promouvoir les nouvelles brochures (« printemps-été », « automne-hiver »...) et les produits saisonniers (séjours au ski...).
Les événements calendaires	Tout au long de l'année, les événements permettent de mettre en valeur le site par une thématique renouvelée et des promotions spécifiques liées à l'événement (Noël, la Saint-Valentin, la fête des Mères...).
Les événements commerciaux liés au secteur	Des événements nationaux organisés par un secteur spécifique (exemple : l'opération « J'aime la croisière » par la CLIA) ou par le réseau (anniversaire du réseau ou de la marque).
Les périodes commerciales	Les soldes, le Black Friday, les French Days sont autant d'événements incontournables donnant lieu à des opérations promotionnelles sur le site.

3 Les animations « hors site »

Elles impliquent un engagement de la part des internautes : participation à un jeu-concours ou à un quiz, parrainage, sondage. Des bons de réduction, des remises ou des cadeaux permettent de récompenser les participants.

III Les supports de l'animation commerciale en ligne

L'animation doit se faire sur la page d'accueil, qui est la page du site la plus visitée et constitue la « vitrine » virtuelle de l'organisation touristique. Les supports les plus utilisés sont les suivants.

1 Les bannières web

Pour qu'une bannière web soit efficace, elle doit contenir les éléments suivants :
- un titre et/ou un texte ;
- une image ou une charte graphique percutante : les images et les couleurs doivent être en adéquation avec la marque ou l'événement ;
- un appel à l'action.

Supports	Descriptions
La bannière classique	Bandeau ou bannière cliquable verticale ou horizontale, statique (format JPG) ou animée (format GIF), comportant un message publicitaire.
La fenêtre pop-up	Bannière qui s'ouvre spontanément sur une partie de l'écran.
L'interstitiel	Fenêtre sous forme de pop-up recouvrant entièrement la page visitée.
Le skycraper	Format publicitaire Internet vertical qui s'insère généralement à droite du contenu d'un site. Les deux formats rencontrés le plus souvent sont 120 ou 160 × 600 pixels.

2 Les bannières « Rich Media »

Les bannières « Rich Media » intègrent du contenu animé visuel ou sonore : bannières animées interactives, carrousel d'images, objets en mouvement, flash transparent (calque transparent éphémère s'affichant sur la page visitée), habillage éphémère du site aux couleurs et images de l'événement sont autant d'animations possibles. Les formats doivent être adaptés à la taille de l'écran et à la plateforme de publication utilisée (comptes Facebook, Instagram ou Twitter, par exemple).

1 Connaître les différents types de promotion

● À l'aide des documents 1 à 5 et de vos connaissances, complétez le tableau suivant.

Document	Type(s) de promotion	Émetteur	Cible	Teneur de la promotion	Objectif(s)
1					
2					
3					
4					
5					

>>>

DOCUMENT 1 E-mailing Booking.com

Booking.com

%

Obtenez un remboursement de 10 % **pouvant atteindre € 100** sous forme de crédit à utiliser pour votre prochain séjour

HCCFHREY1Q

Date d'expiration : 23 septembre 2020

Bonjour,

Vous comptez réserver un séjour ? Ne payez pas plus que nécessaire !

Profitez pleinement de vos vacances... Obtenez un remboursement de 10 % sous forme de crédit après votre séjour, et bénéficiez également des réductions Genius ou saisonnières proposées sur notre site.

Nous vous conseillons de réserver un tarif flexible avec annulation gratuite, au cas où vos projets seraient amenés à changer.

DOCUMENT 2 Extrait d'une page du site Promovacances

DOCUMENT 3 Page Facebook Promovacances

Promovacances
6 janvier, 10:17 ·

Jeu Concours
Tentez votre chance et faites partie des 10 gagnants
À gagner dans notre check-list du voyageur :
- 1 serviette de plage et un tote bag
- 1 set de voyage
- 1 é... Afficher la suite

334 338 commentaires 67 partages

DOCUMENT 4 Page « Club Lookéa » du site Internet Tui

DOCUMENT 5 Mailing clients CGH

CGH
Résidences Hôtelières
★★★★
Spas & Beauté

Cher client,

Nous tenons à vous remercier pour la confiance et la fidélité que vous témoignez à CGH Résidences & Spas.

Nous sommes ravis de vous offrir ce chèque-cadeau d'une valeur de **EUR 50,00**.

Ce chèque est valable jusqu'au 08/08/2022 et peut être utilisé pour le règlement de votre prochain séjour (acompte ou solde) dans l'un de nos établissements.

Vous bénéficiez de ce chèque grâce au cumul de points générés par vos séjours ou par notre programme de parrainage.

L'ensemble des informations sur notre programme de fidélité et de parrainage sont disponibles sur notre site Internet www.cgh-residences.com

Dans l'attente de vous accueillir au sein de nos résidences.

Bien cordialement,

CGH
Résidences Hôtelières
Spas & Beauté

....

2 Utiliser les techniques promotionnelles à destination du réseau de distribution

Vous travaillez en tant que délégué(e) commercial(e) pour le tour-opérateur Salaün Holidays. Vous devez prochainement rendre visite à des agences partenaires afin de leur présenter la nouvelle brochure « printemps-été », avec l'Irlande comme destination phare. Par ailleurs, vous devez inciter les responsables d'agence à participer au prochain roadshow organisé par la marque.

1. Définissez les termes suivants : « roadshow », « workshop », « networking ».

2. Indiquez les objectifs poursuivis par Salaün Holidays lors de son roadshow (document 1), ainsi que les cibles visées.

3. Montrez les différentes techniques utilisées en BtoB pour promouvoir l'Irlande (document 2).

4. Proposez différents moyens permettant d'inciter les revendeurs à commercialiser les produits de la nouvelle brochure sur la destination Irlande.

5. Présentez les outils d'aide à la vente mis à la disposition des agents de voyages afin de les former sur la destination (document 3).

DOCUMENT 1 Salaün Holidays lance son roadshow

Jusqu'au 4 avril [2019], les équipes Salaün Holidays sont en tournée et traversent 9 départements afin de présenter aux agences et à leurs clients l'expertise et les valeurs ajoutées du tour-opérateur.

« Rencontrer le monde, ça se prépare. » C'est le slogan utilisé par Salaün Holidays pour encourager les voyageurs à bien se renseigner sur le tour-opérateur à qui ils confient leur projet de voyage. En s'appuyant sur trois agences nouvellement intégrées à son réseau (Dieppe, Poissy et Mantes-la-Jolie), mais aussi sur un certain nombre d'agences revendeuses, les équipes du voyagiste sont en tournée jusqu'au 4 avril [2019] pour faire découvrir aux agents de voyages et à leurs clients la marque Salaün Holidays : l'étendue de sa programmation, ses circuits majeurs, ses marques spécialistes (Nordiska, Pouchkine Tours, Hugh) mais aussi le confort de son autocar haut de gamme Royal class que chacun pourra visiter. Un programme de 10 jours alternant, au gré des villes, journées portes ouvertes, soirées clients, déjeuners formation et présentations diverses. L'accent sera par exemple mis à Auxerre sur une destination particulièrement en vogue actuellement : la Norvège. Une conférence privée y sera en effet proposée par Anne, l'une des guides-conférencières du TO, pour qui la splendeur des îles Lofoten, la magie des fjords et l'emblématique cap Nord n'ont aucun secret.

David Savary, Quotidiendutourisme.com, 26 mars 2019.

DOCUMENT 2 Irlande : 24 opérateurs français à la rencontre des pros du tourisme irlandais

24 opérateurs français se sont rendus aux deux événements majeurs B2B organisés en Irlande : au Meithal et au Meet the Buyer.
[Début avril 2019], 30 professionnels représentant 25 entreprises du voyage se sont rendus en Irlande pour participer au Meithal et au Meet the Buyer.
Ce sont les 2 rendez-vous majeurs du calendrier des événements touristiques de l'Irlande, permettant aux professionnels du tourisme irlandais de présenter aux opérateurs du monde entier les atouts de la destination. Ces workshops s'étalant sur 3 jours ont permis de programmer environ 18 000 rendez-vous avec plus de 400 partenaires commerciaux, suivis de voyages de familiarisation à travers toute l'île d'Irlande.
Le coup d'envoi a été donné le 2 avril [2019], où se tenait, pendant 2 jours, le Meithal, le plus grand workshop B2B en République d'Irlande. Cette année, parmi 301 acheteurs venus de 21 pays, pas moins de 15 opérateurs français ont participé à cet événement autour de Dublin.
À cette occasion a été lancée auprès des professionnels la nouvelle marque de la République d'Irlande, « Le Cœur Secret de l'Irlande ».

Autre nouveauté de cette édition 2019 : pour la première fois, Meithal a ouvert ses portes aux agences MICE et accueilli 60 entreprises du monde entier, dont 9 françaises venues des régions parisienne et lyonnaise.
Le 4 avril, 5 opérateurs français ont ensuite participé au Meet the Buyer, la plateforme de networking touristique d'Irlande du Nord, ayant réuni pour cette édition 200 acheteurs de 22 marchés.

Tourmag.com

DOCUMENT 3 Extraits d'un site professionnel irlandais dédié aux professionnels du voyage

PROFITEZ EN EXCLUSIVITÉ DE NOS FORMATIONS

En passant par le Wild Atlantic Way, l'Irlande du Nord et jusqu'à Dublin, bénéficiez de webinars qui vous permettront d'en savoir plus sur la culture irlandaise tout en vous divertissant.

L'Irlande et sa gastronomie : Un voyage plein de saveurs
Dublin : La ville au naturel
L'Irlande du Nord : Une âme de géant

DÉCOUVREZ LA CULTURE IRLANDAISE

Les saveurs irlandaises
Saveurs fraîches, producteurs passionnés et traditions transmises de génération en génération : découvrez la gastronomie irlandaise.
En savoir +

Venez découvrir la musique traditionnelle irlandaise !
Playlist Spotify

Visites virtuelles
Venez profiter, au cœur du patrimoine irlandais, de visites virtuelles pour voyager :

- Dublin : EPIC – Musée de l'Immigration
- Les Terres Ancestrales : Musée médiéval

Trade.ireland.com

3 Animer un stand dans un salon

LES THERMALIES
LE SALON DE L'EAU & DU BIEN-ÊTRE

Mme Sissoko a ouvert une agence productrice et distributrice Ô Découvertes à Cannes. Elle propose des forfaits bien-être en France ainsi que des séjours sur mesure à une clientèle haut de gamme, mais exigeante. Vous êtes chargé(e), en tant que stagiaire, de l'aider à participer au salon Les Thermalies, qui se tiendra à Paris, afin de commercialiser sa nouvelle offre de séjours bien-être à l'étranger.

1. Proposez à Mme Sissoko un emplacement au sein du salon qui lui permettra de maximiser sa visibilité auprès des visiteurs (document 1).

Mme Sissoko prévoit de réserver début septembre un stand pré-équipé de 7 m², avec des cloisons en bois de couleur bleue en option. Elle souhaite communiquer sur sa présence au salon en souscrivant le pack média.

2. Calculez le coût TTC de sa participation au salon (documents 2 et 3), TVA au taux normal.

3. Formulez des propositions afin d'animer son stand.

DOCUMENT 1 Le plan du salon Les Thermalies

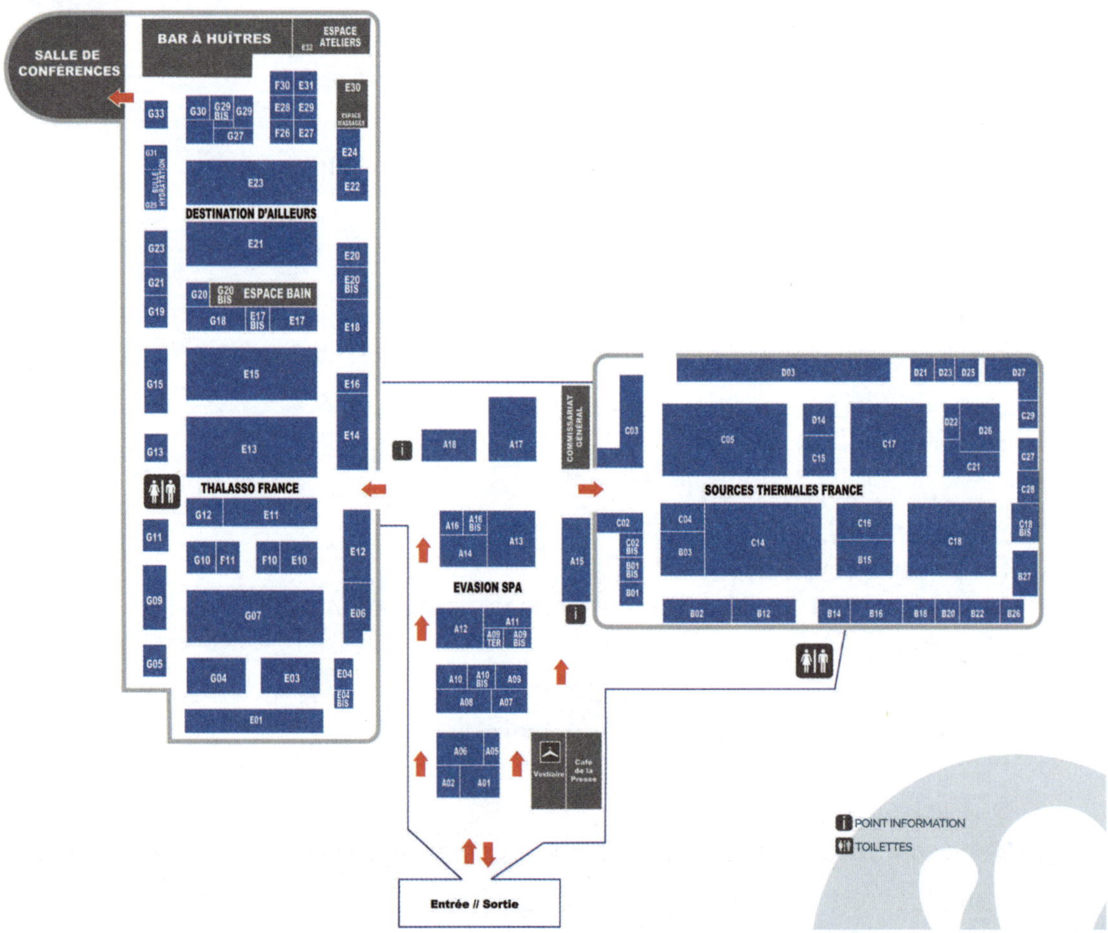

© Thermalies 2020

DOCUMENT 2 Les types de stands

Optimisez votre participation en choisissant la formule de stand adéquate

	PARIS
› Stand Nu	520 €ht/m²
› Stand Pré-équipé	625 €ht/m²
› Stand Clé en main	765 €ht/m²
› Stand Évasion Spa	Dès 6 885 €ht
› Stand 1ère Exposition (dans un espace dédié)	270 €ht/m²

Option : cloisons bois recouvertes de coton gratté (choix de couleur) à 90 €ht / m².

© Thermalies 2020

DOCUMENT 3 Le kit média

Communiquez sur votre présence…

- Insertion de votre flyer dans les mailings Thermalies .... 3100 € HT
- Projection de votre vidéo sur les écrans du salon, sur notre site web et les réseaux sociaux 2500 € HT
- Distribution de produits publicitaires dans l'espace presse et point information du salon ..... 2500 € HT
- Pack média .... 2040 € HT
  Comprenant :
  - ◆ 1 logo et un lien hypertexte dans la liste des exposants du site Internet
  - ◆ 1 demi-page (140 x 95 mm + 5 mm de fonds perdus) sur le guide du visiteur Thermalies 2020
  - ◆ Votre logo sur les plans d'orientation du site
- Pack logo .... 620 € HT
  Comprenant votre logo sur :
  - ◆ Le site web
  - ◆ Le guide du visiteur
  - ◆ Les plans d'orientation du salon Thermalies 2020

© Thermalies 2020

4 L'animation commerciale en ligne

Wonderbox+ RÉALISATEUR DE RÊVES

Vous travaillez au sein du service Communication de Wonderbox, spécialisé dans les coffrets cadeaux et la vente d'activités de loisirs sur Internet. À l'occasion de l'événement « Black Friday » (document 2), vous êtes chargé(e) de proposer une animation commerciale sur le site afin de mettre à l'honneur la nouvelle gamme de box « Cap ou pas Cap » (document 1).

1. Indiquez les modalités de l'animation commerciale envisagée : type d'animation, cible, date et durée, forme de la publication sur le site.
2. Rédigez et mettez en forme l'animation à l'aide d'un logiciel de PAO.
3. Proposez des moyens de communication à utiliser afin de promouvoir cette animation commerciale.

DOCUMENT 1 Extrait du site Internet Wonderbox

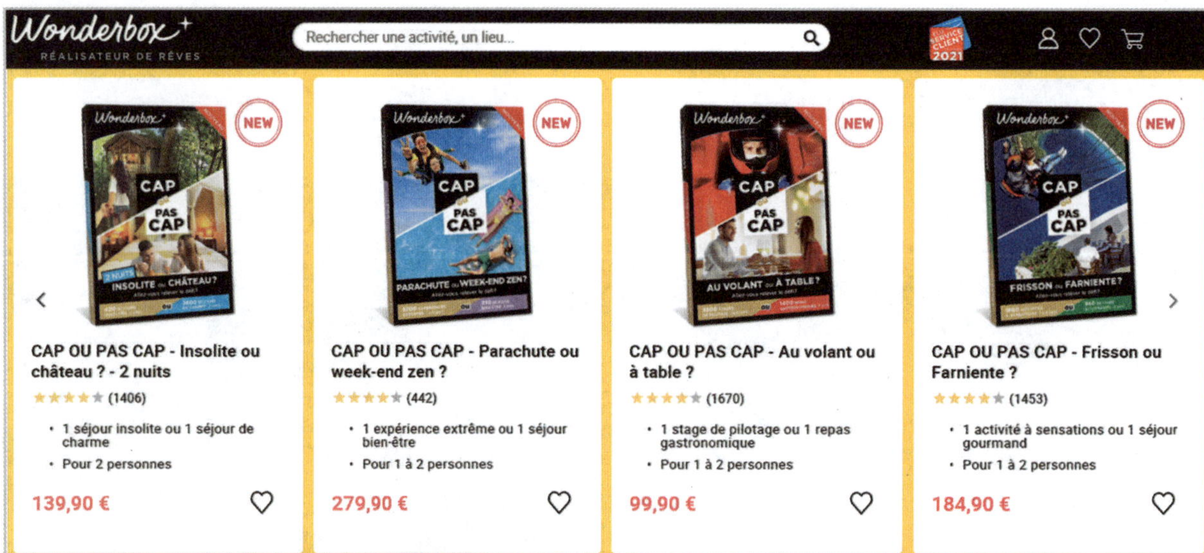

DOCUMENT 2 C'est quoi le « Black Friday » ?

Aux États-Unis et au Canada, le Black Friday (« vendredi noir ») est un événement commercial qui se déroule le vendredi suivant la fête de Thanksgiving, au mois de novembre. C'est un grand jour de soldes qui lance la saison des achats de fin d'année. De très nombreux commerçants profitent de ce moment pour proposer des remises importantes.

En France, le Black Friday a pris son essor en 2016 avec Internet et est devenu un événement shopping incontournable au fil des années. Les enseignes profitent de l'occasion pour proposer des remises importantes, valables seulement 24 heures (durée traditionnelle du Black Friday) ou parfois pendant tout le week-end qui suit. Cette journée de promotions massives touche aussi des produits habituellement peu soldés (ordinateurs, smartphones...).

Depuis 2017, le Black Friday n'a plus lieu uniquement sur Internet, mais de plus en plus dans des enseignes physiques. À noter cependant qu'en France, l'opération reste moins alléchante qu'aux États-Unis à cause la réglementation française : le Black Friday n'est qu'une période de promotions, en dehors des périodes de soldes officiellement autorisés. Or, les ventes à perte sont interdites en dehors des périodes de soldes.

CHAPITRE

3 Communiquer professionnellement avec le client

VERS PIX
1.1 Mener une recherche et une veille d'information
1.3 Traiter des données
3.3 Adapter les documents à leur finalité

TÂCHES

- → Prendre contact avec le client ou le prospect en face-à-face, par téléphone ou par voie numérique
- → Questionner le client ou le prospect pour analyser ses besoins et ses attentes

COMPÉTENCES

- → C2. Accueillir le client
- → C3. Pratiquer une écoute active du client

SITUATION PROFESSIONNELLE

Située sur un site exceptionnel, la résidence La Baie de Somme est un ensemble hôtelier aménagé à proximité immédiate de la baie, classée site du patrimoine mondial par l'UNESCO. Elle adhère au syndicat qui fédère l'essentiel de l'offre touristique de la baie de Somme.

VOTRE MISSION

Vous réalisez votre stage dans cette résidence. Votre responsable, Marine Hanquiez, souhaite évaluer vos compétences en matière de communication professionnelle.

TRAVAIL À FAIRE

I Analyser une situation de communication

Votre responsable vous demande d'observer votre collègue Jordan à l'accueil et de lui faire un compte rendu de votre analyse.

1. Complétez la grille d'analyse pour la situation d'accueil observée.

2. Proposez des pistes d'amélioration quant à l'accueil effectué par Jordan.

3. Par groupes, recomposez et simulez le scénario qui vous semble adapté à la situation.

➲ Annexes 1 et 2
➲ Fiches ressources 1 et 3

II Communiquer avec les clients *via* les réseaux sociaux

La résidence dispose de plusieurs comptes sur les réseaux sociaux. Marine souhaite que vous traitiez les différents messages publiés.

4. Proposez des réponses aux messages adaptées au contexte professionnel.

5. Pour chacune de vos réponses, identifiez l'enjeu de la communication.

➲ Annexes 3 et 4
➲ Fiche ressource 4

À l'occasion du festival de l'Oiseau et de la Nature, qui est un moment fort du début de la saison en avril, votre responsable vous demande de communiquer sur l'événement.

6. Effectuez une recherche sur le festival de l'Oiseau et de la Nature puis rédigez un post en lien avec l'événement.

7. De quel type de communication s'agit-il ?

➲ Fiche ressource 1

III Rédiger un mail professionnel

Marine vous demande de préparer un mail qui sera envoyé aux clients qui ne se sont pas manifestés depuis plus d'un an afin de les inciter à venir au festival et, par la même occasion, à réserver dans la résidence.

8. Préparez les arguments de votre message.

9. Triez le fichier clients fourni par votre professeur pour obtenir la liste des clients inactifs depuis septembre 2020.

10. Écrivez le mail destiné à ces clients en appliquant la méthode des « 7 C ».

➲ Fiche ressource 4

Avant l'envoi de votre mail, Marine souhaite le relire afin de vérifier que vous n'avez pas fait de fautes d'orthographe.

11. Pourquoi Marine tient-elle à ce que votre orthographe soit irréprochable ?

➲ Annexe 5

12. Expliquez la phrase : « prendre conscience que l'orthographe est un marqueur social ».

13. Êtes-vous pour ou contre l'utilisation de l'écriture inclusive dans la communication professionnelle ? Justifiez votre réponse.

14. À l'aide d'une recherche sur Internet, proposez des outils d'aide à la rédaction des écrits professionnels.

VOTRE DOSSIER

ANNEXE 1 Situation d'accueil observée

La famille Lambert arrive à l'accueil de la résidence vers 13 h 30 alors que votre collègue Jordan est au téléphone. Les parents semblent fatigués, leurs enfants touchent à tout ce qui est à leur portée et renversent des flyers en libre accès. Jordan reste concentré sur sa communication téléphonique et raccroche au bout de 5 minutes. Les clients commencent à s'impatienter…

Jordan : Bonjour, je vous écoute.
M. Lambert, *se penchant légèrement vers Jordan* **:** Bonjour Monsieur. Nous arrivons de la région parisienne après 3 heures d'embouteillages et souhaitons accéder à notre chambre au plus tôt, si cela est possible.
Jordan : À quel nom votre réservation ?
M. Lambert, *se tenant bien droit* **:** Jérémy Lambert. Nous avons réservé une suite familiale de 4 personnes pour 3 nuits.
Jordan, *d'une voix quasi inaudible* **:** Y a un problème de logiciel, du coup je peux pas vérifier le planning.
Les enfants perdent patience et obligent les parents à intervenir sans cesse.
M. Lambert : Pensez-vous que l'attente sera longue ?
Jordan, *tapotant son clavier* **:** Le parc de la résidence a des jeux, vous pouvez emmener les enfants si vous voulez en attendant.
M. Lambert, *souriant chaleureusement* **:** Merci, mais nous sommes un peu las de la route et commençons à avoir faim.
Jordan, *le regard fixe et vague* **:** Sinon, vous pouvez attendre au bar. Il n'est peut-être pas trop tard pour manger.
M. Lambert, *les mains derrière le dos* **:** Non, merci. Nous allons chercher un autre lieu où nous pourrons déjeuner et nous reviendrons ensuite.

ANNEXE 2 Grille d'analyse de la situation de communication

Composantes de la situation de communication	
Freins à la communication	
Type de communication	
Enjeux de la communication	
Stratégies de communication	
Comportements et attitudes des acteurs	
Registres de langage	

ANNEXE 3 Messages à traiter

Instagram : Nous sommes une famille de 6 personnes, de 7 à 75 ans, qui envisage la traversée de la baie de Somme. Peut-on partir à pied de la résidence ? Combien de temps faut-il prévoir pour cette activité ? Quel est le niveau de difficulté ?

Tweet envoyé à tous les hôtels de la côte : Société Dumont, autocariste, nous cherchons 12 chambres disponibles pour la fête du Cerf-Volant. Avez-vous des disponibilités ? Quels sont vos tarifs ?

Commentaire Facebook sur la page de la résidence : Week-end de spleen dans la froide grisaille de la baie de Somme, les lumières annoncées étaient blafardes, l'accueil en harmonie avec les températures, la chambre était dans l'ambiance, il y faisait froid, le petit-déjeuner n'avait rien du romantisme annoncé.

ANNEXE 4 Situation de la résidence

Idéalement située, la résidence La Baie de Somme est à seulement 300 m de la baie, que vous pourrez traverser à pied en famille.

La résidence dispose de 120 chambres lumineuses, dont 50 avec terrasse, vous permettant de prendre un petit-déjeuner romantique avec vue sur la baie !

Tarifs : de 80 € à 120 €/nuit

N'hésitez pas à nous contacter pour connaître nos disponibilités et avoir plus de renseignements.

Pour plus d'informations sur les activités à proximité, veuillez vous adresser à l'office de tourisme.

ANNEXE 5 L'orthographe en entreprise, un enjeu d'image de marque

Ce n'est plus un secret : notre niveau en orthographe est un critère (avoué ou non) de discrimination, aussi bien dans les sphères privées que professionnelles. Admettre ses faiblesses et remédier au problème est une épreuve difficile pour certain·e·s, mais pourtant nécessaire, comme le montre l'étude OpinionWay pour Bescherelle menée en 2019. En effet, selon cette étude, 92 % des employeur·euse·s craignent qu'une mauvaise expression écrite de leurs salarié·e·s puisse avoir un impact négatif sur l'image de l'entreprise à l'extérieur, et 15 % d'entre eux·elles confient que la promotion d'un·e salarié·e a pu être freinée en raison d'un mauvais niveau en orthographe. Avec ces données en tête, comment faire pour motiver ses salarié·e·s à pallier leurs éventuelles lacunes ?

Prendre conscience que l'orthographe est un marqueur social

L'orthographe peut représenter un vrai frein à certaines interactions professionnelles. [...]

On écrit de plus en plus aujourd'hui, des mails, des rapports, des présentations, y compris dans des métiers où on ne rédigeait pas ou peu auparavant. Il y a encore quelques années, les dactylographes et les secrétaires rédigeaient les documents officiels des managers et des dirigeants. Maintenant soumis à de nouvelles exigences, il est attendu que les managers, et plus largement l'ensemble des collaborateurs et collaboratrices, soient polyvalent·e·s (notamment qu'ils rédigent leurs courriels eux-mêmes) et réactifs dans leurs échanges. Les salarié·e·s sont donc amené·e·s à « prendre la plume » bien plus fréquemment qu'avant, et certain·e·s sont même devenu·e·s les ambassadeurs·drices de leur entreprise, dès lors qu'ils·elles rédigent un simple e-mail. Notre rapport à l'écriture n'est donc plus du tout le même qu'avant, et les traces « par écrit » n'ont jamais été aussi nombreuses. La formation en orthographe est un sujet épineux mais essentiel pour les entreprises. On constate aujourd'hui qu'orthographe et image de marque se retrouvent étroitement liées. Si un·e employé·e envoie un e-mail truffé de fautes de grammaire et d'orthographe, il ou elle prend le risque d'entacher l'image de l'entreprise qu'il ou elle représente et finira inexorablement par porter préjudice à son expéditeur·trice. Envoyer un contenu comportant des fautes pourrait même engendrer une série d'interrogations chez le destinataire : quel intérêt me porte l'expéditeur·trice ? Est-il·elle méticuleux·euse dans son travail ? Dans ce sens, nos qualités rédactionnelles serviraient à prouver la considération que nous portons à notre interlocuteur·trice. [...]

Marjorie Breille, CB News, 2 novembre 2020.

FICHE RESSOURCE

1 Les éléments fondamentaux de la communication

La communication est une transmission ou un échange d'informations qui crée une relation entre des individus.

I La situation de communication

1 Les composantes de la communication

Selon le linguiste Roman Jakobson, toute situation de communication nécessite :
- un **émetteur (destinateur)** qui prend l'initiative de communiquer ;
- un **message** qui correspond à l'ensemble des informations transmises ;
- un **canal** (écrit, oral, visuel…) par lequel le message est transmis et qui nécessite des outils de communication (téléphone, mail, brochure…) ;
- un **récepteur (destinataire)** qui reçoit le message véhiculé ;
- un **code** qui est l'ensemble des signes communs et connus par l'émetteur et le récepteur ;
- un **contexte** dans lequel se déroule la communication et qui peut l'influencer. On distingue le contexte spatial (lieu, aménagement de l'espace, distance qui sépare les interlocuteurs…) et le contexte temporel (moment de la journée, durée consacrée à l'échange…).

Le *feedback* (« rétroaction », en français) consiste, pour le récepteur, à exprimer un retour (un signe d'acquiescement, par exemple) à son interlocuteur, qui pourra ainsi vérifier si le message transmis a bien été compris. Cela permet de réguler la communication et de maintenir un lien.

2 Les freins à la communication

Les bruits sont des perturbations qui peuvent intervenir dans la communication et nuire à son bon déroulement, ce qui va empêcher la réception du message ou la rendre plus difficile.

On distingue 4 formes de bruits :
- techniques, quand ils sont liés au canal de transmission (ex. : choix du mauvais outil de communication, grésillement sur la ligne téléphonique, moment mal choisi) ;
- sémantiques (sens, signification), quand ils sont liés au message ou au code (ex. : explications confuses, emploi d'un langage inapproprié) ;
- sémiologiques (attitudes), quand ils sont liés au comportement de l'un des acteurs (ex. : le récepteur n'écoute pas car il fait autre chose en même temps) ;
- organisationnels, quand ils sont liés au fonctionnement des réseaux d'information et à leur organisation (ex. : absence de consignes de sécurité).

II Les types de communication

Il existe trois types de communication.

- La **communication interpersonnelle** se déroule entre deux individus : un émetteur et un récepteur.
  Exemple : un conseiller en voyage/séjour renseigne un client.
- La **communication de groupe** implique qu'un émetteur s'adresse à plusieurs récepteurs ciblés.
  Exemple : un accompagnateur de voyages donne le lieu de rendez-vous à son groupe.
- La **communication de masse** suppose que l'émetteur s'adresse à un grand nombre de récepteurs.
  Exemple : un office de tourisme met à disposition des e-brochures sur son site Internet.

FICHE RESSOURCE

2 La communication interpersonnelle

La communication interpersonnelle (ou comportementale) est basée sur les interactions entre deux acteurs qui s'influencent réciproquement.

I Les enjeux et stratégies de communication

Les enjeux de la communication représentent ce que les acteurs ont à gagner ou à perdre.

Alex Mucchielli, professeur de sciences de l'information et de la communication, définit cinq types d'enjeu :

- **informatif :** la communication se fait dans le but de transmettre ou de recevoir une information ;
- **identitaire :** à travers son rôle et son statut, l'individu se positionne par rapport à l'autre ;
- **d'influence :** l'individu agit sur l'autre pour le faire changer d'avis ou d'attitude ;
- **relationnel :** l'acteur cherche à établir une certaine relation avec l'autre ;
- **normatif :** la communication repose sur un ensemble de règles qui vont soutenir les échanges (par exemple, un agent de voyages ne s'adressera pas de la même façon à un collègue et à un client).

Les stratégies de communication, conscientes ou inconscientes, sont les comportements adoptés par les acteurs en fonction du type d'enjeu fixé.

Stratégies	Comportements
D'évitement	Fuir le dialogue pour éviter le conflit et ne pas compromettre sa relation avec l'interlocuteur.
De coopération	Prendre en compte l'avis de l'autre et faire des concessions pour obtenir son accord.
De résistance et d'opposition	Rester sur ses positions et être réfractaire au dialogue.
D'influence	Chercher à dominer l'autre pour le faire changer d'opinion ou de comportement.

Les comportements des acteurs sont également influencés par d'autres facteurs.

II Les facteurs d'influence du comportement

1 Les facteurs socioculturels

Chaque individu appartient à un groupe d'appartenance (famille, amis, collègues de travail...) qui va influencer son comportement. Il peut aussi ne pas appartenir à ce groupe mais s'y référer, on parle alors de groupe de référence.

La culture, définie comme l'ensemble des normes (règles sociales) et des valeurs (principes moraux, idéaux) qui caractérisent une société ou un groupe social, donne lieu à un schéma commun de comportement et influence la façon dont un individu traite une information.

2 Les facteurs psychologiques

L'ensemble des caractéristiques spécifiques de chaque individu (traits de caractère, expérience personnelle, valeurs...) définit sa personnalité, qui est durable et constante, et donc son mode de comportement.

Les émotions, réactions affectives momentanées, peuvent également avoir des conséquences sur le niveau comportemental. Le psychologue Paul Ekman dénombre six émotions fondamentales : la surprise, la peur, la tristesse, la colère, la joie et le dégoût.

FICHE RESSOURCE

3 La communication professionnelle orale

I Les formes de communication orale

D'après la « règle des 3 V » du psychologue Albert Mehrabian, 7 % de la communication orale est verbale, 38 % vocale (communication paraverbale) et 55 % visuelle (communication non verbale).

1 La communication verbale

Elle porte sur la signification et le sens des mots utilisés. En contexte professionnel, il est important d'adapter son mode d'expression, son registre de langage, selon l'interlocuteur.

- Le registre familier est employé au quotidien, dans une conversation non formelle (avec des proches ou des collègues de travail familiers) et, plus généralement, à l'oral. Le vocabulaire est parfois abrégé, la syntaxe est souvent simplifiée et la grammaire incorrecte.

  Exemple : « T'as pas eu M. Duhamel au téléphone ? »

- Le registre courant est notamment utilisé dans le milieu professionnel ou lorsque la communication est impersonnelle et implique une certaine distance avec l'interlocuteur (un client, par exemple). Le vocabulaire est clair et simple (compris par tout le monde), les principales règles de syntaxe et de grammaire sont respectées.

  Exemple : « Pouvez-vous me rappeler quand vous aurez mon message, s'il vous plaît ? »

- Le registre soutenu est surtout employé dans la littérature. Le vocabulaire est recherché, moins utilisé au quotidien, les phrases sont complexes et les règles de grammaire toujours respectées.

  Exemple : « Ainsi, ai-je dû écourter mon séjour. »

2 La communication non verbale et paraverbale

- La **communication non verbale** regroupe tout ce qui est relatif au langage corporel (gestuelle, expressions du visage, regard, mimiques, postures), mais aussi à l'apparence (coiffure, tenue vestimentaire...).
- La **communication paraverbale** concerne la dimension vocale de la parole : l'intonation, le volume et le timbre de voix, le débit, l'articulation, l'accent mis sur certains mots et même les silences.

L'information non verbale est supérieure à l'information verbale car son impact est immédiat. Qu'elle soit intentionnelle ou non, la dimension non verbale ne peut être annulée par les mots (ex. : une intonation peut introduire un sous-entendu, une ironie). Afin de communiquer plus efficacement, les mots et l'expression du corps doivent être en congruence (c'est-à-dire en accord) et exprimer la même chose.

L'attitude d'un individu n'est pas directement observable. Il s'agit d'un état d'esprit, d'une prédisposition mentale qui va le conduire à adopter un certain comportement, constitué par les actions et réactions qui se verront et renseigneront sur son attitude.

Exemples d'attitudes	Exemples de comportements adoptés
L'honnêteté	- Posture légèrement penchée vers l'interlocuteur - Sourire chaleureux - Jambes et bras décroisés
Le mensonge	- Regard fuyant - Sourire forcé - Posture rigide - Bras croisés, jambes légèrement ouvertes - Léger tremblement dans la voix

>>>

Exemples d'attitudes	Exemples de comportements adoptés
La confiance	- Posture droite - Mains derrière le dos - Regard franc, appuyé - Hochement de tête en signe d'approbation - Poignée de main ferme
La gêne	- Tapotement de la table avec le doigt - Tripotement d'un vêtement ou d'un stylo - Regard fuyant - Raclement de gorge - Voix quasi inaudible - Rire nerveux et saccadé
L'ennui ou l'indifférence	- Menton appuyé dans la paume de main - Jambes croisées - Regard fixe et vague - Expressions quasi nulles
L'agressivité	- Bras allongés - Mains sur les hanches, index parfois pointé - Regard soutenu - Sourcils froncés - Débit rapide

II Les convenances commerciales

Pour développer sa capacité de communication et d'interaction avec les autres, le professionnel du tourisme doit mettre en œuvre ses compétences relationnelles. Parmi les attitudes particulièrement appréciées, on trouve l'authenticité, la politesse, la motivation, le fait d'être attentif aux autres, l'autonomie, l'organisation, l'aisance relationnelle.

- Les codes sociaux (langage, apparence, signaux corporels...) marquent l'appartenance d'un individu à un groupe social ; ils doivent être adaptés aux interlocuteurs et aux contextes en toutes circonstances. Le contexte familial et socioculturel, les études, le langage et les règles de politesse, les modes de vie, les normes, les rituels sociaux et les valeurs liées au milieu social sont de nature à influencer les échanges relationnels.
- Devenus de plus en plus exigeants, les clients veulent obtenir des réponses à leurs questions, voire résoudre leurs problèmes au plus vite. La réactivité est devenue le maître-mot de la relation 2.0. Si cette qualité était jusqu'alors appréciée par les clients, elle est aujourd'hui une véritable preuve de compétence. Qu'il agisse dans une situation de face-à-face ou lors d'un entretien téléphonique, le conseiller se posera en alternative crédible aux moteurs de recherche dès lors qu'il formulera rapidement une proposition ciblée à la question posée par son interlocuteur. Il doit en avoir conscience pour ajuster rapidement ses propos et son attitude face à l'autre.
- L'empathie est une attitude positive qui permet d'instaurer un climat de confiance, de favoriser les échanges et donc d'être efficace. C'est la compréhension et la reconnaissance des sentiments, croyances et émotions d'un autre individu. Elle permet de se mettre à la place de l'autre pour mieux le comprendre, de capter ses sentiments et son point de vue, d'éprouver un intérêt réel pour ses préoccupations.
- Quelle que soit l'activité mise en œuvre – qu'il s'agisse d'accueillir le client, de le conseiller, de mener l'entretien de vente ou encore de l'accompagner –, le professionnel du tourisme doit évidemment respecter les consignes données par l'entreprise.

FICHE RESSOURCE

4 La communication professionnelle écrite

À l'écrit, le style doit être adapté à la cible et au support utilisé, et les règles de communication (style, orthographe, codes de politesse...) maîtrisées. Le digital a un impact profond sur les interactions car les destinataires ont de plus en plus la possibilité de s'exprimer.

I Les types de supports

Selon l'objectif de la communication et son contexte, le support écrit diffère :
- le **mail**, moyen de communication le plus répandu, permet d'informer, de confirmer ce qui a été dit lors d'un échange oral, de prendre rendez-vous... ;
- le **courrier** a un côté plus formel que le mail ;
- le **site Internet** et les **réseaux sociaux** permettent d'offrir un contenu riche, d'apporter des connaissances et d'inciter.

1 Le mail

- Le mail est à adresser personnellement au(x) destinataire(s) en mettant en copie d'éventuels interlocuteurs également concernés par le message.
- L'objectif du mail doit être indiqué dans l'objet afin que le destinataire sache quel sera le propos du message.
- Le corps du mail doit être assez court et aller à l'essentiel. Sinon, il y a un risque qu'il ne soit pas lu dans son intégralité.

2 Le courrier

- L'expéditeur et le destinataire doivent être clairement identifiés et nommés précisément.
- Le lieu et la date doivent être spécifiés (utile en cas de litige).
- L'objet du courrier doit être indiqué.
- Dans le cadre d'un suivi, les références (client, dossier, commande...) doivent figurer sur le courrier.

3 Le site Internet et les réseaux sociaux

- L'écriture suit un plan et le style rédactionnel montre un enchaînement des arguments et des informations.
- Les titres, les liens et les mots-clés doivent attirer l'attention du lecteur.
- Les mots sont choisis en fonction des cibles et facilement compréhensibles.

II La méthode des « 7 C »

Présentée pour la première fois par Scott M. Cutlip et Allen H. Center, tous deux pionniers dans le domaine des relations publiques, cette méthode permet :
- une communication fluide ;
- un réel gain de temps ;
- des échanges constructifs ;
- une diminution des tensions et conflits liés à d'éventuels malentendus.

- **Clarté :** utiliser des phrases courtes, explicites et non équivoques ; se limiter à une idée par phrase ; employer un vocabulaire compréhensible de tous.

>>>

- **Concision :** aller directement aux faits et limiter le nombre de phrases et de mots (ne pas se perdre dans trop de détails ou d'explications) ; éviter les répétitions, les mots de remplissage (ex. : « en quelque sorte », « par exemple », « effectivement ») et les informations inutiles ; utiliser le présent et privilégier la voix active à la forme passive.
- **Concret :** illustrer ses propos avec des exemples parlants pour susciter l'intérêt ; être factuel et précis.
- **Correction :** être attentif à la grammaire et à l'orthographe ; utiliser un langage approprié (familier, courant, soutenu) ; respecter les formules de politesse et autres codes.
- **Cohérence :** aborder des points pertinents par rapport à l'objectif principal du message ; adopter le même style d'écriture tout le long ; délivrer les informations dans un ordre logique.
- **Complet :** faire preuve de compétence et donner toutes les informations utiles ; donner des éléments supplémentaires si nécessaire.
- **Courtoisie :** être respectueux du destinataire ; faire preuve d'empathie, de positivité et d'ouverture ; faire des salutations personnalisées.

III La communication digitale

La communication digitale impose aux professionnels du tourisme de réagir aux messages de leurs destinataires, de s'orienter vers davantage de conversation avec eux.

1 La communication avec les clients

Avec le Web 2.0, de nouveaux moyens de communication se sont développés, révolutionnant la façon de communiquer entre les personnes (communication instantanée, nouveaux codes). Les clients ont de plus en plus la possibilité de s'exprimer, dans une nouvelle culture qui se manifeste au sein de réseaux sociaux. Ainsi, le mode de communication relève davantage de la conversation, et l'internaute n'est plus seulement « visiteur » ou spectateur mais devient « acteur ».
Le « conseiller 2.0 » utilise des outils digitaux pour être plus efficace, gagner du temps, tout en mettant davantage de relationnel dans la vente. Il doit donc être capable de communiquer pour séduire des clients souvent conscients de leur pouvoir et très bien informés. En effet, ceux-ci ont tous les moyens pour rechercher de l'information et les solutions possibles à leur problématique. Ils sont capables de se renseigner sur les options envisageables en se renseignant sur Internet, les sites web des entreprises, les réseaux sociaux (Facebook, LinkedIn, Twitter), les réseaux professionnels...

2 La communication avec les prospects

- Un internaute qui cherche une solution, se plaint d'une solution actuelle non satisfaisante ou se montre demandeur d'information envoie des « signaux numériques » que le conseiller doit saisir pour créer le contact et se constituer un réservoir de prospects.
  Ceux-ci étant mieux informés, le conseiller doit apprendre à communiquer pour justifier son offre et à se placer plus comme un apporteur de solution qu'un vendeur de produits.
  En favorisant un *feedback* massif et public, les réseaux sociaux poussent les professionnels à adopter une communication plus égalitaire et réactive.
- Le *social selling*, qui consiste à utiliser les réseaux sociaux professionnels pour le développement des ventes, impose au conseiller de poster des contenus pertinents et d'engager des conversations commerciales intelligentes, non intrusives, en les personnalisant grâce aux données qu'il a récoltées auparavant sur les prospects.
  En effet, un logiciel de CRM (*Customer Relationship Management*), ou de GRC (gestion de la relation client), permet d'enregistrer de nombreuses données sur le comportement des prospects sur Internet (leurs téléchargements, leurs visites du site...) et donc d'affiner la connaissance de « l'autre », psychologiquement et sociologiquement.

1 Adapter son registre de langue

● **Reformulez les phrases suivantes afin de les adapter à la communication professionnelle.**

Ça s'est très bien passé, il doit rajouter un avis sur le site.	
Salut, t'aurais pas vu le catalogue sur l'Islande ?	
Sa CB ne marchait pas, la cliente a payé en liquide.	
J'ai pas eu le temps de regarder les hôtels pour votre séjour.	
J'ai eu Wilfried au téléphone, il était crevé de son accompagnement.	
J'ai donné cette offre à Mme Baspin, elle avait l'air intéressée.	
Bon séjour dans notre hôtel !	
Le restaurant que nous avons fait n'était pas terrible.	

2 Corriger ses fautes à l'écrit

● **Récrivez le mail (document) en corrigeant le style et les fautes d'orthographe.**

DOCUMENT **Mail à destination d'un client**

Objet : Proposition de projet

Madame,
Vous m'avez appelé récamment pour me demender des renseignements sur nos proposition de voyage à l'intention de vos salariés.
Travailler avec votre entreprise représenterais une belle oportunité pour nos deux entités.
Je vous propose donc de vous rencontré pour mieux comprendre vos besoins.
Je me tiens à votre entière disposition pour toutes autres informations.
En espérant un bon retour de votre part et dans l'attente de vous rencontrez, Je vous pris d'agréer, Madame mes salutations les plus distingués.

3 Communiquer avec les clients

En stage à l'office de tourisme d'Hyères (Var), vous devez répondre aux demandes de renseignements nombreuses des kite-surfeurs. La plage réservée se situe à proximité, dans le village des Salins. Justine, votre responsable, vous demande de rédiger une réponse type avec un plan.

1. À partir de la vidéo (document 1), qualifiez l'univers éditorial des sports de glisse (document 2).
2. Choisissez un registre de langage adapté aux adeptes de la glisse et proposez un texte.
3. Proposez les modalités de communication que vous allez choisir pour leur répondre.
4. Adaptez votre texte aux différentes modalités de communication choisies.

DOCUMENT 1 Portrait d'un kite-surfeur

Portrait Samuel Michaille, kite-surfeur et globe-trotter normand
liennathan.fr/82viy9

DOCUMENT 2 La ligne éditoriale

Quels sont les éléments d'une ligne éditoriale ?

Le registre de langage : familier, neutre, soutenu, spécialisé.
Ex. : dans l'univers des « accrocs » à un sport, se développe un langage codé avec des termes techniques.

Les thèmes abordés : c'est le plus délicat, il faut que le thème concerne l'entreprise et intéresse la cible.
Ex. : idées de balades, idées de menus, idées de sorties ou pratiques culturelles, idées de pratiques sportives... en fonction du persona visé.

L'univers éditorial : il crée l'ambiance du message et compte beaucoup dans l'accroche (visuels, vidéos, sonorisation, graphisme...).

L'objectif de la communication : faire aimer la marque, attirer une catégorie bien identifiée de clients, entretenir ou changer l'image ou l'e-réputation de l'entreprise, proposer une offre commerciale...

CHAPITRE

VERS PIX
1.1 Mener une recherche et une veille d'information
3.1 Développer des documents textuels
3.3 Adapter les documents à leur finalité

4 Accueillir et prendre en charge le client

TÂCHES

→ Prendre contact avec le client ou le prospect en face-à-face, par téléphone ou par voie numérique
→ Questionner le client ou le prospect pour analyser ses besoins et ses attentes
→ Renseigner le SI de l'organisation touristique

COMPÉTENCES

→ **C2.** Accueillir le client
→ **C3.** Pratiquer une écoute active du client
→ **C4.** Caractériser la demande du client

SITUATION PROFESSIONNELLE

Suite à l'obtention de votre BTS Tourisme, vous êtes recruté(e) en CDD en tant que conseiller(-ère) en séjour au sein de l'office de tourisme intercommunal de Saint-Guilhem-le-Désert. Situé dans le département de l'Hérault, ce village médiéval, classé parmi Les Plus Beaux Villages de France, attire chaque année de nombreux touristes. Sa localisation sur le chemin de Saint-Jacques-de-Compostelle offre aux pèlerins une étape spirituelle, et aux plus sportifs de nombreux circuits de randonnées dans la vallée de l'Hérault.

VOTRE MISSION

L'activité touristique est importante en ce début de saison estivale. Un matin, vous êtes le (la) seul(e) employé(e) au sein de l'office de tourisme et avez la responsabilité d'accueillir et de renseigner les touristes en totale autonomie.

TRAVAIL À FAIRE

I Prendre contact avec le client et le conseiller

Un couple de touristes se présente à votre comptoir d'accueil. Il souhaite avoir des informations sur les randonnées à effectuer dans les Gorges de l'Hérault, patrimoine classé Grand Site de France. Vous êtes occupé(e) sur votre ordinateur à traiter des demandes reçues par mail.

1. Formulez votre phrase d'accueil dans le respect de la procédure d'accueil physique du visiteur. — Annexe 1 ; Fiche ressource 1
2. Quelles questions allez-vous poser pour caractériser la demande des clients ? — Fiche ressource 2
3. Déterminez le profil du couple à l'aide de la classification SONCASE. — Annexe 2 ; Fiche ressource 3
4. Sélectionnez les supports d'information à lui transmettre suite aux informations recueillies lors du questionnement. — Annexe 3
5. Simulez à l'oral la situation d'accueil et de conseils avec un(e) camarade en prenant appui sur la carte des randonnées, puis inversez les rôles. Vous compléterez la grille d'observation en procédant à l'analyse de votre prestation. — Annexes 3 et 4

Le téléphone sonne alors que vous vous entretenez avec le couple.

6. Indiquez de quelle façon vous gérez la situation, puis le comportement à adopter vis-à-vis des clients en présentiel. — Fiche ressource 4

Votre interlocuteur au téléphone a réservé une visite guidée pour la fin de la semaine et souhaite inscrire des participants supplémentaires.

7. Présentez la démarche à mettre en œuvre pour traiter cet appel téléphonique. — Annexe 5

II Accueillir et informer une clientèle à besoins spécifiques

En fin de matinée, une personne âgée malvoyante et sa fille se présentent à vous. Passionnées d'histoire et d'architecture, elles souhaitent connaître les visites adaptées proposées par le village.

8. Listez les besoins et attentes spécifiques de vos clientes. — Fiche ressource 5
9. Déterminez les spécificités de votre accueil de façon à procéder à une écoute active de leur demande.
10. Conseillez vos clientes en leur proposant les supports et services adaptés.
11. Montrez l'engagement de l'office de tourisme en faveur de l'accueil des personnes en situation de handicap. — Annexe 6

III Renseigner le système d'information touristique

L'office de tourisme est équipé d'un système d'information touristique informatisé en Languedoc-Roussillon (SITI LR), basé sur la technologie Tourinsoft. SITI LR est le regroupement des systèmes d'information touristique départementaux : Hérault (SIT34), Aude, Lozère, Pyrénées-Orientales et Gard.

12. Énumérez les différents champs à compléter dans le SITI pour chaque situation d'accueil de la matinée.

13. Précisez les différentes informations que vous enregistrez pour l'accueil du couple, puis pour la personne âgée et sa fille.

➲ Annexes 7 et 8

14. Quelles sont les informations manquantes à collecter ?

15. Indiquez quel est l'intérêt du SITI dans le traitement de la demande des touristes reçus dans votre office de tourisme.

➲ Annexe 9

VOTRE DOSSIER

ANNEXE 1 Procédure d'accueil physique

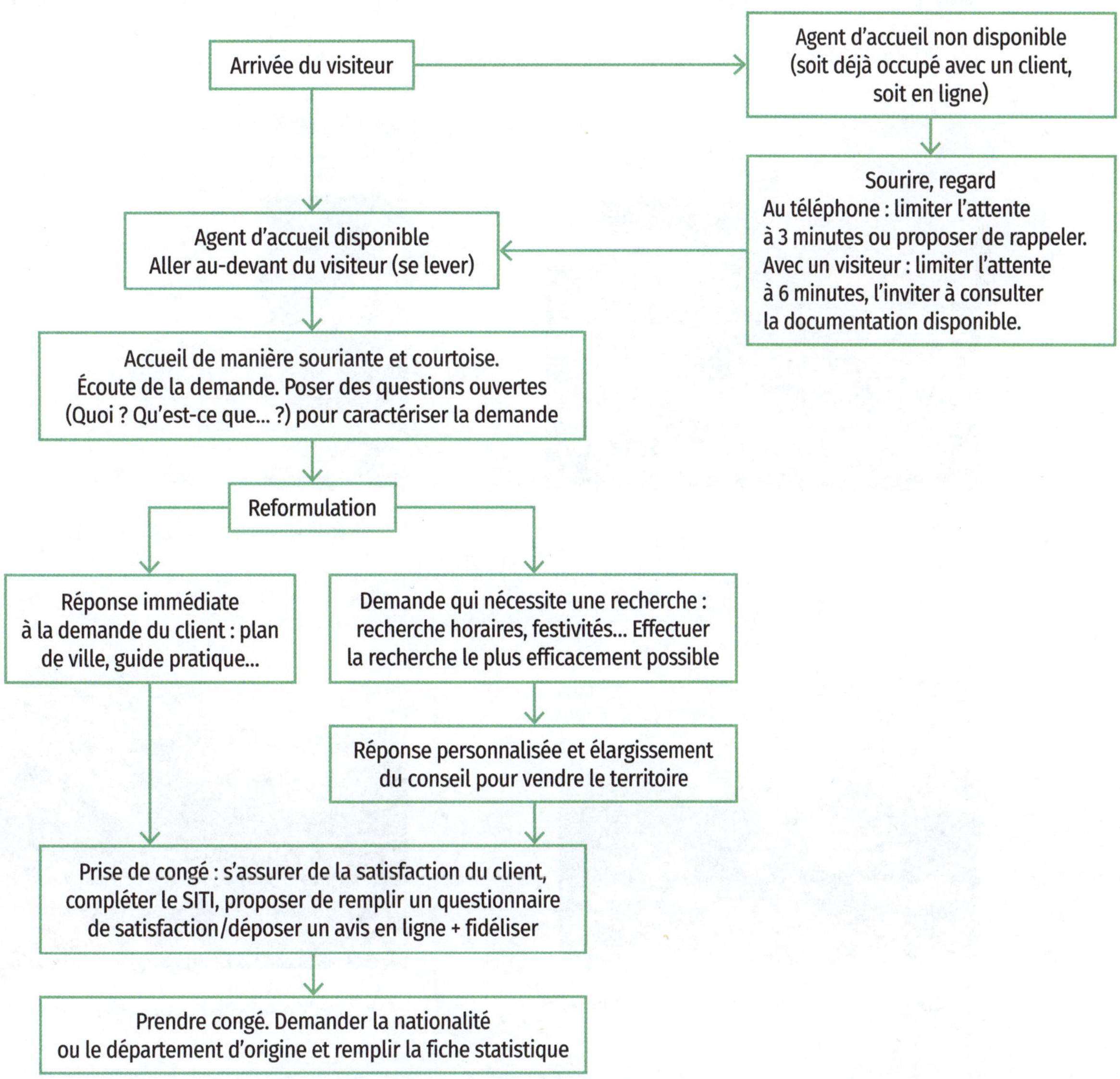

ANNEXE 2 Informations collectées auprès du couple de touristes

- Couple âgé d'une quarantaine d'années, sportifs et ayant l'habitude d'effectuer des randonnées
- De passage dans la région et originaires de Lyon, séjour de 2 jours sur place
- Recherche d'une randonnée d'une journée niveau difficile
- Ne connaissent pas la région (première visite), mais ne souhaitent pas être accompagnés. Curieux, ils préfèrent découvrir par eux-mêmes de nouveaux paysages, des espaces naturels.
- Équipés d'une balise GPS de randonnée. Ils ne veulent pas prendre le risque de se perdre et préfèrent rester sur des sentiers balisés.

ANNEXE 3 Documentation touristique de l'office de tourisme

Guide de la Vallée de l'Hérault

Gorges de l'Hérault

Échappée Vigneronne

Historique de St-Guilhem-le-Désert

Carto Coeur d'Hérault - 49 circuits Rando

Carto Coeur d'Hérault - Cyclo et VTT

Affiche TOPO VTT Vallée de l'Hérault

Carte pêche en Coeur d'Hérault

Les marchés de l'Hérault

Carte des randonnées
liennathan.fr/3d4h2z

ANNEXE 4 Grille d'observation et d'analyse

	À améliorer	Satisfaisant	Expert
Accueil			
Prise de contact (salutation, proposition d'aide)			
Découverte et analyse des besoins			
Pertinence et cohérence des propositions			
S'assurer de la satisfaction du client			
Prise de congé			
Communication			
Communication verbale (vocabulaire adapté, registre du langage)			
Communication non verbale (regard, sourire, élocution...)			

ANNEXE 5 Procédure d'accueil par téléphone

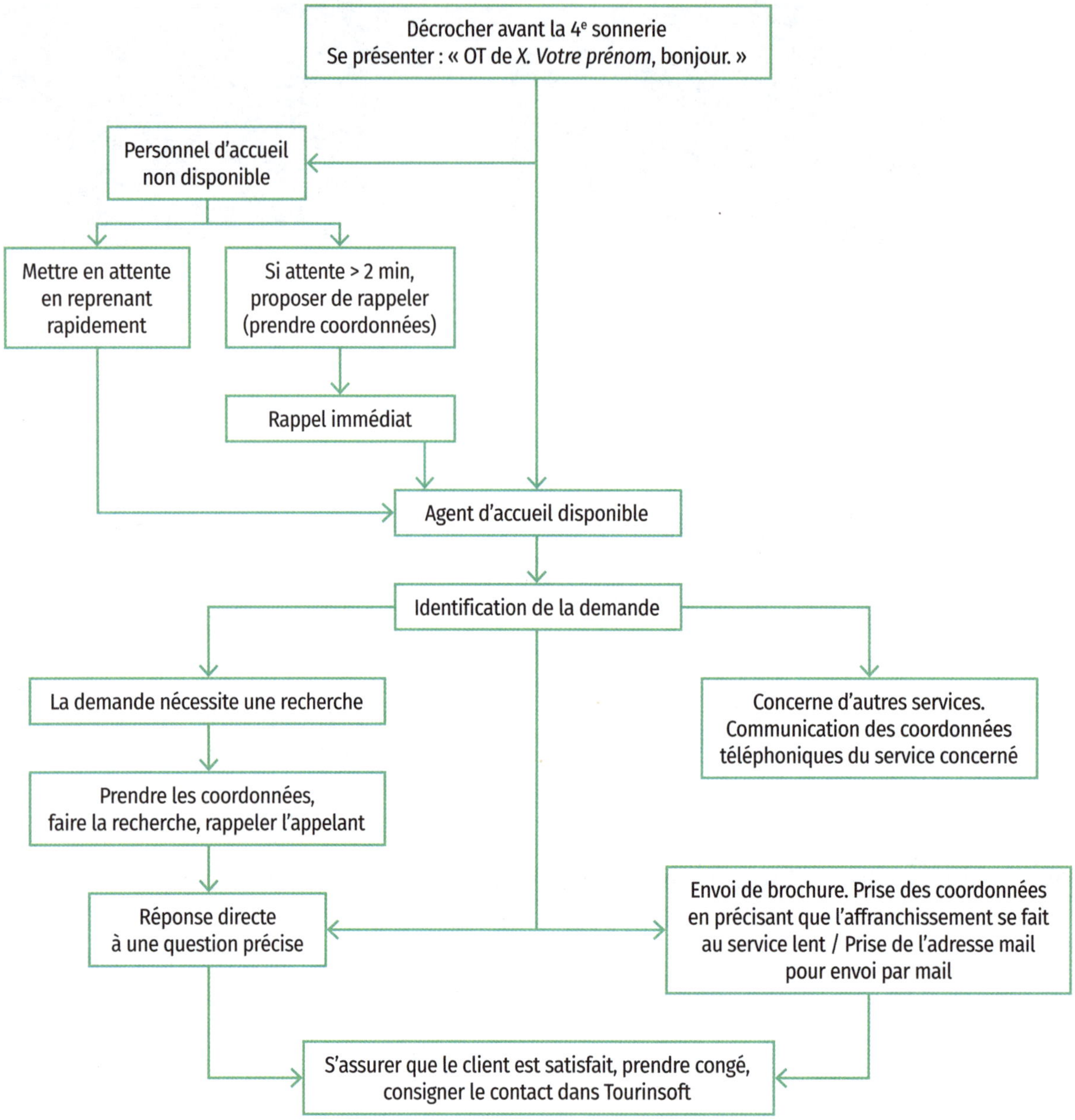

ANNEXE 6 Liste des supports adaptés aux clientèles en situation de handicap

OFFICE DE TOURISME : LES POINTS D'ACCUEIL

SAINT-GUILHEM-LE-DÉSERT	
Adresse	Place de la Liberté 34150 SAINT-GUILHEM-LE-DÉSERT
Téléphone	+33 (0)4 67 56 41 97
Mail	oti@saintguilhem-valleeherault.fr
Horaires	Ouvert tous les jours de l'année : ⇨ Octobre à mars : 9h30-13h et 14h-17h30 ⇨ Avril, mai, juin, sept : 9h30-13h et 14h-18h ⇨ Juillet et août : 9h30-19h
Label	

Venez nous retrouver à l'Office de Tourisme de Saint-Guilhem-le-Désert ! Nous vous attendons, sur la place du village, ravis de vous donner nos conseils pour ne rien manquer du village !

À VOTRE DISPOSITION :
- Carnet d'aide à la visite du village de Saint-Guilhem-le-Désert en braille et gros caractère
- Visite guidée audio descriptive
- Dictaphone
- Boucle auditive
- Guide « Découvertes en Vallée de l'Hérault en caractères adaptés et Guide des services accessibles
- Guide « Tourisme accessible » du département de l'Hérault
- Navette gratuite accessible pour découvrir le pont du Diable et la grotte de Clamouse

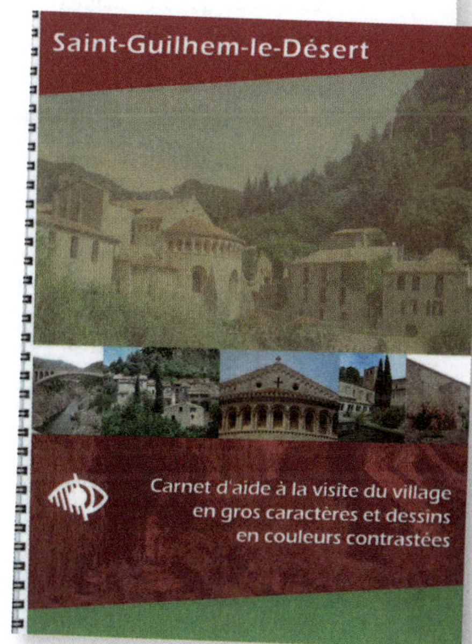

www.saintguilhem-valleeherault.fr

ANNEXE 7 Écran Tourinsoft Accueil

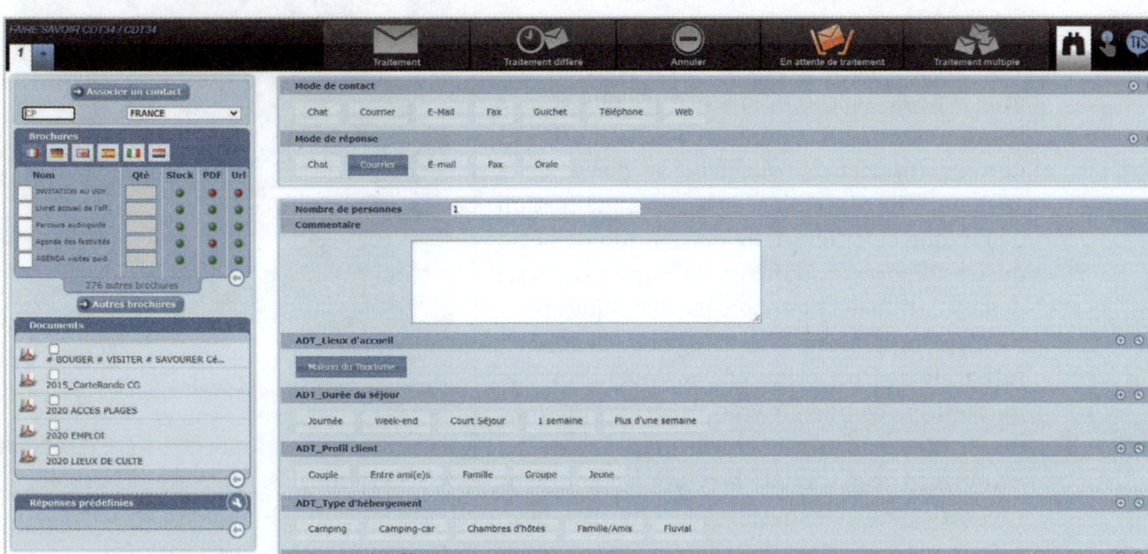

ANNEXE 8 Renseignement du SITI

Situations d'accueil	Champs à compléter
Couple de quadragénaires	
Interlocuteur au téléphone	
Personne âgée et sa fille	

ANNEXE 9 Présentation du module de GRC de Tourinsoft

GESTION DE LA RELATION CLIENT

Accompagnez vos touristes dans la préparation de leur séjour

Vous profitez de vos banques de données en gérant en direct vos opérations de marketing (Relations Client, Relations Presse, Lobbying...).

Grâce aux moteurs de recherche dynamique, vous choisissez le profil de vos interlocuteurs et le type de renseignements que vous voulez leur faire connaître. Vous choisissez vos critères de segmentation et Tourinsoft se charge de la segmentation des cibles, de la personnalisation de chaque courrier, de la génération des étiquettes d'adresse pour vos mailings postaux ou de la création des courriers électroniques pour l'e-mailing. Grâce à l'archivage et à la gestion intégrale de l'historique de vos opérations de marketing, Tourinsoft vous évite les doublons de courrier à un même interlocuteur.

- Interface de gestion de la relation client pour les offices de tourisme et acteurs touristiques
- Recherche, sélection des offres, mise en panier et transmission aux prospects de leur carnet de voyage

- Traitement multiple et différé des demandes
- Génération d'e-brochures à la volée
- Génération des étiquettes et lettres
- Gestion des réponses par mail
- Label Qualité Tourisme
- Statistiques accueil

www.tourinsoft.com

FICHE RESSOURCE

1 Accueillir le client en face-à-face

Un accueil de qualité détermine la première impression du client : il s'agit d'apparaître comme un conseiller en séjour/voyage compétent et professionnel, et de créer une relation de confiance génératrice de satisfaction pour le client ou le touriste.
Les techniques d'accueil et de prise en charge varient selon le cadre relationnel : ainsi, l'accueil doit s'adapter aux lieux d'accueil, à la nature de la demande et aux différents types de clientèles.

I Les situations d'accueil physique

Cette forme d'accueil se retrouve dans toutes les structures accueillant physiquement les clients. Les objectifs diffèrent selon les lieux d'accueil.

1 Les situations de prescription

Il s'agit de situations rencontrées fréquemment en offices de tourisme, bureaux d'information touristique, maisons du tourisme... L'objectif principal est le conseil et l'information des visiteurs sur le lieu de séjour. L'accueil a pour but de valoriser le patrimoine local et de favoriser la commercialisation des produits touristiques des prestataires locaux (hôtel, restaurant, musée...).

2 Les situations de commercialisation

Ce type de situations se déroule quotidiennement en agences de voyages, espaces de billetterie, agences commerciales de location de voitures... Il s'agit d'informer et de conseiller le client afin de finaliser la vente d'un produit touristique (billet d'avion ou de train, séjour sur brochure, circuit à la carte...).

II La prise de contact

1 L'importance de la prise de contact

La phase de prise de contact est souvent de courte durée, mais elle revêt une importance toute particulière. L'agent d'accueil joue un rôle essentiel : il va influencer la relation client dès les premiers instants par son comportement, sa communication verbale et non verbale. L'objectif est de créer un climat favorable à la poursuite de la relation commerciale en créant un sentiment de confiance, mais également de donner une bonne image de l'entreprise.

2 Les éléments d'un accueil de qualité

- **Le professionnalisme du personnel d'accueil :** bonne présentation, maîtrise des techniques de communication verbale et non verbale, comportement ouvert et empathique, disponibilité et volonté de rendre service, connaissance des produits touristiques et des destinations... ;
- **L'aménagement du cadre d'accueil :** espace propre et ordonné, cadre chaleureux et convivial, espace d'attente confortable, mise à disposition des supports d'information... ;
- **Une gestion maîtrisée des files d'attente et des priorités :** prioriser l'accueil physique sur l'accueil téléphonique, savoir mettre en attente un appel téléphonique ou rappeler si nécessaire, respecter les heures de rendez-vous.

3 La règle des 4 × 20

La règle des 4 × 20 énonce les éléments fondamentaux d'une prise de contact réussie :
- **les 20 premières secondes :** elles sont déterminantes car l'opinion du client se forge très rapidement (bureau en ordre et rangé, tenue vestimentaire soignée, disponibilité et amabilité...) ;
- **les 20 centimètres de visage :** regard, sourire, posture droite, attitude ouverte et accueillante ;
- **les 20 premiers gestes :** attitudes, mouvements, postures... ;
- **les 20 premiers mots :** registre de langue adapté, vocabulaire simple et positif, élocution...

>>>

III La procédure d'accueil physique (en face-à-face)

1 L'accueil, l'information et le conseil du client

L'agent d'accueil doit prendre l'initiative de l'accueil, dans le respect des procédures définies par l'organisation d'accueil (charte d'accueil, cahier de procédures). Certaines phases seront plus ou moins développées selon que l'on se situe dans une situation d'accueil, d'information ou de conseil.

2 Les étapes de l'accueil

La prise de contact	
Regard, sourire	Marque de bienvenue et de sympathie, prise en considération de l'autre.
Saluer avec courtoisie	Salutation personnalisée : « *Bonjour Monsieur, bonjour Madame.* » S'il s'agit d'un client fidèle ou d'un client ayant pris rendez-vous, le saluer en utilisant son nom. Mot de bienvenue : « *Bienvenue à l'OT de... Je m'appelle...* »
Proposer son aide	Formulation sous forme de question ouverte : « *Que puis-je faire pour vous ?* » « *Comment puis-je vous renseigner ?* » « *En quoi puis-je vous être utile ?* » « *Comment puis-je vous aider ?* »
L'écoute et la prise en charge de la demande	
Écoute de la demande	Cesser toute activité. Écoute active du client sans l'interrompre, en l'encourageant à s'exprimer et en prenant des notes si nécessaire.
Découverte des besoins (questionnement)	Permet d'obtenir des informations complémentaires, de mieux déterminer les besoins et attentes afin de faire une proposition adaptée : questions ouvertes, fermées, alternatives... *(Voir fiche ressource 2)*
Reformulation de la demande	S'assurer de la bonne compréhension de la demande du client : « *Si je vous ai bien compris...* » *(Voir fiche ressource 2)*
Traitement de la demande du client	Le conseiller en voyage/séjour doit s'efforcer de rechercher rapidement et avec professionnalisme une solution adaptée à la demande : – demande d'orientation : fournir des indications en prenant appui sur un plan, indiquer clairement le lieu où l'on se trouve ainsi que le lieu de destination ; – demande d'informations : sélectionner la documentation ou les informations adaptées à la demande, remettre des supports d'information que l'on présente ; – demande de conseils : rechercher des propositions d'offres dans la documentation papier (brochures, dépliants) ou numérique (SITI, GDS, site BtoB) à sa disposition, argumenter ses propositions, répondre aux questions éventuelles et réserver les prestations auprès des prestataires en cas d'accord du client. *(Traitement de la demande en agence de voyages : voir chapitre 5)*
La prise de congé	
Saluer et fidéliser	Il s'agit de : – s'assurer de la satisfaction du client : « *Ai-je répondu à votre demande ?* » « *Puis-je faire autre chose pour vous ?* » ; – le rassurer sur son achat / le remercier de sa visite ; – préparer sa prochaine visite en montrant que l'on reste à sa disposition (fidéliser le client) : rappel des heures d'ouverture, remise d'une carte de visite, enregistrement des informations clients dans le SITI ou le CRM de l'entreprise ; – le saluer de façon personnalisée : « *Au revoir Monsieur, je vous souhaite de passer un excellent séjour à...* » « *Merci de votre visite, à très bientôt dans notre agence...* »

FICHE RESSOURCE

2 Caractériser la demande du client

Le vendeur doit établir une stratégie de questionnement adaptée afin d'obtenir les informations dont il a besoin. Cela lui permettra de répondre au mieux aux attentes et besoins de son client/prospect (situation de prescription) ou de faire une argumentation personnalisée et efficace qui débouchera sur une vente (situation de commercialisation). Caractériser le profil du client et sa demande permet également de calibrer sa communication (verbale et non verbale).

I L'écoute du client

Elle passe par une écoute active, qui se manifeste par une disponibilité du conseiller en séjour/voyage et une attitude neutre et bienveillante. Il s'agit :
- d'écouter ce que le client dit (communication verbale) et de l'encourager à développer ses attentes, ses envies. Les informations recueillies sont prises en notes sur papier libre ou saisies dans une grille de découverte type sur un support proposé par l'entreprise. Une préparation matérielle (bureau rangé, stylo, bloc-notes, agenda, brochures...) est nécessaire ;
- d'observer le client (communication non verbale) afin d'interpréter les postures, les gestes, les mimiques.

Le conseiller doit se concentrer sur le client, ce qui suppose une préparation mentale (ne pas se laisser distraire, se focaliser sur le ressenti du client, montrer de l'empathie).

II Le questionnement

La phase de découverte des besoins du client ne doit pas être négligée. La qualité des informations recueillies permet de faire une proposition commerciale adaptée, susceptible de répondre à ses attentes et donc de le satisfaire.

1 La phase de découverte

Elle consiste à poser des questions essentielles au client, qui aideront le conseiller à cerner ses besoins et attentes.

La méthode du schéma Quintilien, ou méthode QQOQCCP, permet d'établir un questionnement visant à collecter, de façon organisée et structurée, les informations relatives au client, qui permettront ensuite de sélectionner des produits adaptés et d'argumenter sa proposition. Par exemple, en agence de voyages, les informations à collecter sont les suivantes :

QUI ?	Qui part ? Avec qui (seul, couple ou famille) ? Combien de personnes ? Âge des enfants ? Seniors ?
QUAND ?	Dates de départ et de retour ? Dates impératives ou flexibles ? Durée (week-end, court séjour) ? Période hors ou pendant les vacances scolaires ? Saison ?
OÙ ?	Destination précise ? Le client y est-il déjà allé ? France ou étranger ? Soleil, mer, montagne ou campagne ?
QUOI ?	Pour quel type de voyage ? Prestation sèche ? Voyage organisé (circuit, séjour, croisière, combiné) ? Sur mesure ?
COMMENT ?	Quel mode de transport (avion, train, voiture...) ? Quel mode d'hébergement (hôtel-club, hôtel de charme...) ? Quelle formule (*all inclusive*, pension complète, demi-pension, petit-déjeuner) ?
COMBIEN ?	Le client a-t-il fixé un budget pour ce voyage ? Quelle fourchette ? À quelle gamme de prestations est-il habitué ? Budget fixe ou flexible ?
POURQUOI ?	Loisir ou affaires ? Pour quelle occasion (vacances, anniversaire, voyage de noces...) ? Qu'attend le client de ce voyage (découverte, farniente, détente...) ?

>>>

2 Les types de questions

Pour caractériser la demande du visiteur, plusieurs types de questions peuvent être posés, en fonction de l'objectif à atteindre : faire parler, obtenir des informations précises, verrouiller un point important de l'échange, relancer le dialogue... La qualité des questions importe plus que leur quantité.

Types de questions	Caractéristiques	Avantages	Inconvénients	Exemples
Les questions fermées à choix unique ou à choix multiples	Réponse limitée au « oui/non » ou induit un nom, une quantité, une date.	• Permettent de recueillir une réponse précise. • Permettent de verrouiller un point important de l'échange.	• Donnent peu d'informations qualitatives. • Peuvent paraître répétitives et lasser le client.	• « Souhaitez-vous une formule tout compris ? » • « Quand souhaitez-vous partir ? »
Les questions ouvertes	Permettent au client de s'exprimer librement, d'exprimer ses désirs.	• Permettent d'obtenir des informations qualitatives. • Ouvrent le dialogue, mettent en confiance.	• Risque de perte de temps si on est en face d'un bavard. • Risque de s'éloigner du sujet.	• « Qu'attendez-vous de ce voyage ? » • « Comment imaginez-vous votre séjour idéal ? »
Les questions alternatives	Proposent un choix double et permettent d'orienter le dialogue afin de faciliter la conclusion.	• Permettent d'orienter la conversation. • Facilitent la prise de décision.	Peuvent donner l'impression au client d'être enfermé dans un choix.	• « Préférez-vous partir en début ou en fin de semaine ? » • « Réglerez-vous par chèque ou carte bancaire ? »
Les questions suggestives	Consistent à formuler une proposition susceptible de répondre aux besoins identifiés.	• Permettent de proposer des idées au client. • L'aident à se décider.	• Risque de réponses négatives. • Le client peut se sentir manipulé.	• « Que penseriez-vous d'une croisière ? » • « Avez-vous pensé à la Tunisie ? »
Les questions de relance (écho, miroir, ricochet)	Renvoient la question à l'interlocuteur pour lui faire approfondir un point.	• Permettent d'obtenir des informations complémentaires. • Relancent le dialogue.	Génèrent un sentiment d'insistance de la part du vendeur.	• « Que voulez-vous dire par... ? » • « Dépaysant ? C'est-à-dire ? »

III La reformulation

Si le questionnement permet de mieux cerner la demande du client, le conseiller doit encore vérifier qu'il a bien compris sa demande. Il faut donc effectuer une reformulation globale du besoin du client.
Reformuler, c'est reprendre l'information que l'interlocuteur a exprimée en la synthétisant de manière à dégager l'essentiel du contenu, dans le but de s'assurer de la compréhension du message.
Cette reformulation intervient à la fin de la phase de découverte. Elle permet en outre au conseiller de :
- vérifier qu'il a bien saisi la demande du client ;
- montrer au client l'intérêt porté à ce qu'il vient de dire ;
- passer à la proposition de la solution ou de l'offre.

De son côté, le client peut compléter ses propos ou rectifier ce que le conseiller a mal compris.

Formulations possibles : « Si je vous ai bien compris... » « J'ai bien noté que vous... » « Vous souhaitez donc que... » « Pour reprendre vos propos... » « Si je résume... » « En d'autres termes... »

FICHE RESSOURCE

3 Repérer le profil du client

La phase de découverte des besoins permet d'identifier le profil du client (qui est-il ?) et de connaître ses besoins, motivations et attentes en matière de voyage/séjour (qu'attend-il ? Que recherche-t-il ?).

I Les classifications de la clientèle

Lors de la phase de découverte, le conseiller doit découvrir le profil de son interlocuteur afin de pouvoir sélectionner une offre adaptée et de la valoriser en mettant en avant des arguments personnalisés. Il s'agit de repérer les principales caractéristiques de la clientèle (âge, statut familial, profession...), ses habitudes d'achat, ses attentes...

1 Le modèle SONCASE

Ce modèle consiste à repérer les principales motivations d'achat du client/prospect.

	Identification	Profil du client/prospect	Éléments à valoriser
S	Sécurité	Réfléchi, il veut obtenir un maximum de garanties. Il est fidèle à une marque et veut prévenir les risques.	Fiabilité du transporteur et de l'organisateur de voyages, destination sans risque, assurance et SAV.
O	Orgueil	Plutôt dominant, il apprécie d'être flatté ou valorisé, et veut affirmer son statut social.	Produit haut de gamme ou destination « *must* », notoriété et standing, services personnalisés VIP, exclusivité.
N	Nouveauté	Il aime l'originalité, il est curieux et souhaite découvrir de nouvelles sensations.	Itinéraire original sortant des sentiers battus, modes de transport ou de logement atypiques.
C	Confort	Il recherche le bien-être et déteste les complications. Il aime ce qui est pratique.	Prise en charge, accompagnement durant le voyage, praticité et confort des prestations, tranquillité d'esprit.
A	Argent	Il aime comparer, rechercher un bon rapport qualité/prix ou une bonne affaire.	Produit en promotion ou dates de départ offrant des réductions, cadeaux et gratuités.
S	Sympathie	Sociable, il recherche la convivialité et aime les rencontres.	Animations et activités de groupe, échange avec les habitants, plaisir d'être ensemble.
E	Environnement	Il est sensible à la protection de l'environnement, à l'éthique, au respect des populations.	Labels verts, voyages responsables, modes de transport non polluants.

2 Autres classifications

On retrouve d'autres typologies de clients en fonction du trait de caractère (le timide, le nerveux, le pressé, l'indécis, l'orgueilleux, l'expansif, l'agressif...), du comportement d'achat ou du comportement sur le lieu de vacances (le « lézard » recherche soleil et détente, l'« ethnologue » aime rencontrer les populations locales et vivre des expériences authentiques...).

II Repérer les comportements déviants

Certaines demandes peuvent faire émettre un doute quant aux motivations réelles du client, sur la conformité de ses attentes vis-à-vis des normes sociales, de la législation ou des règles éthiques. Constituent des comportements déviants les attentes de voyages liées à la consommation de produits illicites dans le pays d'origine du visiteur, à l'achat de produits prohibés ou contrefaits, à l'importation d'espèce protégée, le tourisme sexuel...
Le conseiller en séjour/voyage a un rôle de sensibilisation et de prévention, et devra repréciser la politique et les valeurs de l'entreprise, le partenariat avec des associations engagées dans le tourisme responsable (ATR, Agir pour un Tourisme Responsable ; ATES, Association pour le Tourisme Équitable et Solidaire), ainsi que la réglementation applicable.

FICHE RESSOURCE

4 L'accueil par téléphone

Ce type d'accueil fait appel à un certain nombre de techniques afin de mener un entretien commercial qualitatif. La communication verbale joue un rôle d'autant plus important qu'elle ne peut être appuyée par le geste et le regard.

I La procédure d'accueil par téléphone : la méthode CERC

Il s'agit ici de gérer les appels entrants : demande de renseignements (en office de tourisme), suivi de dossier (en *call center*), devis tarifaire ou encore réservation effectuée par téléphone (en agence de voyages). Un accueil téléphonique de qualité s'effectue selon la méthode CERC : Contact – Écoute – Réponse – Conclusion.

Contact	
Présenter l'entreprise ou le lieu d'accueil, se présenter et proposer son aide	S'identifier quand on décroche : « *Office de tourisme de X, bonjour ! Julie à votre écoute. Que puis-je faire pour vous ?* » « *Bonjour, agence de voyages Y, Valérie à votre service.* »
Écoute	
Écouter la demande de l'interlocuteur	Écoute active de la demande de l'appelant, prise de notes si nécessaire.
Lui poser les questions nécessaires à la bonne compréhension de sa demande	Poser des questions pour mieux comprendre la demande. Reformuler si nécessaire les différents aspects de sa demande. Demander à l'interlocuteur de répéter ou d'épeler si nécessaire : « *Je vous prie de m'excuser, je n'ai pas compris* » « *Pourriez-vous m'épeler votre nom, s'il vous plaît ?* »
Réponse	
Faire patienter l'interlocuteur pour traiter sa demande Ou Satisfaire sa demande	Après s'être renseigné sur le motif de l'appel, mettre l'interlocuteur en attente si la réponse demande des recherches : « *Merci de rester en ligne, je vérifie et reviens vers vous* » « *Je vais vous demander de patienter quelques instants, je me renseigne.* » Apporter une information/solution adaptée à sa demande.
Conclusion	
Saluer	La prise de congé s'effectue de façon personnalisée : « *Au revoir Madame, et bonne fin de journée* » « *Avec plaisir Monsieur, et à très bientôt dans notre belle région.* »

II Les techniques lors de l'accueil téléphonique

Lors d'un appel téléphonique, l'interlocuteur n'est pas présent visuellement : toute la relation repose sur les paroles et la voix, qui vont refléter la personnalité et le professionnalisme de l'agent d'accueil.

Décrocher rapidement le téléphone	Ne pas laisser sonner le téléphone plus de 3 fois. Si la communication est mauvaise, proposer de raccrocher et rappeler immédiatement.
Adopter une posture adaptée	Avoir une bonne posture (droit et non penché sur le bureau ou avachi sur son siège) : la voix est plus claire si le thorax et le larynx sont dégagés.
Maîtriser sa voix	Maîtriser l'intensité de sa voix : ne pas parler plus fort. Articuler : ne pas mâcher de chewing-gum, ne pas fumer. Ralentir le débit de paroles.
Sourire	Le sourire s'entend au téléphone. Il permet de créer un climat favorable et de mettre en confiance.
Faire court	S'exprimer avec des phrases courtes, un langage positif, un style direct. Il s'agit d'être clair (adopter un registre adapté et compréhensible par le client), courtois, concis (phrases courtes) et concret.

Au téléphone, il est important d'être rapide (la personne qui appelle ne doit pas attendre), convivial (l'échange téléphonique doit être agréable) et efficace (chaque appel doit donner lieu à une prise en charge complète de la demande).

FICHE RESSOURCE

5 Accueillir et prendre en charge des personnes à besoins spécifiques

I Les touristes à besoins spécifiques

1 Les types de clients concernés

Certaines catégories de clients présentent des besoins et attentes spécifiques en fonction de leur âge, de leur état de santé ou encore d'une diminution de leurs facultés :

- les personnes ayant des difficultés motrices : personnes à mobilité réduite qui se déplacent en fauteuil roulant, à l'aide d'une canne ou de béquilles. Elles peuvent avoir un handicap permanent (personnes paraplégiques ou tétraplégiques) ou temporaire (jambe cassée) ;
- les personnes ayant des difficultés auditives : personnes sourdes et malentendantes. Ce handicap peut être une perte auditive légère (cas d'une personne sur trois après 65 ans) ou une surdité totale ;
- les personnes ayant des difficultés visuelles : personnes aveugles et malvoyantes (acuité et champs de vision réduits) ;
- les personnes ayant des difficultés mentales et psychiques : cette déficience intellectuelle, cognitive ou psychique génère des difficultés dans la compréhension, la communication et la prise de décision, ainsi que des difficultés à se situer dans l'espace et dans le temps ;
- les personnes âgées ;
- les femmes enceintes ;
- les personnes avec des enfants en bas âge.

2 Les besoins et attentes spécifiques

La majorité des personnes à besoins spécifiques souhaitent voyager dans les mêmes conditions que les autres touristes. Elles souhaitent pouvoir se rendre sur leur lieu de séjour et avoir accès à une information et une offre touristique leur permettant de se déplacer, d'être hébergées, de se restaurer et de pratiquer des activités sportives ou culturelles. Cela suppose :

- l'accessibilité des lieux : il s'agit de faciliter l'accès à l'offre touristique par des structures adaptées (en office de tourisme, dans les hôtels, chez les prestataires d'activités) : coin enfants pour les familles nombreuses, rampe d'accès pour handicapés, personnel en nombre suffisant pour les groupes... ;
- la mise à disposition d'une information claire, précise et fiable sur des supports adaptés, une signalétique sur le lieu de séjour ;
- la mise en place de services d'accompagnement ou de prise en charge : accueil PMR, aide à l'embarquement/débarquement, accompagnateurs spécialisés, personnel formé à la langue des signes...

Le label d'État Tourisme & Handicap est attribué aux professionnels du tourisme qui s'engagent dans une démarche de qualité ciblée sur l'accessibilité aux loisirs et aux vacances pour tous, et valorise l'accueil personnalisé réservé aux touristes en termes d'attention et de bienveillance.

TOURISME & HANDICAP
RÉPUBLIQUE FRANÇAISE

>>>

II L'accueil des personnes en situation de handicap

Types de handicap	Comportement à adopter	Outils/supports à utiliser
Handicap moteur	• Éviter les regards insistants. • Se placer à la hauteur de la personne (relation d'égalité). • S'exprimer normalement. • Informer précisément sur les cheminements et l'accessibilité.	• Présentoirs et affichages à une hauteur inférieure à 1,30 m • Banque d'accueil adaptée • Informations fiables sur l'accessibilité
Handicap visuel	• Parler en premier en se présentant. • S'adresser directement à la personne et non à l'accompagnant. • Sourire. • Prévenir si on doit s'absenter pour aller chercher un document. • Aider à remplir des documents.	• Documents en gros caractères • Documents en braille • Plans et dessins en relief • Documents audio et audiodescripteurs
Handicap auditif	• Se présenter le visage dégagé et éclairé. • Parler lentement en articulant pour favoriser la lecture labiale. • Éviter une ambiance bruyante. • Faire des phrases courtes, utiliser des mots simples. • Utiliser la gestuelle.	• Supports écrits (brochures touristiques) • Proposer un moyen d'écriture (papier et stylo) • Dessins et schémas • Présentation vidéo avec images sous-titrées • Langue des signes
Handicap intellectuel	• Sourire pour mettre en confiance. • Faire des phrases courtes et utiliser des mots simples, permettant de répondre par « oui » ou « non ». • Être calme, ne pas interrompre. • Utiliser le mode affirmatif et le présent. • Veiller à ne pas être dérangé durant l'échange. • Écrire les informations importantes. • S'assurer de la prise en charge de la personne après la prise de congé.	• Mise à disposition d'informations visuelles ou sonores simplifiées • Utilisation de pictogrammes

1 Découvrir les besoins du client en agence de voyages

Après quelques semaines de stage dans l'agence de voyages Ailleurs Voyages, située près de Toulouse, votre tuteur vous donne l'opportunité de prendre en charge la demande d'un client en totale autonomie.
Il s'agit de Sébastien Pelloux, client fidèle mais exigeant, qui effectue 3 à 4 voyages par an. Vous avez déjà pu observer des entretiens de vente effectués par votre tuteur. Vous vous préparez à recevoir ce client pour la première fois.

1. **Présentez votre préparation mentale et matérielle pour procéder à l'écoute active du client.**

2. **Complétez le document 2 à l'aide du document 1 puis indiquez les informations manquantes pour déterminer les besoins du client.**

3. **Qualifiez les différents types de questions posées lors de l'entretien.**

4. **Procédez à la reformulation de la demande de M. Pelloux.**

5. **En fonction du profil SONCASE de votre client, retrouvez, à partir de la fiche produit (document 3), les éléments qui devront être mis en avant pour le convaincre.**

DOCUMENT 1 Extrait de l'entretien

M. Pelloux : J'ai bien envie cette fois-ci de partir en Afrique du Sud. Il paraît qu'il y a là-bas des réserves naturelles et des paysages à couper le souffle.
Vous : Il y a en effet des paysages extraordinaires. Quand souhaitez-vous partir ?
M. Pelloux : Au mois de juillet, pour une dizaine de jours.
Vous : Avez-vous une idée de la formule de voyage qui vous conviendrait ?
M. Pelloux : J'ai pensé à un circuit, mais en petit groupe. Au moins, tout est organisé, je n'ai pas à me soucier du repas, des activités et du reste.
Vous : Du reste ?
M. Pelloux : Je ne maîtrise pas bien les langues étrangères, je ne veux pas que cela soit un obstacle pour moi lors des visites.
Vous : Serez-vous seul lors de ce voyage ?
M. Pelloux : Oui.
Vous : Au niveau du transport, préférez-vous un départ de Toulouse ou de Paris ?
M. Pelloux : De Paris. J'en profiterai pour rendre visite à ma famille avant le grand départ. [...]

DOCUMENT 2 Fiche de découverte des besoins

Entretien du : .... **Vendeur :** ....
CLIENT : .... **Coordonnées :** ....

Dates du voyage

Du .... au .... Durée : ....

Qui voyage ?

Nombre de personnes : Adultes : ...... Enfants : ...... (âges : ....) Bébés : ......

Type de vacances

- Séjour : ☐ Balnéaire ☐ Campagne ☐ Montagne
  ☐ Hôtel ☐ Hôtel-club ☐ Location ☐ Autres : ....
- Circuit : ☐ Organisé ☐ À la carte ☐ Autotour
- Week-end : ☐ Culturel ☐ Détente ☐ Autres : ....
- Informations complémentaires : ....

Budget/pers. : ☐ – de 500 € ☐ de 500 à 1 000 € ☐ de 1 000 à 2 000 € ☐ + de 2 000 €

Destination

Climat/température : ....
Centres d'intérêt : ....

DOCUMENT 3 Présentation de la fiche produit

Fiche produit
liennathan.fr/3dh68h

2 Accueillir et renseigner une clientèle étrangère

Vous êtes conseiller(-ère) en séjour au sein d'un bureau d'information touristique situé dans les Ardennes, qui pratique un accueil mobile « hors des murs ». Un stand d'accueil est installé chaque week-end sur le marché de la ville durant la saison estivale, afin d'aller au-devant des touristes français et étrangers. Un couple néerlandais accompagné de ses deux enfants s'adresse à vous en langue française pour connaître les activités à faire dans la région.

1. **Expliquez votre procédure d'accueil ainsi que le comportement que vous adoptez.**
2. **Identifiez les mobiles d'achat et les attentes de la clientèle néerlandaise (document).**
3. **À l'aide du site www.valdardennetourisme.com, repérez trois activités susceptibles de correspondre aux besoins des touristes néerlandais. Argumentez la sélection d'activités effectuée.**
4. **Simulez cette situation d'accueil et d'information de la clientèle en constituant un groupe de trois personnes. Cette situation professionnelle se jouera debout.**

DOCUMENT Les attentes de la clientèle néerlandaise

Modèle de séjour

Mode de réservation : la clientèle néerlandaise ne laisse rien au hasard et prépare méticuleusement ses déplacements. En bons gestionnaires, ils multiplient donc les sources d'information afin de s'assurer un séjour sécurisé et à moindres frais. Ils se fient ainsi à Internet, aux recommandations de l'entourage, aux médias sociaux, à leurs expériences personnelles mais également aux blogs et sites d'avis. Ils détestent les mauvaises surprises et il est donc primordial de bien indiquer ce qui est compris ou pas dans les tarifs (ils aiment d'ailleurs beaucoup les packages tout compris incluant un maximum de services).
En tant qu'utilisateurs compulsifs du numérique et de ses outils (même en vacances), les Néerlandais n'ont aucune réticence à acheter sur Internet. En effet, 81 % des séjours seraient réservés en ligne. Par ailleurs, 75 % des achats de séjours (sur Internet ou non) s'opèrent avec l'aide d'intermédiaires.
Thématiques privilégiées : la clientèle néerlandaise a soif d'apprendre, de découvrir et surtout de faire. Ainsi, les activités de plein air (cyclotourisme, randonnée, golf, baignade, etc.) sont très prisées par des Hollandais enchantés par la diversité de nos paysages. Ils souhaitent aussi découvrir la culture française dans ce qu'elle a de plus authentique : musées, sites historiques, gastronomie, marchés traditionnels, fêtes de villages et enfin et surtout... vignobles ! À noter que les plages aquitaines sont également appréciées pour la pratique du naturisme.

Particularités culturelles

- Peu démonstratifs, ils expriment cependant leur façon de penser sans détour.
- Respect des règles très prononcé et grande ouverture d'esprit.
- Très organisés, ils apprécient la ponctualité et l'efficacité.
- La couleur orange est celle de la royauté aux Pays-Bas.
- Les enfants sont particulièrement choyés et sont souvent au centre de l'attention.
- Le vélo est un véritable art de vivre pour eux (17 M d'habitants – 22,5 M de vélos).
- Conscience écologique très forte.
- Avec un rapport décomplexé au corps, c'est 10 % de la population néerlandaise qui pratique le naturisme.
- Avec 1,83 m de moyenne, ils sont les plus grands du monde !

Accueil de la clientèle néerlandaise

Les Néerlandais sont de nature directe et franche, si bien que les formules protocolaires d'usage laissent rapidement place aux embrassades et au tutoiement. Comme nous l'avons déjà évoqué, leur niveau de langue est plutôt élevé et il conviendra de leur répondre en français s'ils utilisent spontanément la langue de Molière afin d'éviter toute frustration éventuelle. Il est cependant impératif de pouvoir se rabattre sur l'anglais, au moins pour les renseignements relatifs à vos services ou produits.
Vous pourrez gagner des points avec un simple sourire (anodin mais très apprécié de cette clientèle)

>>>

ou une marque d'intérêt pour les enfants. De plus, ils apprécient la franchise commerciale (transparence) et les petites attentions réservées aux clients. À l'inverse, il est vivement déconseillé de faire référence aux coffee-shops et à la prostitution, deux symboles du pays des tulipes qu'ils traînent comme des fardeaux.

NB : une communication en amont sur les réseaux sociaux (Facebook et Twitter) est fortement recommandée pour capter cette clientèle très active sur ces plateformes.

Guide des clientèles internationales, CCI Bordeaux-Gironde.

3 Renseigner le système d'information de l'organisation touristique

Vous travaillez en tant que stagiaire au sein d'une agence de développement touristique. Vous êtes chargé(e) d'actualiser le système d'information touristique informatisé du département, en mettant à jour les fiches existantes et en créant de nouvelles fiches. Vous avez identifié un prestataire de parcours d'aventure qui ne figure pas dans la base de données du SITI.

1. Montrez l'intérêt d'Adipae Tourisme (document 1) pour le traitement des demandes d'information de la clientèle en office de tourisme.

2. Créez la fiche prestataire d'activités (document 2) au format A4 sur poste, en respectant les règles de saisie des données touristiques du SITI (document 3). Vous soignerez la mise en page afin de valoriser le prestataire auprès de la clientèle touristique.

DOCUMENT 1 Apidae Tourisme, c'est quoi ?

En 2020, la plateforme Apidae héberge plus de 363 000 fiches objets remises à jour quotidiennement par plus de 1 300 clients. Le réseau compte aujourd'hui 25 départements, 1 collectivité d'outre-mer (Nouvelle-Calédonie) et plus de 25 000 utilisateurs de la plateforme. Cette plateforme permet de saisir, stocker et exploiter les informations touristiques pour renseigner les clients sur l'offre des destinations clientes du réseau. Cette information est diffusée à l'accueil, par téléphone ou par e-mail, et/ou est utilisée pour alimenter les projets numériques des membres de la communauté (sites Web et mobiles, bornes interactives, panneaux d'informations, éditions...).
Plus de 2 500 projets s'appuient aujourd'hui sur la plateforme.
En février 2020, Apidae Tourisme s'est constituée en Société Coopérative d'Intérêt Collectif à capital variable (Scic SA), notamment pour pouvoir lever des fonds régulièrement sur les années à venir.

Chiffres clés Apidae Tourisme (à fin décembre 2020) :

- 1 300 clients
- 2 500 projets
- 25 000 utilisateurs du réseau
- 363 000 fiches publiées

Vidéo : Rejoignez la nouvelle aventure du réseau Apidae Tourisme !
liennathan.fr/z6g85x

apidae-tourisme.com

DOCUMENT 2 Flyer du prestataire d'activités de parcours Aventure

DOCUMENT 3 Saisie des données

Informations touristiques à collecter *a minima* (par ordre de priorité) par types d'objet d'information touristique pour optimiser la promotion et l'observation de l'offre touristique.
Un objet d'information touristique désigne un établissement, un prestataire, un organisme, un événement... Dans le système d'information touristique informatisé, il représente une fiche créée (par exemple, pour un hôtel, un restaurant, un prestataire d'activités).

	Information requise	Priorité
Type d'objet	Thèmes d'activités	1
	Activités proposées	1
	Types de prestations	1
Coordonnées	Nom de l'objet	1
	Adresse	1
	Téléphone	1
	Mail	2
Descriptifs	Descriptif général en français	1
	Descriptif général en anglais	2
	Descriptif synthétique en français	3
	Descriptif synthétique en anglais	3
Accueil	Dates d'ouverture	1
	Langues parlées	2
Réception de groupes	Groupe accepté : oui/non	2
	Nombre de personnes minimum	2
	Nombre de personnes maximum	2
	Parking autocars	2
Tarifs	Modes de paiement	1
Code DDCSPP*	Code DDCSPP / Agrément licence	2
Coordonnées GPS	Longitude et latitude	1
Médias	Photos	1

* Direction départementale de la cohésion sociale et de la protection des populations

CHAPITRE

VERS PIX 1.1 Mener une recherche et une veille d'information
5.2 Évoluer dans un environnement numérique

5 Conduire un entretien de vente

TÂCHES

- Exploiter les supports professionnels d'aide à la conduite de l'entretien (documentation papier et numérique : GDS, base de données, site B to B)
- Prendre en compte les objections du client
- Proposer des services ou produits additionnels : assurances, pré-acheminement, produits dérivés, offre de crédit

COMPÉTENCES

- C5. Présenter les caractéristiques fondamentales des destinations ou des produits concernés
- C6. Proposer une prestation touristique adaptée (à la demande du client et aux objectifs de l'organisation)

SITUATION PROFESSIONNELLE

Vous travaillez au sein d'une agence indépendante spécialiste de l'Amérique latine. Son créateur a vécu de nombreuses années en Bolivie et au Pérou, et a voyagé dans de nombreux pays. De retour en France, il a souhaité partager sa passion avec la clientèle française en proposant des séjours sur brochure, mais également des voyages et circuits sur mesure. Depuis plus de 15 ans, cette agence a su se constituer une clientèle fidèle, qu'elle a développée grâce à son expertise de la destination et ses conseils personnalisés.

VOTRE MISSION

Nouvellement recruté(e) en tant que conseiller(-ère) en voyages au sein de cette agence, vous poursuivez votre période de formation afin de développer vos connaissances sur les pays d'Amérique latine, tout en vous préparant à recevoir vos premiers clients.

TRAVAIL À FAIRE

I Exploiter des supports d'aide à la vente

Votre responsable vous charge de réaliser une fiche technique sur la destination Cuba, afin de la proposer aux clients en téléchargement sur le site Internet de l'agence. Vous ne connaissez pas très bien ce pays et décidez d'approfondir vos connaissances afin d'être capable de présenter ses caractéristiques.

1. Parmi les différents supports à votre disposition, sélectionnez ceux que vous utilisez pour vous former sur la destination, et ceux qui seront utilisés lors de la conduite d'un entretien de vente.
2. Effectuez des recherches sur Cuba en sélectionnant les supports pertinents. À l'aide des informations recueillies, élaborez la fiche technique sur la destination qui sera mise en ligne sur le site.

➲ Annexes 1 et 2
➲ Fiche ressource 1

Vous décidez de créer une foire aux questions afin d'enrichir votre présentation de la destination et de répondre aux questions des clients.

3. Préparez une liste de 10 questions fréquemment posées par les clients. Déterminez les sources à mobiliser pour trouver une information pertinente, puis apportez une réponse à chacune des questions.
4. Relevez les points forts de la destination que vous mettrez en avant afin de la valoriser aux yeux des clients.

II Proposer une offre argumentée

Des clients fidèles de l'agence, M. et Mme Peyron, désirent faire un voyage à Cuba. Ils ont communiqué quelques informations par mail afin que vous puissiez leur proposer une offre. Votre responsable vous charge de les accueillir et de les conseiller. Vous avez sélectionné une offre susceptible de répondre à leur demande.

5. Présentez les avantages de la formule de voyage retenue.
6. Construisez 4 arguments sur le produit sélectionné selon la méthode CAPS, que vous développerez durant votre entretien.

➲ Annexes 3 à 5
➲ Fiche ressource 2

III Traiter les objections du client

Vous recevez les clients à l'agence. Lors de votre entretien, Mme Peyron émet certaines réserves sur la formule de voyage proposée :
- « J'ai peur de ne pas y arriver. Entre l'hôtel à trouver, la voiture à aller chercher et le reste... »
- « Nous ne connaissons pas le pays, je crains que nous ne nous perdions. »

– « Je n'ai pas envie de passer tout mon temps dans la voiture ! »
– « Dépaysement assuré ! C'est ce qu'on entend toujours, et pourtant... »
– « Serons-nous vraiment obligés de faire toutes les visites prévues ? »

7. Qualifiez ces différentes objections en fonction de leur type. Fiche ressource 3

8. Répondez à ces différentes objections en précisant, pour chacune d'elles, la technique de traitement utilisée.

IV Réaliser des ventes additionnelles

Convaincus par votre argumentation, M. et Mme Peyron se montrent intéressés par votre proposition de voyage. Ils souhaitent en savoir plus sur les possibilités de prolonger leur séjour sur place, afin de se détendre avant de revenir en France. Vous leur proposez l'hôtel Sol Palmeras****, situé à Varadejo. À l'aide d'un site B to B (par exemple, Fram.pro), répondez aux questions suivantes.

9. Réalisez un devis sur l'extension de séjour demandée (séjour sans transport, du 19 au 26 juillet, en bungalow standard). Annexe 6

10. Indiquez les produits et services additionnels que vous pouvez proposer. Présentez leur intérêt pour vos clients. Fiche ressource 4

Le départ à destination de Cuba s'effectue de Paris. Vous proposez à vos clients, domiciliés à Lyon, un pré- et un post-acheminement (départ le plus matinal le 11 juillet, retour le plus tardif le 26 juillet, classe économique, tarif le moins cher bagages inclus avec la compagnie Air France).

11. À l'aide du GDS, informez vos clients sur les aéroports et terminaux de départ et d'arrivée, ainsi que les numéros, horaires et durées des vols aller et retour. Fiche ressource 5

12. Établissez un devis tarifaire et indiquez les conditions du billet.

V Prendre congé

M. et Mme Peyron souhaitent se donner le temps de réfléchir avant de réserver. Vous prenez congé du couple.

13. Présentez les supports que vous remettez aux clients, en indiquant leur intérêt. Fiche ressource 4

14. Indiquez comment assurer le suivi de ce dossier client.

ANNEXE 1 Supports d'information et d'aide à la vente

DOCUMENT 1 E-learning sur la destination Cuba

Destination CUBA

ACCUEIL
TOUT COMMENCE ICI

COURS
VOUS ALLEZ APPRENDRE

CONTACT

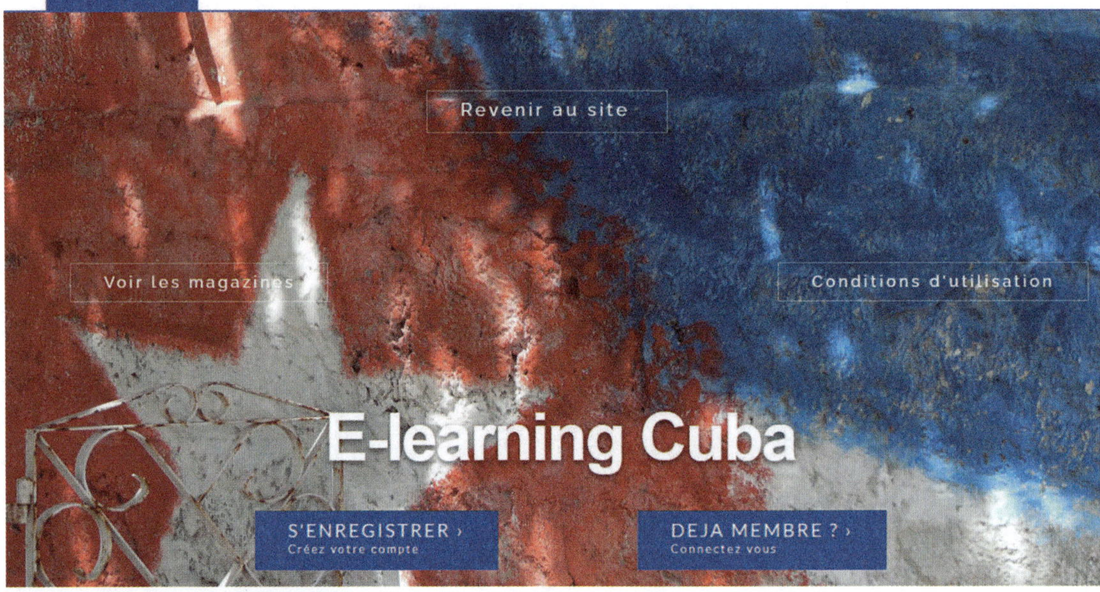

COURS 1 : GEOGRAPHIE ET CLIMAT

Archipel complexe, Cuba dispose d'une très grande diversité de paysages, de plages paradisiaques et de nombreux espaces protégés… sous un ensoleillement quasi…

DISPONIBLE

COURS 2 : L'ORGANISATION DU PAYS

Le territoire cubain est découpé en 15 provinces qui ont toutes leur charme, leur personnalité et leurs atouts… Quelle est la monnaie…

DISPONIBLE

DOCUMENT 2 Page-écran Amadeus Selling Platform Connect

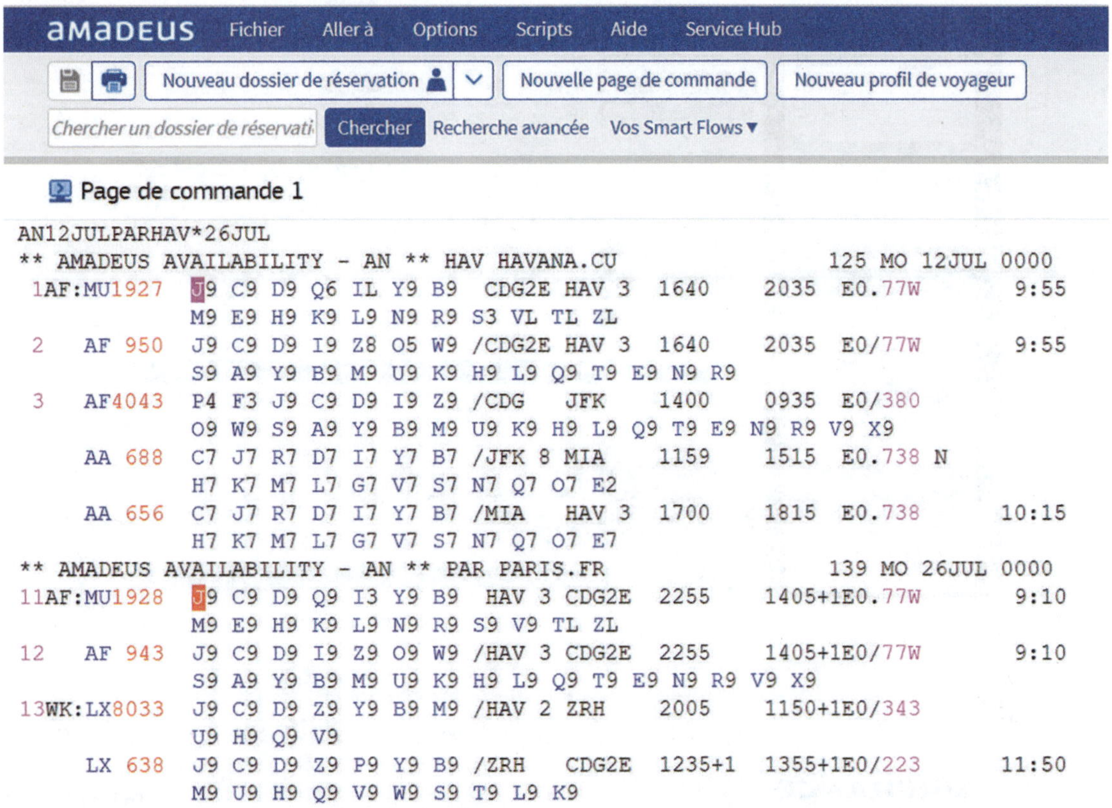


```
AN12JULPARHAV*26JUL
** AMADEUS AVAILABILITY - AN ** HAV HAVANA.CU                125 MO 12JUL 0000
 1AF:MU1927  J9 C9 D9 Q6 IL Y9 B9  CDG2E HAV 3  1640    2035  E0.77W        9:55
             M9 E9 H9 K9 L9 N9 R9 S3 VL TL ZL
 2   AF 950  J9 C9 D9 I9 Z8 O5 W9 /CDG2E HAV 3  1640    2035  E0/77W        9:55
             S9 A9 Y9 B9 M9 U9 K9 H9 L9 Q9 T9 E9 N9 R9
 3   AF4043  P4 F3 J9 C9 D9 I9 Z9 /CDG   JFK    1400    0935  E0/380
             O9 W9 S9 A9 Y9 B9 M9 U9 K9 H9 L9 Q9 T9 E9 N9 R9 V9 X9
     AA 688  C7 J7 R7 D7 I7 Y7 B7 /JFK 8 MIA    1159    1515  E0.738 N
             H7 K7 M7 L7 G7 V7 S7 N7 Q7 O7 E2
     AA 656  C7 J7 R7 D7 I7 Y7 B7 /MIA   HAV 3  1700    1815  E0.738       10:15
             H7 K7 M7 L7 G7 V7 S7 N7 Q7 O7 E7
** AMADEUS AVAILABILITY - AN ** PAR PARIS.FR                 139 MO 26JUL 0000
11AF:MU1928  J9 C9 D9 Q9 I3 Y9 B9  HAV 3 CDG2E  2255    1405+1E0.77W        9:10
             M9 E9 H9 K9 L9 N9 R9 S9 V9 TL ZL
12   AF 943  J9 C9 D9 I9 Z9 O9 W9 /HAV 3 CDG2E  2255    1405+1E0/77W        9:10
             S9 A9 Y9 B9 M9 U9 K9 H9 L9 Q9 T9 E9 N9 R9 V9 X9
13WK:LX8033  J9 C9 D9 Z9 Y9 B9 M9 /HAV 2 ZRH    2005    1150+1E0/343
             U9 H9 Q9 V9
     LX 638  J9 C9 D9 Z9 P9 Y9 B9 /ZRH   CDG2E  1235+1  1355+1E0/223       11:50
             M9 U9 H9 Q9 V9 W9 S9 T9 L9 K9
```

DOCUMENT 3 Site de la Confédération des organisations touristiques de l'Amérique latine

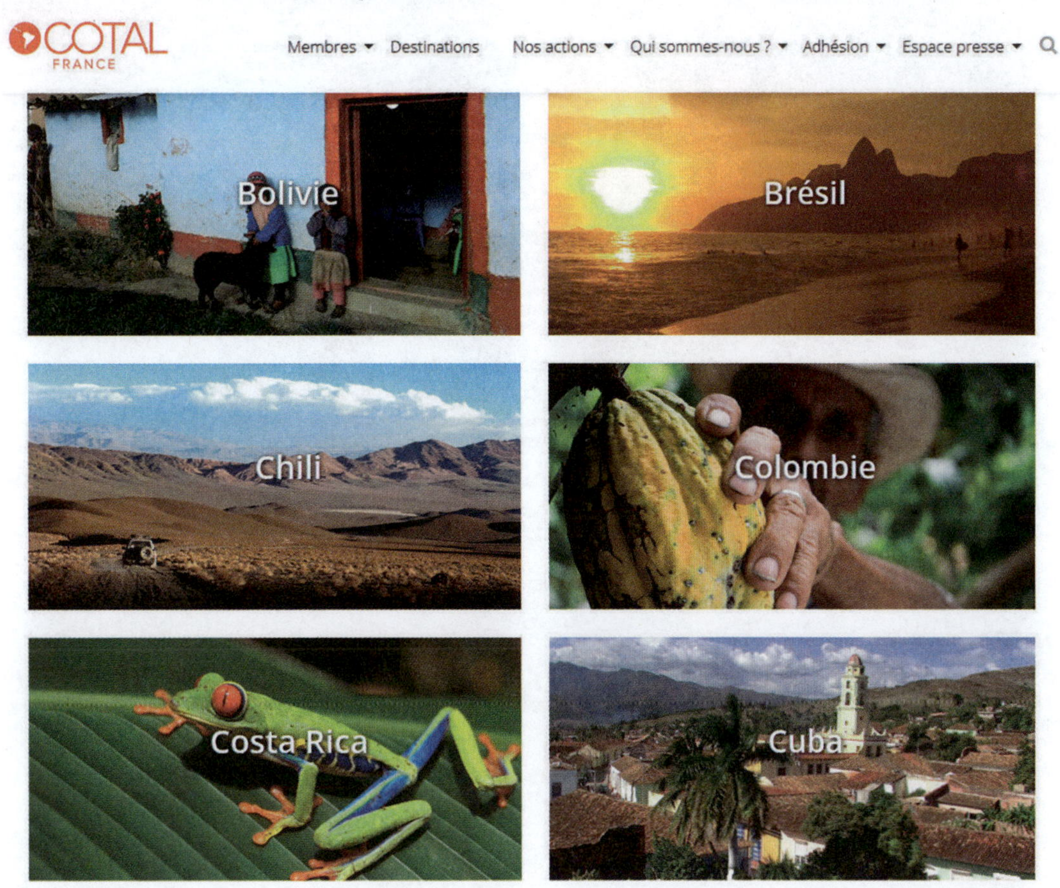

DOCUMENT 4 Page de résultats du site B to B AdopteunTO.com

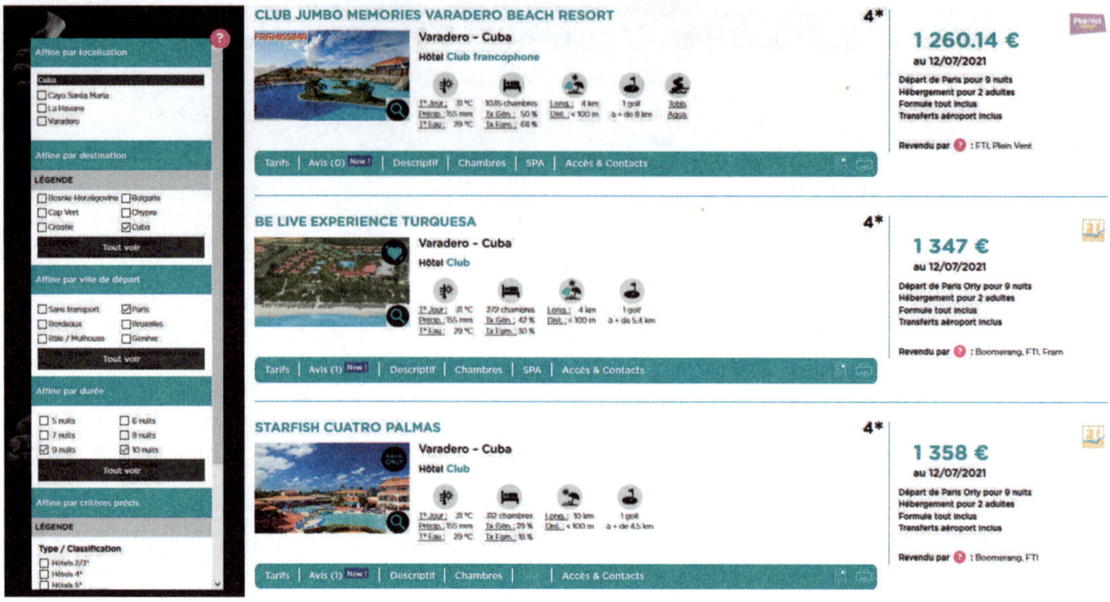

DOCUMENT 5 Page du site AgentConnect.biz dédié aux agents de voyages

DOCUMENT 6 Portail du tourisme de Cuba

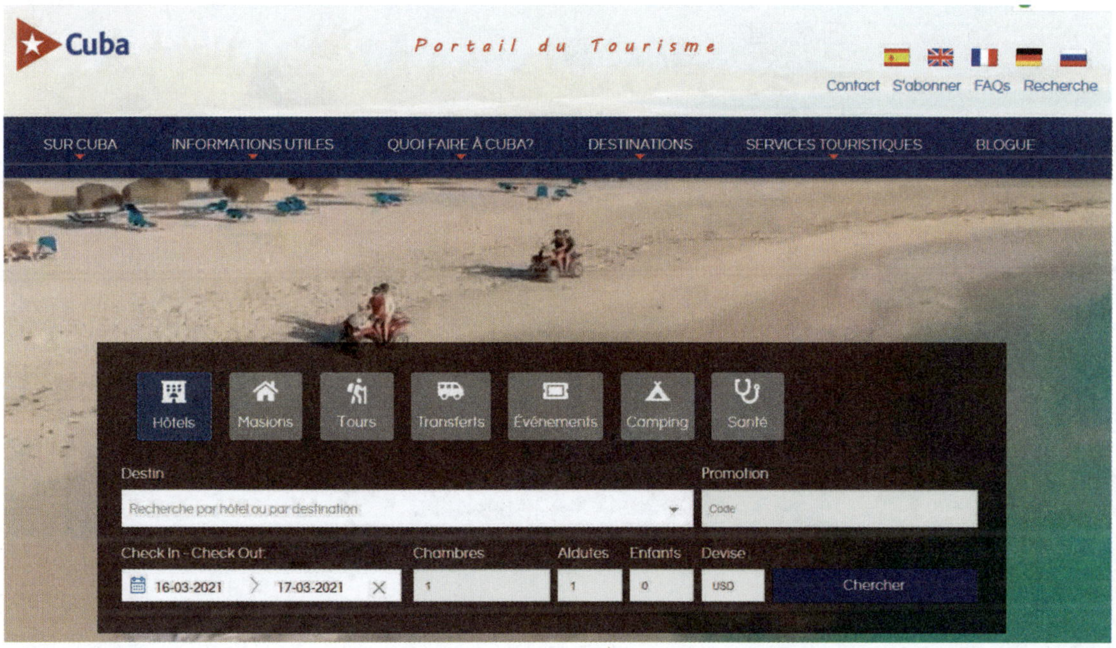

ANNEXE 2 Supports sélectionnés

Type de support		Intérêt
Formation	Entretien	

ANNEXE 3 Mail adressé par les clients à l'agence

De : daniel.peyron@gmail.com
Objet : Notre projet de voyage à Cuba

Bonjour,

Lors de notre dernière visite à votre agence, nous avions évoqué un séjour à Cuba. J'ai convaincu mon épouse de réaliser ce voyage, dont je rêve depuis bien longtemps. Nous serions disponibles de 7 à 14 jours vers la mi-juillet. Nous souhaitons conserver notre liberté pour découvrir le charme des villes cubaines, ainsi que le patrimoine de ce pays que nous ne connaissons pas. Je vous rappelle que nous ne sommes adeptes ni des activités sportives ni des randonnées. La détente avant tout !

Pouvez-vous nous contacter dès que vous nous aurez préparé une offre ? Merci beaucoup.

Bien cordialement,
M. Peyron

ANNEXE 4 Présentation de la fiche produit TUI

Fiche produit
liennathan.fr/j3w6v6

ANNEXE 5 Présentation de l'autotour

Un autotour est un circuit touristique avec location de voiture. Il s'agit de découvrir un pays ou une région, en toute liberté et en gardant votre autonomie à bord d'un véhicule. Concrètement, vous vivez vos journées comme vous le voulez et goûtez aux activités de votre choix, sans devoir suivre un groupe de touristes mené par un guide local. Exit également le parcours en bus avec descentes obligatoires dans le restaurant local ou la fabrique d'objets culturels du coin… En fonction de vos centres d'intérêt et de vos envies, vous êtes libre d'adapter votre voyage : vous bénéficiez alors des conseils et de l'expertise d'un professionnel du tourisme sans pour autant rogner sur vos préférences. Un point rassurant pour beaucoup de voyageurs : tous les hébergements sont réservés et vous attendent après votre journée en toute liberté.
Vous serez également accompagné par un roadbook (carnet de route) personnalisé, qui vous aidera à trouver les joyaux de la région et les bons plans pour se garer, se restaurer ou profiter de votre séjour. Vous n'êtes jamais seul ! Que ce soit par téléphone avec votre agence ou le nez plongé dans votre roadbook, vous n'êtes pas livré à vous-même. Les cartes routières ou le GPS sont là pour vous orienter. Des carnets de voyage complets avec les visites à faire indiquent les suggestions.

ANNEXE 6 Page-écran du site Fram.pro

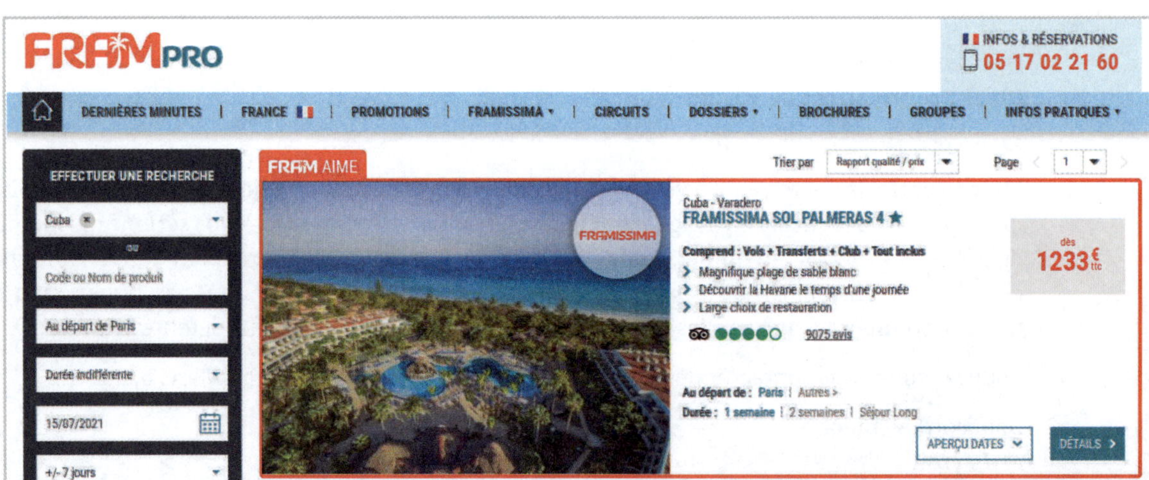

FICHE RESSOURCE

1 Utiliser les supports professionnels d'aide à la vente

Une parfaite connaissance des destinations et des caractéristiques des produits et services touristiques est indispensable à la réussite de l'entretien de vente. En effet, le client s'est généralement informé sur des sites, blogs et réseaux sociaux dans le cadre de la préparation de son voyage ou de son séjour, et attend une expertise de la part du professionnel du tourisme auquel il s'adresse.

I La variété des supports professionnels d'aide à la vente

Le conseiller en séjour/voyage peut s'appuyer sur plusieurs supports papier et/ou numériques dans le cadre de la préparation des situations de prescription ou de commercialisation qu'il rencontre, mais également au cours de son entretien avec le client. Il lui faut collecter des informations sur les voyagistes ou prestataires, les produits offerts et les destinations afin d'apporter une valeur ajoutée au client par ses conseils.

1 La documentation professionnelle

- Les **catalogues des voyagistes** se présentent sous la forme d'une documentation papier ou d'une brochure à télécharger en ligne.
- Les **fiches techniques produit** présentent l'ensemble des caractéristiques techniques et commerciales du produit touristique.
- Les **fiches de présentation d'une destination** comportent l'ensemble des informations géographiques, culturelles, historiques... ainsi que des informations pratiques.
- Les **manuels de vente et argumentaires de vente** mis à disposition par le tour-opérateur (TO) permettent au conseiller de mettre en avant les points forts du produit ou de la destination.
- Parmi les **dossiers de la presse professionnelle**, on trouve *L'Echo touristique*, *Tour hebdo*, *TourMaG*...
- Enfin, **brochures et dépliants des prestataires, plans...** sont à la disposition du client.

2 Les outils numériques d'accès à l'information

- **Les sites institutionnels :** les sites des offices de tourisme, des comités régionaux ou départementaux du tourisme (CRT/CDT) apportent des informations générales sur la destination, les activités à effectuer sur place, les prestataires ; des sites spécifiques diffusent des informations actualisées à délivrer au client.
  Exemples : le site Diplomatie.gouv.fr, du ministère des Affaires étrangères, pour les formalités d'entrée dans un pays ; le site de l'institut Pasteur pour les formalités sanitaires.
- **Les sites professionnels des voyagistes ou des prestataires (B to B) :** description des produits touristiques, calcul des prix, élaboration des devis et contrats, réservation et suivi des dossiers, documents commerciaux à télécharger...
- **Les sites des voyagistes grand public (B to C) :** informations générales sur les destinations commercialisées et conseils pratiques, offre de voyages ou séjours filtrés par un moteur de recherche en fonction des critères du client...
- **Les plateformes de recherche et de réservation :** en office de tourisme, les bases de données du SIT (système d'information touristique) permettent un accès à l'offre touristique d'une région ou d'un département.
  Exemples : SITI, Apidae, Tourinsoft.
- En agence de voyages, **des sites professionnels payants** permettent d'avoir un accès à une offre touristique multi-TO et de réserver les prestations en direct ou *via* le site B to B du TO.
  Exemples : Orchestra, SpeedMedia, AdopteunTO.

>>>

- **Les GDS (*Global Distribution Systems*) :** ils permettent d'accéder à une base très large d'offres touristiques en provenance de fournisseurs multiples (compagnies aériennes et ferroviaires, loueurs de voitures, hébergeurs...), d'avoir une information globale sur les différents produits et d'afficher les disponibilités et les tarifs, de réserver des prestations en ayant un accès direct aux stocks...
Exemples : Amadeus, Sabre, Travelport/Galileo.

II La fiche destination

1 Principes

Le conseiller en séjour/voyage doit être en mesure de présenter la destination en valorisant ses points forts par rapport aux attentes identifiées, mais également de répondre aux questions du client. L'objectif est de susciter l'envie de partir par une présentation attractive, et de conseiller au mieux la clientèle grâce à une expertise sur la destination :

– présentation générale de la destination : il s'agit de la caractériser en quelques phrases, en insistant sur ses atouts par rapport aux attentes du client ;

– proposition des formules de séjour les mieux adaptées sur la destination : autotour pour mieux découvrir l'Islande, combiné entre plusieurs îles en Polynésie... ;

– conseils sur les lieux, activités ou visites incontournables, sur les étapes d'un circuit à privilégier, mais également sur les zones à éviter et les précautions à prendre ;

– informations pratiques : formalités administratives et sanitaires, décalage horaire, climat, monnaie...

Les informations essentielles à connaître sont synthétisées sous la forme d'une fiche destination mise à disposition par les voyagistes ou élaborée par le conseiller en séjour/voyage.

2 Les éléments de la fiche destination

La fiche destination comprend les informations suivantes :

Thématiques	Descriptifs
Géographie	Localisation, capitale et villes principales, climat, paysages, relief, superficie, plages...
Histoire	Principaux repères historiques, dates clés.
Population	Nombre d'habitants, religion, langue, coutumes et traditions, gastronomie...
Attraits touristiques	Sites à visiter absolument, curiosités touristiques, monuments classés, activités (golf, surf, thalasso...).
Infrastructures touristiques	Types d'hébergement, niveau de confort, moyens d'accès (aéroports, trains, liaisons intérieures...)...
Informations pratiques	Formalités administratives et sanitaires, temps de vol, décalage horaire, voltage, shopping...
Principaux voyagistes	Formules (circuit, autotour, croisière...), produits, gamme de prix...
Conseils divers	Périodes pour y séjourner, codes sociaux, réglementation locale, usages en matière de pourboire, recommandations diverses...

FICHE RESSOURCE

2 La proposition d'une offre argumentée

Grâce aux informations recueillies lors du questionnement du client durant la phase de découverte des besoins, le conseiller en séjour/voyage peut sélectionner une ou plusieurs offres et proposer une solution-produit adaptée aux besoins et attentes exprimés. Il s'agit, pour le conseiller, de convaincre le client que ses propositions répondent le mieux à ses besoins : l'offre doit être argumentée.

I La sélection et la proposition de l'offre

Présenter des produits susceptibles de répondre à la demande du client ne consiste pas à donner à celui-ci un ensemble de brochures qu'il devra étudier, mais à lui faire une proposition adaptée à ses besoins. Le conseiller doit donc effectuer une sélection de produits parmi la multitude d'offres dont il dispose.
La sélection mentale du conseiller va s'opérer autour de trois éléments : le choix de la ou des destinations, la sélection d'un ou de plusieurs types de produits (hôtel-club, croisière, circuit, autotour...) et enfin, le choix du ou des voyagistes offrant ces produits.

La qualité de la proposition repose sur les connaissances et l'expertise du vendeur :
– la proposition doit être alternative : elle doit présenter une sélection de deux ou trois destinations et/ou deux ou trois produits : le client doit avoir l'impression qu'il a le choix et qu'il n'est pas enfermé dans une proposition ;
– elle doit être dynamique : style affirmatif, utilisation du présent et du futur pour projeter le client dans son voyage, emploi d'adjectifs évocateurs, recours à des supports de communication pour illustrer ses propos (photos, carte, brochure...).

II L'argumentation de l'offre

1 Objectifs

Argumenter consiste à présenter de façon méthodique et hiérarchisée les arguments qui vont convaincre le client de l'intérêt du produit ou de l'offre.
L'argumentaire permet de mettre en relief les points forts de l'offre afin d'amener le client à l'acte d'achat. Ces arguments peuvent porter sur la destination, le voyagiste et le(s) produit(s) proposé(s).

2 La construction de l'argument : la méthode CAP

La construction d'un argument se fait selon la méthode CAP, qui consiste à transformer les caractéristiques du produit en avantages auxquels sera sensible le client, puis de les assortir d'une preuve.
Pour bien maîtriser la vente, le vendeur doit donc lister au préalable les caractéristiques de son offre, ce qui nécessite une parfaite connaissance des produits proposés.

Structure d'un argument	Explications
Caractéristiques	Composantes techniques et commerciales du produit : – techniques : programme prévu, prestations matérielles (transport, hébergement, restauration...), personnel à disposition (guide, délégués locaux...) ; – commerciales : conditions tarifaires spécifiques (offres enfant, senior...), facilités de paiement, garanties, options de personnalisation...
Avantage (bénéfice client)	Il s'agit de valoriser chaque caractéristique en la transformant en avantage ou bénéfice client, en montrant au client ce qu'elle peut lui apporter ou ce qu'il peut en retirer.
Preuve	Fait, élément objectif qui permet de rassurer le client en lui apportant la preuve de ce qui est annoncé : photos, plan, témoignage de clients ou expérience personnelle, études ou tests comparatifs, visites physiques ou virtuelles...

>>>

Exemple :

C	« Ce circuit "Villes impériales" a été spécialement étudié pour une première découverte de cette destination. »
A	« Il vous permettra de découvrir en une semaine les lieux et sites incontournables qui font la richesse historique et culturelle de ce pays : ainsi, les sites..., les villes... »
P	« Voici le programme proposé sur la brochure... Ces quelques photos vous montrent... »

III Les techniques d'argumentation

Pour être efficace, l'argumentation doit respecter plusieurs principes :

– la **sélection des arguments** : il ne s'agit pas de présenter au client l'ensemble des arguments figurant dans l'argumentaire de vente, mais au contraire, de sélectionner et présenter trois à quatre arguments qui répondent aux attentes du client ; il ne faut pas se lancer dans un monologue !

– la **personnalisation de l'argumentation** : le conseiller utilise le vocabulaire adapté aux motivations SONCASE exprimées par le client, et crédibilise ainsi sa proposition, qui apparaît dès lors « sur mesure ». Les arguments sont personnalisés pour convaincre le client que la solution est en adéquation totale avec sa problématique ;
Exemple : si le client est sensible au confort, il faut insister sur la classification hôtelière, la taille des chambres, les équipements et prestations proposés...

– l'**argumentation positive** : il convient de s'adresser au client avec enthousiasme, en utilisant des mots qui lui permettront de se faire une idée précise du voyage, donc d'anticiper et de rêver. Les expressions qui induisent le doute (« je crois », « il me semble que »...) et les mots à connotation négative (« difficulté », « problème », « risque »...) sont à proscrire. Ne pas hésiter à utiliser des supports visuels (brochure, site B to B) pour convaincre ;

– le **contrôle de la portée des arguments** : il s'agit de s'assurer de l'efficacité de l'argumentation développée, en utilisant une question de contrôle (« C'est bien ce que vous recherchez ? », « C'est important pour vous, n'est-ce pas ? »). L'objectif est d'obtenir une réponse positive de la part du client.

FICHE RESSOURCE

3 Traiter les objections

Les objections apparaissent généralement durant la phase de proposition et d'argumentation de l'offre. En préparant ses outils d'aide à la vente, le vendeur doit s'attendre à rencontrer des objections et en dresser la liste. Au cours de l'entretien, il doit être capable de les repérer et de les traiter afin de pouvoir conclure la vente.

I Reconnaître une objection

1 Définition

L'objection est l'expression, chez le client, d'un frein, d'une réticence qui l'empêche de se décider et d'acheter. Elle se traduit généralement par une intervention orale du client dans le déroulement de l'entretien de vente allant à l'encontre de l'argumentation du vendeur. Elle peut également se manifester dans le comportement physique du client (moue dubitative, sourcils froncés, mouvement de recul...).

2 Les causes des objections

La formulation d'une objection est une réaction normale chez tout acheteur : avant de prendre sa décision d'achat, il a besoin de contrôler si le produit correspond bien à ses attentes. Il va alors émettre une réserve, relever un détail qui ne lui correspond pas ou qu'il ne comprend pas, ou encore demander un complément d'informations. Les objections permettent au vendeur de clarifier certains points et de renforcer son argumentation, voire de modifier sa proposition afin de trouver un produit plus adapté.

3 Les types d'objections

Le vendeur doit savoir repérer et évaluer les objections afin de choisir la méthode appropriée de réfutation.

Types d'objections	Explications
Sincère	Le client croit vraiment ce qu'il dit : l'objection exprime un doute ou la volonté d'en savoir davantage.
Fondée	Le client exprime une remarque justifiée et objective concernant un point faible du produit qui représente un inconvénient pour lui. Cette objection traduit un besoin auquel l'offre ne peut pas répondre.
Non fondée	Le client est sincère, mais commet une erreur d'interprétation ; la remarque est injustifiée ou fausse car elle est liée à une méconnaissance du produit. Elle traduit un besoin auquel l'offre peut répondre.
Non sincère ou « prétexte »	C'est une objection de pure défense ou de déstabilisation, qui permet au client de gagner du temps ou de clore l'entretien. Elle peut être volontairement grossie par le client.

II Traiter efficacement une objection

1 La procédure de traitement d'une objection

- **Accepter l'objection :** la ou les raisons qui poussent le client à émettre une objection ne doivent pas être perçues par le vendeur comme purement négatives : une objection traduit avant tout une marque d'intérêt. Le vendeur doit donc laisser s'exprimer le client en faisant preuve d'écoute active et adopter une attitude ouverte sans rejeter ni contredire l'intervention de son interlocuteur.

>>>

- **Valoriser le client :** il convient de prendre en compte l'objection et de la reformuler en montrant son intérêt.
  Exemples : « Vous faites bien d'attirer mon attention sur... », « Vous avez raison de soulever ce point... »
- **Comprendre l'objection par le questionnement :** il faut chercher à comprendre ce qui se cache derrière l'objection en posant des questions pour en faire préciser le contenu. Cela permet également de distinguer une objection sincère d'une objection « prétexte ».
  Exemples : « C'est-à-dire ? », « Pouvez-vous m'en dire plus ? », « Qu'est-ce qui vous préoccupe plus particulièrement ? », « Je ne suis pas sûr de vous avoir compris. Pouvez-vous préciser ? »
- **Traiter l'objection** en utilisant la technique adaptée.
- **Contrôler :** il convient de vérifier l'adhésion du client aux explications données par une question de contrôle.
  Exemples : « Ai-je répondu à votre inquiétude ? », « Êtes-vous rassuré ? », « Nous sommes d'accord ? »

2 Les techniques de traitement des objections

Techniques de traitement	Caractéristiques	Exemples
« Oui... mais »	Accepter la remarque mais proposer un argument explicatif.	Objection : « Les chambres ne sont pas climatisées. » Traitement : « Effectivement, mais les températures sont tempérées dans cette destination à cette période. »
Compensation	Transformer l'objection sous forme d'argument.	Objection : « Les repas de midi ne sont pas compris. » Traitement : « C'est un avantage : vous avez la liberté de déjeuner où vous désirez plutôt que d'être obligé de rentrer systématiquement à l'hôtel. »
Minimisation	Diminuer la force de l'objection.	Objection : « La ville doit être bondée ! » Traitement : « C'est une destination très touristique, en effet. En revanche, en cette saison, cette ville n'est pas très fréquentée. »
Questionnement	Demander au client d'exprimer son sentiment afin de mieux le comprendre et préparer sa réponse.	Objection : « Je n'aime pas les clubs de vacances. » Traitement : « Pouvez-vous m'expliquer pourquoi ? »
Témoignage	Appuyer sa réponse sur sa propre expérience ou celle d'autres clients, sur des chiffres...	Objection : « Ce tour-opérateur m'est totalement inconnu... » Traitement : « Je travaille avec lui depuis plus de dix ans et j'ai toujours eu d'excellents retours de mes clients. »
Anticipation	Devancer l'objection pour en atténuer sa portée.	« Vous allez peut-être me dire que le prix est plus élevé, mais ce produit est en formule "*all inclusive*", aucun supplément ne vous sera demandé. »
Report	Différer la réponse afin de poursuivre l'argumentation.	Objection : « Quel est le prix de ce séjour ? » Traitement : « Avant de répondre à votre question, permettez-moi de vous présenter... »
Diversion	Ignorer l'objection en posant une question à laquelle le client répondra normalement par l'affirmative.	Objection : « L'hôtel est un peu loin du centre ! » Traitement : « Les suites proposées par l'hôtel vous conviennent-elles ? »

FICHE RESSOURCE 4

Conclure la vente et prendre congé

La conclusion de la vente est la concrétisation de l'argumentation, le moment où l'intérêt du client pour le produit déclenche l'acte d'achat. L'accord du client sera matérialisé par la signature du contrat de vente. La prise de congé viendra conclure l'entretien de vente dans une optique de fidélisation.

I La conclusion de la vente

1 Les signaux d'achat

La phase de conclusion démarre lorsque le client n'exprime plus d'opposition et qu'il saisit l'intérêt de l'offre qui lui est faite. Il émet alors des signaux d'achat que le vendeur doit repérer afin d'initier la conclusion de la vente :

– **signaux d'achat non verbaux** repérables par l'observation de l'attitude du client : gestes de détente, sourire, acquiescement de la tête, prise en main de la brochure, interrogation du conjoint du regard... ;

– **signaux d'achat verbaux** identifiés par une écoute du client : il confirme verbalement son accord, se projette, demande confirmation de ce qui a été dit, exprime sa satisfaction ou pose des questions de détail.

2 Les techniques de conclusion

Il appartient au vendeur de prendre l'initiative de conclure la vente, d'aider le client à trancher et à prendre une décision. Pour atteindre cet objectif, plusieurs techniques peuvent être utilisées :

Techniques de conclusion	Objectifs	Illustrations
Proposition directe	Impliquer le client directement en lui proposant la signature du contrat.	« On opte pour cette formule ? On part pour cela ? » « Je regarde s'il y a des disponibilités ? » « On passe à la réservation ? »
Proposition alternative	Laisser au client le choix entre deux solutions qui entraînent l'achat.	« On regarde pour la semaine du... ou du... ? » « Quelle formule retenez-vous : demi-pension ou pension complète ? »
Technique de l'anticipation	Parler et agir comme si la vente était conclue.	« Vous recevrez vos billets dans 3 jours. » « Vous allez apprécier de partir au soleil. »
Technique de la récapitulation	Récapituler tous les accords obtenus au long de l'entretien pour justifier un acte d'achat logique.	« Le départ est prévu comme vous le souhaitiez de..., la formule en pension complète comprend... »
Technique du regret	Présenter des avantages précis dont le client ne pourra pas bénéficier s'il ne se décide pas immédiatement.	« Nos prix ne sont valables que pendant la durée du salon. » « Cette destination est très demandée, vous risquez de ne plus avoir de places. »
Technique de la dernière chance	Donner un dernier argument choc pour arracher la décision d'achat.	« J'ai omis de vous signaler que les frais de dossier sont offerts. »
Technique de l'incompréhension	Montrer le comportement contradictoire du client.	« Je ne comprends pas bien ce qui vous arrête : vous recherchiez... et c'est ce que ce séjour vous offre. Alors ? »

>>>

II La vente de prestations additionnelles

Cela consiste à proposer systématiquement des prestations qui complètent l'achat principal. Lorsque le conseiller en séjour/voyage a obtenu l'accord du client, il peut engager une vente :
- **complémentaire :** elle vient compléter l'achat du produit principal par un service accessoire lié (transfert, excursion, assurance...) ;
- **supplémentaire :** vente d'un produit différent du produit principal (location de voiture, parking de l'aéroport...).

Ces ventes ont pour effet d'augmenter les commissions de l'agence et permettent aussi d'anticiper un besoin que le client n'a pas encore ressenti, mais qui sera réel durant le voyage.

III La prise de congé

1 Les objectifs

S'il faut faire une bonne première impression lors de la prise de contact, il faut aussi laisser une dernière bonne impression lors de la prise de congé. Au moment de la conclusion, le client doit être convaincu qu'il a fait le bon choix. C'est pourquoi, lors de cette phase, le vendeur doit :
- l'aider à surmonter ses éventuelles inquiétudes en le rassurant sur le bien-fondé de son choix et en rappelant, dans une synthèse finale, les multiples avantages que lui apporte l'offre ;
- le remercier et le saluer ;
- le fidéliser : se montrer disponible en lui rappelant les heures d'ouverture de l'agence, fixer un nouveau rendez-vous, lui remettre sa carte de visite, saisir ses coordonnées dans le CRM de l'entreprise pour une relance éventuelle...

2 La procédure de prise de congé

Le client a acheté	Le client veut réfléchir	Le client n'a pas acheté
• Le rassurer sur le bien-fondé de son choix. • Lui remettre le contrat de vente, la brochure, une carte de visite... • Le remercier et lui sourire. • Le saluer de façon personnalisée : « Au revoir, M./Mme X. » • Le raccompagner.	• Poser une option afin de bloquer la ou les places durant une durée limitée (en général, 48 heures) : il s'agit d'une préréservation sans engagement de la part du client, cette procédure est gratuite. • Fixer un rendez-vous ou inciter le client à revenir à l'agence pour confirmer sa réservation en lui donnant les horaires d'ouverture de l'agence ; proposer au client de lui téléphoner dans quelques jours. • Remettre au client une proposition de devis, la brochure, une carte de visite... • Le remercier et lui sourire. • Le saluer de façon personnalisée.	• Accepter le choix du client, tout en restant disponible et courtois. • Saisir ses coordonnées dans le CRM afin de le recontacter, lui proposer des offres personnalisées. • Lui remettre la brochure, une carte de visite... • Le remercier et lui sourire. • Le saluer de façon personnalisée.

FICHE RESSOURCE

5 Utiliser le GDS Amadeus pour informer la clientèle

Le GDS (*Global Distribution System*) Amadeus est une plateforme de distribution et de réservation en ligne dédiée aux professionnels du tourisme, qui permet d'avoir en temps réel un accès aux stocks des compagnies aériennes, ferroviaires, agences de location de voitures, hôtels... Il permet de connaître les disponibilités et les tarifs, de réserver et d'émettre des billets. Amadeus permet également de délivrer des informations sur les pays, les aéroports, les compagnies aériennes, les vols...

I Les formats de conversion

	Formats Amadeus	Exemples
Trouver le code d'une ville ou d'un aéroport (codage)	DANnom ville ou aéroport	DANPARIS DANLONDON
Trouver le nom d'une ville ou d'un aéroport (décodage)	DACcode ville ou aéroport (3 lettres)	DACPAR DACJFK
Coder/décoder une compagnie aérienne	DNAnom ou code compagnie (2 caractères)	DNAIBERIA DNAAF
Coder/décoder un pays	DCcode pays (en anglais)	DCITALY DCFR
Coder/décoder un code État ou province	DNSnom ou code État/province (4 lettres)	DNSQUEBEC DNSUSFL
Coder/décoder le type d'un appareil	DNEcode (type d'appareil)	DNE380

II La recherche de disponibilités aériennes

1 Le format TN (*Timetable Neutral*)

Il permet d'afficher la fréquence des vols sur une période d'une semaine et de connaître les compagnies desservant la destination ainsi que les jours et horaires de vol.
Format de base : **TNdate de départ + parcours**
Exemple : TN20FEBPARLAX
Fréquence :
D = Daily 4 = jeudi 46 = jeudi, samedi X56 = tous les jours sauf vendredi et samedi

2 Le format AN (*Availability Neutral*)

Il permet de connaître les disponibilités aériennes sur un parcours déterminé.
Format de base : **ANdate de départ + parcours**
Exemple : AN14MARAMSMRS

Il est possible d'affiner l'affichage en précisant le code compagnie (trois compagnies maximum), les classes de réservation ou de transport, les horaires...
Exemple : AN17JULMRSLIS1700/AAF, TP, IB/KY : recherche de disponibilités à la date du 17 juillet à partir de 17 h sur un trajet Marseille/Lisbonne, avec les compagnies Air France, TAP et Iberia, en classe économique.

Pour effectuer une demande de disponibilité retour : **ACRdate du retour**
Exemple : ACR25MAR

Pour un affichage aller et retour sur un même écran : **ANdate de départ + parcours*date retour**
Exemple : AN14MARAMSMRS*25MAR

>>>

3 La réservation de segments aériens

Pour réserver les vols suite à une demande de disponibilité AN, il suffit de saisir le format :
SS + nombre de places + classe de réservation + n° de la ligne (ou du segment de vol)
Exemple : SS1Y4 = réserver 1 place en classe Y sur la ligne 4.

III Les informations générales et pratiques

1 Les pages d'informations générales : le format GG (*Go to General*)

	Formats Amadeus	Exemples
Aéroport	GGAPTcode aéroport	GGAPTMAR
Compagnie aérienne	GGAIRcode compagnie (2 caractères)	GGAIRAF
Pays	GGCOUcode pays (2 lettres)	GGCOUIT

2 Les informations pratiques

	Formats Amadeus	Exemples
Informations sur le vol	DOn° de ligne (ou n° du vol)	DO2 (ou DO2541)
Temps minimum de correspondance	DMcode aéroport-code aéroport	DMORY-CDG
Décalage horaire	DDville/ville	DDPAR/TYO

IV Le devis tarifaire

1 L'affichage des tarifs disponibles sur un parcours

	Formats Amadeus	Exemples
Consultation tarifaire	FQDparcours/Ddate départ*date retour FQDparcours/Ddate départ*date retour/Acode compagnie/R, AT/IX	FQDPARNCE/D02DEC*14DEC FQDPARNCE/D02DEC*14DEC/AAF/R, AT/IX (R, AT : taxes comprises ; IX : affichage du moins cher au plus cher)
Consultation des notes tarifaires	FQNn° de ligne*rubrique (3 maximum)	FQN02*PE, MN, MX (affichage des conditions spécifiques liées au tarif de la ligne 2 : pénalités, durées minimum et maximum de séjour)

2 La tarification du billet (sans création de dossier passager)

- **FXX :** tarification automatique du vol dans la classe réservée.
- **FXR :** tarification la moins chère sur le vol réservé avec changement de classe de réservation (*rebooking*) éventuel.
- **FXR/SBF1 :** tarification la moins chère sur le vol réservé avec *rebooking* possible et bagage inclus.

1 Savoir exploiter des outils d'aide à la vente

AdopteunTO.com est un moteur de recherche multi-TO « fait par des agents de voyages pour des agents de voyages ». Vous utilisez ce site B to B durant votre période de stage en agence de voyages pour informer et conseiller vos clients.

À l'aide des documents 1 à 3, répondez aux questions suivantes.

1. Indiquez les différentes fonctionnalités du site qui permettent d'apporter des conseils à la clientèle.

2. À l'aide de la page de recherche, retrouvez les composantes de la demande effectuée par le client.

3. Argumentez le choix de la destination proposée au client en identifiant ses différents atouts par rapport aux attentes du client.

4. Présentez les caractéristiques de l'hébergement retenu.

DOCUMENT 1 Page de recherche du site AdopteunTO.com

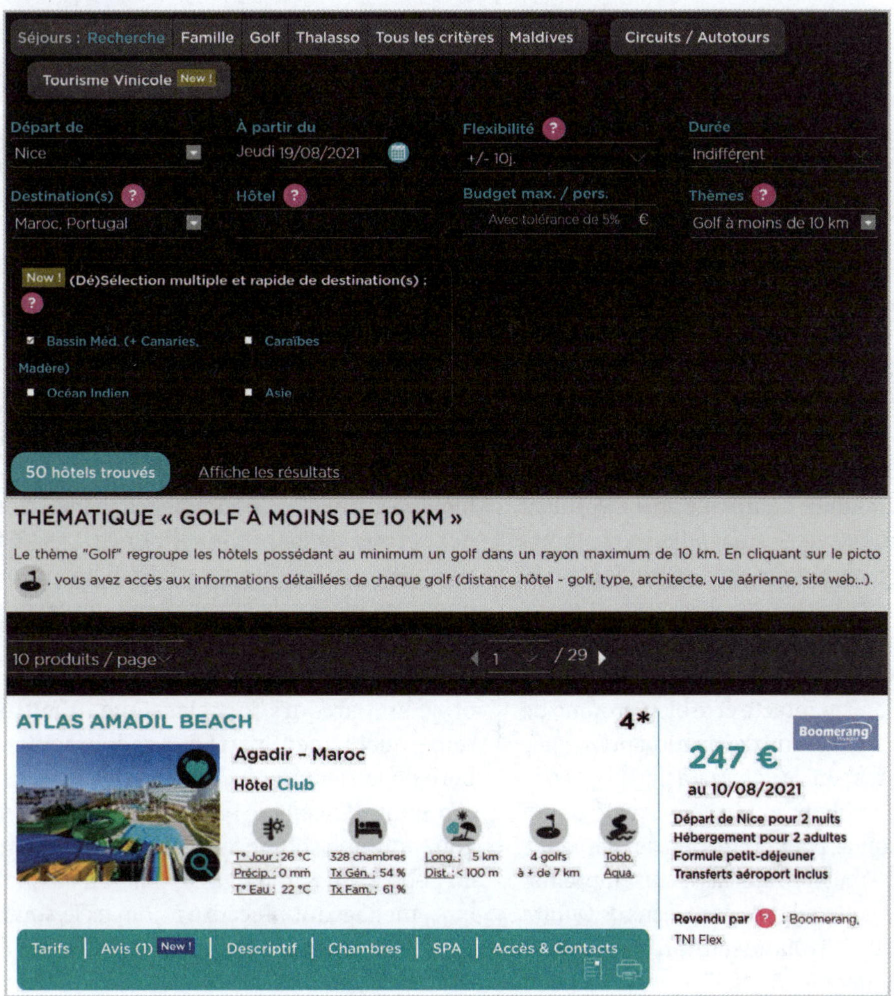

>>>

DOCUMENT 2 Sélection de l'offre proposée au client

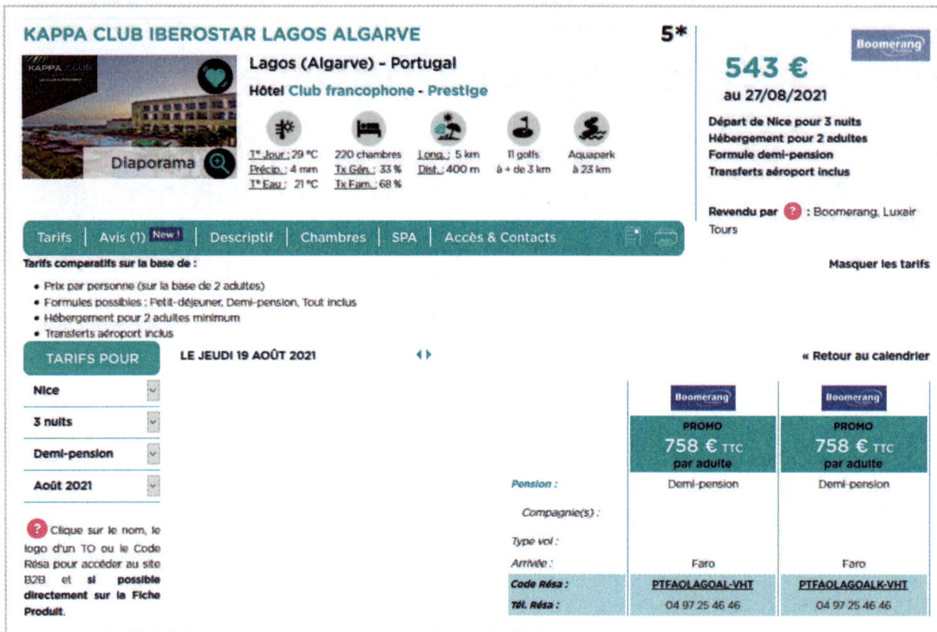

KAPPA CLUB IBEROSTAR LAGOS ALGARVE 5*

Diaporama

Lagos (Algarve) - Portugal

Hôtel Club francophone - Prestige

T° Jour : 29 °C
Précip. : 4 mm
T° Eau : 21 °C

220 chambres
Tx Gén. : 33 %
Tx Fam. : 68 %

Long. : 5 km
Dist. : 400 m

11 golfs
à + de 3 km

Aquapark
à 23 km

Boomerang

543 €
au 27/08/2021

Départ de Nice pour 3 nuits
Hébergement pour 2 adultes
Formule demi-pension
Transferts aéroport inclus

Revendu par ? : Boomerang, Luxair Tours

Tarifs | Avis (1) New ! | Descriptif | Chambres | SPA | Accès & Contacts

Tarifs comparatifs sur la base de :

- Prix par personne (sur la base de 2 adultes)
- Formules possibles : Petit-déjeuner, Demi-pension, Tout inclus
- Hébergement pour 2 adultes minimum
- Transferts aéroport inclus

Masquer les tarifs

TARIFS POUR

Nice
3 nuits
Demi-pension
Août 2021

? Clique sur le nom, le logo d'un TO ou le Code Résa pour accéder au site B2B et **si possible directement sur la Fiche Produit.**

LE JEUDI 19 AOÛT 2021

« Retour au calendrier

	Boomerang	Boomerang
	PROMO 758 € TTC par adulte	PROMO 758 € TTC par adulte
Pension :	Demi-pension	Demi-pension
Compagnie(s) :		
Type vol :		
Arrivée :	Faro	Faro
Code Résa :	PTFAOLAGOAL-VHT	PTFAOLAGOALK-VHT
Tél. Résa :	04 97 25 46 46	04 97 25 46 46

DOCUMENT 3 Extrait de la fiche destination proposée par le site

Classement :

- Intérêt GOLFIQUE ★★★★
- Intérêt CULTUREL ★★★½
- Intérêt NATURE ★★★☆
- Intérêt BALNÉAIRE ★★★☆

• La région de l'Algarve : une destination golfique exceptionnelle

Nous vous révélons les secrets d'un pays où l'excellence des golfs et du climat sont des partenaires de jeu inséparables. Quelle que soit la saison, une température douce vous y attend, des premiers rayons du soleil jusqu'à la brise de fin d'après-midi. Le mot hiver semble d'ailleurs inadapté, pour une période pendant laquelle le thermomètre descend rarement au-dessous de 10 °C. Tout cela dans un pays où le Soleil persiste à briller trois mille heures par an. Le Portugal vous propose plus de 70 greens magnifiques et stimulants, avec des parcours et des environnements très variés. De sublimes paysages à couper le souffle, sur le continent ou dans les îles des Açores et de Madère, vous offriront des parcours inoubliables entre le vert d'une nature totalement intacte et le bleu profond de l'Atlantique. S'agissant d'une destination privilégiée pour la pratique de ce sport, le Portugal a toujours bénéficié du talent de nombreux architectes de golf, parmi les meilleurs du monde, pour la création des parcours. Le vétéran, Robert Trent Jones, a laissé son empreinte inimitable dans un trio composé des greens de Quinta da Marinha à Estoril, de Tróia au sud de Lisbonne et de Santo da Serra à Madère. Au Royal de Vale de Lobo, on peut jouer sur un parcours qui rassemble deux générations exceptionnelles : 9 trous créés par Henry Cotton et 9 autres conçus par William « Rocky » Roquemore.

• La région d'Algarve élue « Meilleure destination de golf du monde »

Depuis l'ouverture du tout premier golf en 1966, l'Algarve vit une vraie histoire d'amour avec la petite balle blanche. Sur les quelque 70 golfs que compte le Portugal, l'Algarve en accueille 34, soit la moitié ! La région de l'Algarve a d'ailleurs reçu de l'IAGTO (*International Association of Golf Tour Operators*), le prix de la « Meilleure destination de golf du monde ». Les golfs de la région ont, il est vrai, de solides arguments à faire valoir, à commencer par un climat idéal qui permet de jouer toute l'année. Les 34 terrains rivalisent ensuite de créativité pour proposer des parcours pleins de surprises et accessibles aussi bien aux débutants qu'aux golfeurs chevronnés. Si le premier golf construit en Algarve, le Penina, offre un parcours fort classique, d'autres tirent remarquablement parti de la géographie particulière de la région. Ainsi, à quelques kilomètres du cap Saint-Vincent, le Parque de Floresta emmène le golfeur d'une colline à l'autre. Les fairways du Vale do Lobo et du San Lorenzo, quant à eux, longent la mer, ménageant un cadre à couper le souffle. Sans oublier le green le plus spectaculaire de l'Algarve : le trou n° 9 du Pine Cliffs. Posé en équilibre au bord d'une falaise, il a gagné un surnom qui donne le ton : le « Salon du diable » !

Adopteunto.com

2 Vendre un hôtel-club à une clientèle familiale

Vous travaillez comme conseiller(-ère) en voyage au sein de l'agence Ailleurs Voyages, appartenant au réseau Marietton. Vous accueillez un client, M. Belamy, qui souhaite organiser avec vous ses prochaines vacances familiales en Grèce.

Votre client désire partir de Paris, avec sa femme et son fils de 7 ans, pour une semaine durant la deuxième semaine de juillet. Il souhaite un hôtel au bord de mer de bon standing, en pension complète, pour se reposer et profiter de sa famille. Il désire également découvrir la région avec son épouse et son fils.

Vous sélectionnez un hôtel-club du tour-opérateur Héliades, spécialisé dans les destinations helléniques.

À l'aide des documents 1 à 3, répondez aux questions suivantes.

1. **Rédigez 3 arguments construits selon la méthode CAP afin de convaincre votre client du bien-fondé de la formule hôtel-club pour son séjour.**

2. **Traitez les objections du client sur le produit proposé :**
– « J'ai peur que mon fils s'ennuie. »
– « On ne sera pas trop loin de la mer ? »
– « Je suis végétarien, je ne veux pas de repas imposés. »
– « Rester au bord de la piscine sans rien faire, non merci ! »

3. **Proposez une excursion susceptible de répondre aux besoins du client. Argumentez votre choix.**

4. **Élaborez le devis du séjour sur le site grand public Héliades.**

5. **Simulez la présentation du devis à l'oral avec un(e) camarade. Vous préciserez les prestations incluses et non incluses, ainsi que le prix total du séjour.**

DOCUMENT 1 Page Internet du site Héliades

NOS CLUBS HÉLIADES

Parce que nous sommes tous différents, les Clubs Héliades le sont aussi ! Nos clubs de vacances se déclinent de la catégorie 3 à 5 étoiles pour répondre aux attentes de tous les voyageurs. Chacun de nos clubs possède une vraie personnalité et il sera le cadre idéal pour un voyage en famille, entre amis ou à deux.

Pourquoi choisir un Club Héliades pour vos prochaines vacances ?

- Des animateurs attentifs à votre rythme et à vos envies
- Des activités sports et loisirs
- Des excursions pour découvrir la destination et sa culture
- Une animation adaptée : douce ou dynamique selon les clubs
- Mini-club et Club ados accueillent les jeunes vacanciers pour que toute la famille en profite à 100 %

www.heliades.fr

>>>

DOCUMENT 2 Club Héliades Ramada Poseidon Resort 5*

Fiche produit
liennathan.fr/b7j89z

Site Internet Héliades
liennathan.fr/6ct9u7

DOCUMENT 3 Excursions en Grèce continentale – Brochure Héliades 2021 (extrait)

La ville d'Athènes (1/2 journée ou 1 journée)
Découverte de la capitale moderne (le Parlement et ses gardes Evzones, ses monuments néoclassiques) et antique (stade de marbre, temple de Zeus, porte d'Adrien, l'Acropole). Temps libre à Plaka.

Depuis Athènes (1/2 journée) : 83 € (entrées incluses)
Depuis Eretria (Eubée) (1 journée) : env. 46 €
Depuis la région d'Isthmia, Corinthe, Loutraki (1 journée) : env. 58 €
Depuis la région de Xylokastro (1 journée) : env. 71 €

Le Cap Sounion (1/2 journée)
Le long de la côte et des plages de Glyfada, Vouliagmeni et Varkiza jusqu'au Cap Sounion, où se dressent les vestiges du temple de Poséidon. Temps libre pour la visite et une balade sur le promontoire.

Depuis Athènes : 50 € (entrées incluses)

Olympie (1 journée)
Départ matinal vers Olympie, symbole de la Grèce antique. Visite du site et son musée, puis temps libre. Retour en fin de journée (env. 3 h 30 de route par trajet).

Depuis la région d'Isthmia, Corinthe, Loutraki et Xylokastro : env. 65 €

Argolide (1 journée)
Visite de l'antique Mycènes et du Trésor d'Atrée (tombeau d'Agamemnon). Arrêt à Nauplie, puis découverte d'Épidaure et de son théâtre dans un paysage somptueux.

Depuis Athènes : 100 € sans déjeuner, 114 € avec déjeuner (entrées incluses)
Depuis Eretria (Eubée) : env. 68 €
Depuis la région d'Isthmia, Corinthe, Loutraki : env. 58 €
Depuis la région de Xylokastro : env. 71 €

3 Argumenter sur le produit croisière

M. et Mme Saliou sont des clients réguliers de votre agence, spécialisée dans la vente de croisières. Ils viennent vous consulter à l'occasion de leur prochain anniversaire de mariage, qui aura lieu en janvier prochain, à l'occasion duquel ils souhaitent effectuer une croisière mémorable, différente de celles qu'ils ont effectuées avec les compagnies MSC ou Costa. Vous leur proposez d'effectuer une croisière d'une semaine avec le croisiériste Star Clippers.

À l'aide des documents 1 et 2, répondez aux questions suivantes.

1. **Justifiez le choix du croisiériste retenu, en montrant comment il se différencie des autres opérateurs du marché de la croisière.**

2. **Construisez l'argumentaire de vente portant sur la croisière proposée : pour chaque motivation SONCASE, élaborez un argument structuré selon la méthode CAP.**

3. **Présentez à vos clients le prix de la croisière proposée avec un hébergement en cabine Deluxe. Vous préciserez ce que le prix comprend et ne comprend pas.**

4. **Proposez à vos clients des produits additionnels susceptibles de répondre à leurs besoins.**

DOCUMENT 1 Présentation de Star Clippers

PONT PRINCIPAL

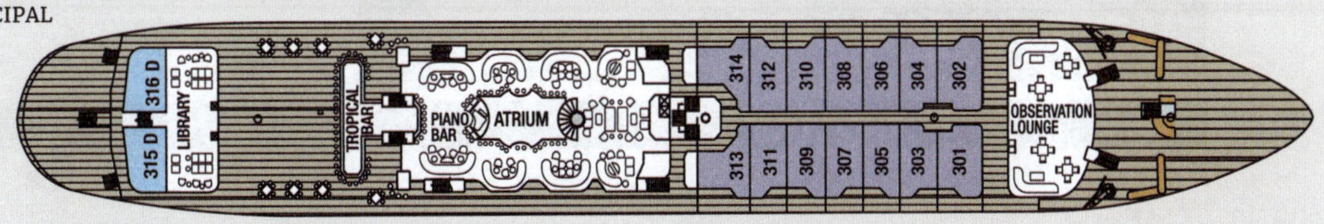

Depuis 1991, la compagnie de croisière Star Clippers propose aux voyageurs sophistiqués une vraie alternative aux croisières de masse. La compagnie Star Clippers a été fondée par Mikael Krafft, entrepreneur suédois, passionné de voile et féru d'histoire maritime. Il opère trois authentiques grands voiliers, *Star Clipper* et *Star Flyer*, des goélettes de 4 mâts, et le majestueux *Royal Clipper* gréé en 5 mâts carré.

Mikael Krafft a réalisé son rêve de proposer une expérience unique à ses hôtes, partageant ainsi le plaisir de naviguer en harmonie avec le milieu naturel et de visiter les endroits inaccessibles aux grands paquebots. [...] Avec ces bateaux d'exception, vous avez enfin la possibilité de vous offrir le confort intimiste d'un méga-yacht privé, à un prix fort attractif.

Royal Clipper a obtenu la plus haute certification : SPV + 100 A1, et le bateau est conforme aux règlements sécuritaires les plus exigeants aussi bien ceux des Nations unies que ceux des États-Unis (*US Coastguard*). Le *Royal Clipper* et les autres navires de la flotte arborent le pavillon maltais [...]. Sa capacité d'accueil est de 227 passagers pour un équipage de 106 personnes. Vingt membres de l'équipage sont nécessaires pour s'occuper des voiles et les autres sont au service des passagers.

Un voyage à bord du *Royal Clipper*, mélange de luxe, aventure et tradition, est vraiment inoubliable. Les 1 800 m² de pont ouvert et les trois piscines créent un environnement de plein air très spacieux, au-delà de ce qui se trouve habituellement sur les paquebots de croisière. Les piscines offrent un havre de fraîcheur aux passagers sur le pont et peuvent utiliser l'eau de mer ou l'eau douce. Elles sont toutes faciles d'accès. La plus grande des trois est incorporée dans le plafond du piano-bar et possède un unique fond en verre qui filtre la lumière à travers l'atrium jusqu'à la salle à manger.

Le *Tropical Bar*, un espace extérieur protégé par une tenture, est le véritable centre social et lieu de rencontres du bateau, et des animations y sont organisées le soir venu.

Le décor du *Royal Clipper* est tout simplement spectaculaire, avec un grand atrium sur trois niveaux et une salle à manger sans placement ni code vestimentaire strict, où l'ambiance est élégante sans être guindée. Le grand atrium commence dans le piano-bar avec un escalier en colimaçon, d'où on peut accéder à la boutique et aux cabines, pour se terminer au niveau de la salle à manger trois ponts plus bas. Le piano à queue de couleur ivoire se trouve tout en haut au premier niveau. Des concerts sont donnés tous les jours et pendant le repas du soir, une musique douce et discrète se fait entendre jusque dans la salle à manger. L'ambiance dans la salle à manger est conviviale, le service est à la fois professionnel et chaleureux, et les repas se déroulent à votre rythme.

Le centre de remise en forme « Captain Nemo Underwater Spa and Lounge » est ouvert de 8 h 00 à 20 h 00. Les prestations proposées vont du sauna, des massages, des traitements pour le visage et le corps.

Activités à bord

Le *Royal Clipper* est équipé d'une plateforme qui permet de pratiquer la plongée et une grande variété de sports nautiques depuis le bateau ; le *Star Clipper* et le *Star Flyer* offrent ces prestations à l'aide des tenders ou depuis la plage. Nos bateaux visitent des coins inaccessibles aux grands paquebots, donc vous aurez la possibilité de faire de la plongée libre avec masque et tuba dans des endroits incroyables. Les sports nautiques tels que le ski nautique et la planche à voile sont gratuits. Sinon, vous pouvez faire de la gym matinale sur le pont, vous rafraîchir dans la piscine, vous prélasser dans les filets enserrant le beaupré, grimper les mâts (avec harnais de sécurité) ou partir en excursion.

www.starclippers.com

DOCUMENT 2 Croisière Caraïbes Royal Clipper (extrait de l'itinéraire)

Îles Grenadine - Royal Clipper

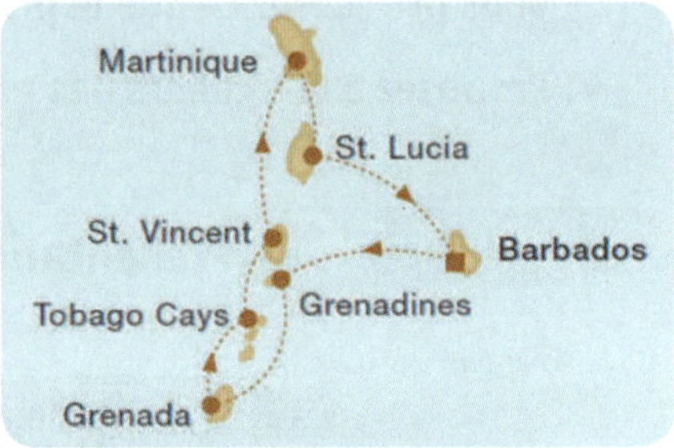

Itinéraire

samedi 15 janvier 2022 — **Bridgetown, Barbade**

Sur la côte est sauvage et escarpée de la Barbade, les plages isolées ont la couleur du lever du soleil, le sable rouge ayant balayé l'Atlantique depuis le Sahara. L'île la plus orientale des Iles au Vent, et même de toute les Caraïbes, s'étend vers l'Afrique et le Vieux Monde, comme si elle ne faisait pas tout à fait partie du monde moderne. Bridgetown, capitale de la Barbade, est une ville intéressante et pleine de contrastes. George Washington y a séjourné et Trafalgar Square vous rappelle que l'héritage britannique de cette île décontractée, qui aime le rhum et l'amusement, inclut des traditions respectées comme le cricket et le thé.

dimanche 16 janvier 2022 — **Choix du Capitaine, Grenadines**

Les Grenadines se composent d'une trentaine d'îles et de plages de sable merveilleusement préservées. Nous ferons escale au large d'une d'entre elles pour une journée plage décontractée et reposante. Nous sommes certains que vous ne serez jamais déçus.

lundi 17 janvier 2022 — **St. George, Grenade**

mardi 18 janvier 2022 — **Tobago Cays, Grenadines**

mercredi 19 janvier 2022 — **Kingstown, St. Vincent (matin)**

mercredi 19 janvier 2022 — **Admiralty Bay, Bequia (après-midi)**

Royal Clipper, 7 Nuits	suite armateur	suite deluxe	1	2	3	4	5	6	single garantie	troisième personne	charges portuaires
Euro	€4,330	€4,025	€3,000	€2,660	€2,500	€2,355	€2,130	€2,025	€2,430	€805	€205

Tarifs : nos prix sont en euros, par personne, en pension complète et basés sur l'occupation de la cabine par deux personnes. **Charges portuaires :** ces charges sont susceptibles de changer à tout moment.

Tarif croisière seule : tous les tarifs de croisière sont en euros par personne en pension complète sur la base d'une occupation double. Les prix comprennent le logement à bord, l'acheminement par mer, les repas et les divertissements à bord. Ils ne couvrent pas l'acheminement par avion, les charges portuaires, les boissons, les pourboires, les excursions à terre, la location d'équipement et les prestations personnelles telles que blanchisserie, soins ou services médicaux et autre qui ne sont pas spécifiquement prévus comme étant inclus dans le prix de croisière.

www.starclippers.com

4 Utiliser le GDS Amadeus pour informer le client

Vous travaillez en tant que conseiller(-ère) en billetterie sur un plateau d'affaires. Vous êtes chargé(e) de traiter par téléphone les demandes d'information ainsi que les demandes de réservation de billets d'avion et de train en provenance des entreprises clientes. Vous utilisez le GDS Amadeus pour traiter les demandes de vos clients.

1re demande client

Une équipe de 5 commerciaux d'une société de distribution doit se rendre, durant le premier week-end d'avril, à Lisbonne au départ de Lyon. Le vol aller le plus matinal est souhaité le samedi pour un retour le lendemain avec le vol le plus tardif. Les commerciaux souhaitent voyager avec une compagnie régulière. Le transport se fera en classe économique, avec un bagage inclus.

1. **Indiquez les compagnies qui opèrent sur le trajet aux dates souhaitées.**

2. **Recherchez les disponibilités, puis sélectionnez les vols aller et retour avec la même compagnie.**

3. **Tarifez le dossier au meilleur prix avec un bagage inclus.**

2e demande client

Le responsable de la société Gentil souhaite se rendre en avion à New York au départ de Paris. Il désire un vol aller le 25 février en matinée, avec un vol retour le 1er mars. Il souhaite voyager avec la compagnie Air France en classe affaires, au tarif le moins cher disponible.

4. **Informez votre client du meilleur tarif applicable dans la classe souhaitée.**

5. **Vérifiez les conditions de modification du billet et communiquez-les à votre client.**

6. **Recherchez les disponibilités aux dates souhaitées par le client. Communiquez au client les informations relatives aux vols aller et retour : horaires, aéroports de départ et d'arrivée, type d'appareil, durée du vol.**

7. **Déterminez le prix à payer par le client pour des vols sélectionnés et précisez le nombre de bagages inclus dans le tarif.**

>>>

3e demande client

Le directeur de l'entreprise SOMEPRO SA doit se rendre, avec un collaborateur, à Tokyo au départ de Paris le 25 mars pour un rendez-vous d'affaires. Il souhaite un vol direct et d'une durée la plus courte possible, en première classe. La compagnie aérienne devra faire partie de l'alliance OneWorld.

8. **Choisissez le vol adapté à la demande du client : renseignez celui-ci sur le nom de la compagnie retenue, le ou les aéroports et terminaux de départ et d'arrivée, les horaires de départ et d'arrivée, ainsi que la durée des vols.**

9. **Indiquez si un repas ou une collation seront servis durant les vols.**

10. **Déterminez le tarif des vols retenus et précisez le nombre de bagages inclus.**

11. **Communiquez au client des informations pratiques sur sa destination : distance entre l'aéroport d'arrivée et le centre-ville, décalage horaire, monnaie locale, température à Tokyo au mois de mars.**

4e demande client

Un consultant de l'entreprise ExpertPlus vous consulte pour un trajet en train au départ de Nantes : il est attendu le 12 avril en début de matinée à Marseille. Il souhaite un retour le 16 avril, avec une arrivée à Nantes dans l'après-midi. Il souhaite un billet flexible et veut voyager dans des conditions de confort optimales.

12. **Sélectionnez les trajets aller et retour, puis communiquez au client les horaires et les correspondances éventuelles.**

13. **Choisissez l'offre tarifaire le plus adaptée, en argumentant votre choix.**

14. **Indiquez à votre client le coût total du trajet A/R.**

CHAPITRE

VERS PIX **1.1** Mener une recherche et une veille d'information
5.2 Évoluer dans un environnement numérique

6 Concrétiser une vente de produit touristique

TÂCHES

- → Présenter les conditions générales et particulières de vente selon la législation en vigueur
- → Établir le contrat de vente touristique
- → Réserver les prestations touristiques
- → Produire une facture

COMPÉTENCES

- → C7. Finaliser la vente
- → C8. Respecter les règles juridiques, éthiques et déontologiques

SITUATION PROFESSIONNELLE

Vous êtes conseiller(-ère) en voyages au sein de l'agence Ailleurs Voyages, située à Lyon. Séjours, circuits, croisières, vols, hôtels ou voyages sur mesure sont proposés à une clientèle majoritairement familiale par une équipe de 3 conseillers en voyage, dont votre responsable d'agence.
Un client potentiel vous a sollicité(e) *via* le formulaire de contact du site Web de l'agence. Suite à sa demande, vous lui avez proposé un circuit accompagné en Islande afin d'observer les aurores boréales, qu'il a accepté. Il part seul depuis Lyon et dispose d'une semaine de vacances qu'il peut choisir à sa convenance avant la fin de l'année.

VOTRE MISSION

Vous avez fixé un rendez-vous avec votre client afin de finaliser la vente du circuit proposé. Vous l'accueillez ce matin dans votre agence.

TRAVAIL À FAIRE

I Communiquer les informations précontractuelles

Vous avez sélectionné un circuit accompagné d'une durée de 6 jours/5 nuits extrait de la brochure « Circuits et séjours » du voyagiste Voyamar, pour un départ le 20 novembre. Vous présentez les caractéristiques du circuit à votre client, Pierre Lillo, et lui remettez plusieurs documents d'information.

1. Informez votre client sur les principales caractéristiques de son voyage en complétant l'annexe 2. Toutes les informations obligatoires figurent-elles sur le programme ?

➲ Annexes 1 et 2
➲ Fiche ressource 1

2. Déterminez le formulaire d'information standard obligatoire à remettre au client. Justifiez votre réponse.

➲ Annexe 3

3. Indiquez à M. Lillo les formalités de police et de santé qu'il devra accomplir pour effectuer son voyage, à l'aide des sites diplomatie.gouv.fr et pasteur.fr.

4. Présentez l'assurance voyage April proposée par le voyagiste :
– définissez les éléments suivants : prestations, montant des garanties, franchise ;
– citez les différents risques couverts avant le départ ;
– si M. Lillo voit ses dates de congé annulées par son employeur 15 jours avant le départ, sera-t-il intégralement remboursé par l'assurance du prix de son séjour ?

➲ Annexe 4
➲ Fiche ressource 2

Votre client vous indique qu'il possède une carte American Express Gold, lui apportant une garantie annulation pour son voyage.

5. Lui conseillez-vous néanmoins de souscrire l'assurance April ? Argumentez.

➲ Annexe 5

Votre client est séduit par votre proposition, mais souhaite encore réfléchir quelques jours avant de prendre sa décision.

6. Indiquez la démarche à effectuer dans cette situation.

7. Listez les documents à remettre à votre client pour respecter votre obligation précontractuelle d'information.

II Établir le contrat de vente du forfait touristique

M. Lillo revient vous voir en fin de semaine. Après réflexion, il accepte votre proposition et aimerait réserver son voyage : il souhaite dormir dans une chambre individuelle et souscrire à l'option « Chasse aux aurores boréales en Jeep ».

8. Calculez le prix de son voyage (hors assurance).

9. Déterminez le montant de l'acompte que M. Lillo doit verser, ainsi que la date à laquelle le solde devra être réglé.

➲ Annexe 6

10. Complétez le contrat de voyage à l'aide des informations dont vous disposez. — Annexes 7 et 8

III Encaisser et réserver les prestations touristiques

Votre agence est équipée du logiciel de gestion et de facturation MB3M. Pour finaliser la vente, vous procédez à l'encaissement et à la réservation du circuit. M. Lillo souhaite régler en chèques-vacances.

11. Rappelez le fonctionnement du chèque-vacances, puis déterminez si vous pouvez accepter ce mode de paiement. — Fiche ressource 3

12. Complétez la facture correspondant à l'acompte versé. — Annexe 9

13. Par quels moyens allez-vous procéder à la réservation des prestations du voyage de M. Lillo ? — Annexe 10

IV Émettre des billets avec le GDS Amadeus

M. Lillo profite de sa visite pour vous demander de lui réserver un vol aller/retour pour Bordeaux, départ le 15 mai, retour le 24. Passionné de golf, il est attendu dans le cadre d'une compétition amateur, et il en profitera pour prolonger son séjour sur place. Votre client voulant voyager au meilleur prix, vous sélectionnez une compagnie low cost.

14. Renseignez votre client sur le tarif de son trajet, avec un bagage inclus.

15. Procédez à la réservation des vols aller et retour et constituez le PNR (*Passenger Name Record*, données du dossier passager). — Fiches ressources 4 et 5

M. Lillo souhaite amener avec lui son sac de golf. Par ailleurs, il préfère un siège côté hublot, à l'aller et au retour.

16. Accédez au catalogue des services et réservez les services payants demandés, sachant que M. Lillo règle ses billets par carte bancaire Visa.

17. Procédez à l'émission des différents billets.

ANNEXE 1 Présentation du circuit « Cap sur l'Islande en Hiver »

ISLANDE
Cap sur l'Islande en Hiver

6 jours/5 nuits **1 599 € TTC**

JOUR 1 FRANCE > REYKJAVIK
Envol pour Reykjavik. Transfert à l'hôtel. Temps libre (selon vols) pour visiter la capitale. Dîner libre. Nuit.

JOUR 2 REYKJAVIK > CERCLE D'OR > SELFOSS *(250 km)*
Visite du Centre des Aurores Boréales puis passage au lac de Laugarvatn et au Parc National de Thingvellir classé au patrimoine mondial de l'UNESCO. Découverte de la serre familiale de Friðheimar. Déjeuner libre. Exploration du site des geysers, du Strokkur et de Gullfoss : « la chute d'Or ». Promenade sur le site. Enfin, détente au lagon secret. Hôtel et dîner. Vers 22 h, chasse aux aurores boréales (après étude minutieuse des conditions météorologiques). Nuit.

JOUR 3 SELFOSS > CÔTE SUD > RÉGION DE VIK *(200 km)*
Départ vers la côte sud. Arrêt à la cascade de Seljalandsfoss. Visite du Lava Center : musée interactif sur la vie des volcans. Continuation vers Skogafoss, vue sur le volcan Eyjafjöll et la chute de Skogafoss. Déjeuner libre. Passage par Dyrholaey. Enfin, promenade sur la plage de sable noir de Reynisfjara. Dîner et nuit.

JOUR 4 RÉGION DE VIK > SKAFTAFELL > JOKULSARLON > RÉGION DE VIK *(350 km)*
Parc National de Skaftafell et Skaftafellsjökull : observation des langues du glacier se répandant sur la rive. Déjeuner libre. Continuation vers le célèbre lagon du glacier Jökulsarlon où vous verrez de lumineux icebergs dériver. Dîner à l'hôtel. Vers 22 h, chasse aux aurores boréales. Nuit.

JOUR 5 RÉGION DE VIK > PÉNINSULE DE REYKJANES > REYKJAVIK *(250 km)*
Visite de Hveragerdi. Puis découverte de la péninsule de Reykjanes avec champs et tunnels de lave. Déjeuner. Retour à Reykjavik, temps libre. Dîner libre.

JOUR 6 REYKJAVIK > FRANCE
Temps libre avec possibilités d'options jusqu'au départ (selon vols). Transfert à l'aéroport et envol pour la France.

VOS OPTIONS

Blue Lagoon (J1 ou 6 selon horaires des vols) - 180 €
Bain d'eau chaude aux vertus dermatologiques. Inclus : serviette, cocktail, masque visage, navette.

Chasse aux aurores boréales en Jeep (4 h J1 ou 5 anglophone) 21 h - 230 €
(sous réserve de bonnes conditions météorologiques)

Croisière Aurores Boréales (2-3 h J1 ou 5 anglophone sans transfert) 21 h - 105 €
(sous réserve de bonnes conditions météorologiques)

Chasse aux aurores boréales en autocar local (4 h J1 ou 5 anglophone) 20 h - 75 €
(sous réserve de bonnes conditions météorologiques)

VOUS AIMEREZ

>> 2 chasses aux aurores boréales incluses
>> Découverte de la cascade de Gullfoss et du geyser Strokkur
>> Baignade dans les eaux chaudes du lagon secret
>> Glacier Jökulsarlon et ses icebergs

CIRCUIT *Découverte originale*

Prix TTC par pers. - Départs garantis de 2 à 50 participants.

DATES / VILLES				Paris	Lyon, Nice, Genève, Marseille, Toulouse, Bruxelles, Luxembourg	Bordeaux, Nantes, Mulhouse, Strasbourg, Lille, Montpellier
Oct.	23	30		1 699	1 989	1 989
Nov.	06			1 599	1 889	1 889
	20			1 649	1 939	1 939
	27			1 679	1 969	1 969
Janv.	22	29				
Fév.	05	13	19	1 699	1 989	1 989
	27					
Mars	04	12	18			
	26					

Hôtels sélectionnés ou similaires
Reykjavik : Hôtel Klettur 3*
Région du Cercle d'Or : Hôtel Selfoss 3*
Région sud : Hôtel Dyrholaey

Compagnies aériennes susceptibles d'être utilisées
Icelandair ou autres
NOS PRIX COMPRENNENT : les vols directs Paris / Reykjavik / Paris ; les taxes aéroports et frais de dossier : 275 €. Logement en hôtel 3* NL 5 petits-déjeuners, 3 dîners (les jours 2, 3 et 4). Les transferts aéroport / hôtel / aéroport avec assistance. Les transferts en autocar privatif pour le programme du jour 2 au jour 5. Un guide accompagnateur francophone du jour 1 au jour 6 (si – de 19 participants, un guide/chauffeur accompagnateur). Les visites et entrées selon programme.
NOS PRIX NE COMPRENNENT PAS : les assurances, les frais annexes et dépenses personnelles, les boissons, les pourboires, les déjeuners, les dîners des jours 1 et 5.
RÉDUCTIONS/SUPPLÉMENTS : sup. chambre individuelle : 539 €.

Voyamar

ANNEXE 2 Caractéristiques du voyage à communiquer au client

Destination	
Itinéraire	
Dates	
Nombre de nuitées	
Transport	

>>>

Hébergement	
Repas	
Visites et excursions	
Taille du groupe	
Langue utilisée	
Accessibilité aux personnes à mobilité réduite	
Nombre minimal de personnes requis pour le voyage	
Prix total incluant les taxes et tous les frais, redevances et autres coûts supplémentaires	

ANNEXE 3 À propos des formulaires d'information obligatoires à remettre aux voyageurs avant la vente d'un séjour

[Depuis le] 1er juillet 2018, les professionnels sont tenus de remettre aux voyageurs un formulaire d'information obligatoire avant la vente d'un séjour.
Il existe plusieurs variantes de ce formulaire. Son contenu diffère selon le type de prestation vendue (forfait, prestation sèche…) et le canal de distribution (agence physique / Web). Le formulaire doit être complété avec le nom du professionnel, ainsi que le nom et les coordonnées de son garant financier. Il ne peut faire l'objet d'autres modifications.
Certains formulaires d'information prévus par le législateur concernent uniquement les transporteurs (compagnies aériennes) qui favorisent la vente de services de voyages supplémentaires sur leur site.
Par souci de clarté, seuls les formulaires concernant les détaillants et les organisateurs qui vendent en direct au consommateur final sont accessibles *via* cette note.
Vous trouverez ci-dessous les formulaires d'information susceptibles de concerner votre activité. […]
– Partie A : Formulaire d'information pour les voyages à forfait conclus en ligne
– Partie B : Formulaire d'information pour les voyages à forfait conclus en agence
– Partie C : Formulaire d'information pour les forfaits conclus en « Click-through »
– Partie D : Formulaire d'information pour les services de voyages (autres que le transport sec) qui ne sont pas inclus dans un forfait
NB : il n'existe pas de formulaire pour la vente de transport sec.

http://www.snavmed.org

ANNEXE 4 Extrait des conditions d'assurance April

MULTIRISQUE : l'assurance qui vous couvre avant, pendant et après votre voyage !

- Avant mon départ : annulation de voyage, vol manqué
- Pendant mon voyage : retard aérien, bagages, responsabilité civile, individuelle accident, assistance rapatriement, frais médicaux, retour impossible
- Après mon retour : interruption de voyage

TABLEAUX DES MONTANTS DES GARANTIES

Prestations	Montants TTC maximum/personne	Multirisque « Confiance »	Annulation « Confiance »
Annulation de voyage • Maladie, accident ou décès • En cas d'attentat ou de catastrophe naturelle survenant à destination • En cas de faillite de la compagnie aérienne • En cas de grève du personnel de la compagnie aérienne • Toutes autres causes justifiées et imprévisibles	• 16 000 €/personne et 40 000 €/événement • Aucune franchise • Franchise de 10 % de l'indemnité avec un minimum de 50 €/personne	■	■
Vol manqué • Prise en charge d'un nouveau billet d'avion dans le cas d'un départ dans les 24 heures	• Maximum 50 % du montant total de votre forfait initial ou 80 % du montant total de votre vol sec	■	■
Retard aérien > 4 heures	• 10 % du montant du voyage avec un maximum de 250 €	■	
Bagages • Vol, destruction totale ou partielle, perte pendant l'acheminement • Retard de livraison de bagages supérieur à 24 h	• 2 000 €/personne (franchise de 30 €/dossier) • 150 €/personne	■	
Interruption de voyage • Suite à un retour anticipé • Suite à un rapatriement médical	• *Prorata temporis* • Valeur du voyage initial	■	
Responsabilité civile ➡ Franchise	• 1 000 000 € TTC/personne • 75 €/sinistre	■	
Individuelle accident	• 7 500 € maximum/personne et 70 000 €/événement	■	

Assurance April, Brochure hiver 2019 / printemps 2020.

ANNEXE 5 Extrait de la garantie annulation voyage American Express Gold

LA GARANTIE ANNULATION	Carte American Express Gold
Détails de la garantie	
Plafond	4 500 €
Franchise maximum	10 % du coût du voyage
Motifs d'annulation	
Toutes causes justifiées	NON
Dommage matériel au domicile ou local professionnel	OUI
Annulation d'un compagnon de voyage	NON

ANNEXE 6 Extraits des conditions particulières de vente Voyamar

ARTICLE 2 – MODALITÉS DE RÈGLEMENT
L'inscription à l'un de ces voyages implique l'acceptation des conditions particulières figurant sur cette brochure. Elle est accompagnée d'un acompte de 45 %. Le solde est payable, au plus tard, 30 jours avant le départ, faute de quoi VOYAMAR sera en droit de résilier le contrat sans que l'acheteur puisse prétendre au remboursement de son acompte ni à une quelconque indemnité. Dans ce cas, il est considéré comme ayant annulé son voyage, entraînant l'application des frais d'annulation transmis à l'agence, conformément aux présentes conditions d'annulation de l'ARTICLE 4.

Attention : le paiement intégral est exigible à l'inscription :
– lorsque l'inscription a lieu à moins de 31 jours du départ ;
– pour les prestations de voyage sur mesure, escapade (package dynamique comprenant un vol low cost ou vol régulier à prix promotionnel et/ou une prestation terrestre nécessitant un règlement immédiat) ;
– pour l'achat de vols secs sur des compagnies régulières exigeant une émission immédiate.

Voyamar.fr

ANNEXE 7 Informations clients

Nom : M. Pierre LILLO
Adresse : 20 rue des Lilas 42000 Lyon
Situation familiale : célibataire
Âge : 67 ans
Téléphone : 06 01 01 01 02
Mail : p.lillo@gmail.com
Nationalité : française
Type : nouveau client
Contact : formulaire de contact site Internet agence

ANNEXE 8 Contrat de voyage

<table>
<tr><th colspan="3">Contrat de vente de forfait touristique n° 002019134</th></tr>
<tr><td rowspan="2">ailleurs groupes</td><th>Agence</th><th>Généralités</th></tr>
<tr><td>Ailleurs Voyages
Licence : 005.95.0046
11 avenue Jean Médecin
42000 Lyon</td><td>Date :
Offre préalable communiquée au client :</td></tr>
<tr><th colspan="2">Voyageurs</th><th>Client</th></tr>
<tr><td colspan="2">Nom Prénom :
Nom Prénom :</td><td>Nom Prénom :
Adresse :
Tél. :
Mail :</td></tr>
<tr><th colspan="3">Transport</th></tr>
<tr><td colspan="2">Type de transport :</td><td>Nom du transporteur :</td></tr>
<tr><td colspan="2">Départ le :</td><td>Retour le :</td></tr>
</table>

Organisateur	Assurances
Fournisseur : Référence brochure :	Multirisques ☐ Refusée par le client ☐ Annulation ☐
Destinations	**Conditions d'annulation et modification**
Pays : Séjour : Circuit :	Du fait du client (sur le prix total du séjour et par personne). La résiliation du présent contrat devra être notifiée par lettre recommandée avec accusé de réception auprès de l'agence. 45 € plus de 30 jours avant le départ 25 % de 30 à 21 jours avant le départ 50 % de 20 à 8 jours avant le départ 75 % de 7 à 2 jours avant le départ 100 % de 1 jour au jour du départ
Hébergement (NL) aux normes locales	*RÉVISION PRIX : consulter la brochure.*
Mode : Nom :	Catégorie (NL) :

Tarification (EUROS)

Libellé des prestations	PU	Nombre	Total

Formalités	Total commande Total des encaissements Solde à régler	
Santé		

Il appartient au client de vérifier la validité des documents et vaccins ci-dessus mentionnés. Pour les non-ressortissants français, prière de consulter les autorités compétentes (consulat/ambassade). ***RÉSERVES DU VENDEUR : Aucune réserve.***	<u>Solde à régler au plus tard le sans escompte et sans rappel de notre part sous peine de résiliation.</u> ***OBSERVATION CLIENT : Pas d'observation client.***

IMPORTANT : Le voyage peut être annulé par l'organisateur si un nombre minimum de 2 participants n'est pas inscrit le

Le présent contrat peut être cédé à l'identique à un tiers, selon les modalités fixées par la brochure de l'organisateur, à condition d'en informer le vendeur par lettre recommandée avec accusé de réception.

Je soussigné, M. , agissant pour moi-même et pour le compte des personnes inscrites, certifie avoir pris connaissance des conditions générales et particulières de vente.

Contrat établi en 2 exemplaires originaux, dont un est remis au signataire de ce contrat.

Le	Le
Signature du vendeur	Signature de l'acheteur (Lu et approuvé)

Ailleurs Voyages – Société par actions simplifiées – Siège social : 11 avenue Jean Médecin – 42000 Lyon – Immatriculation Atout France n° 005.95.0046

ANNEXE 9 Facture à compléter

Ailleurs Voyages
11 avenue Jean Médecin
42000 Lyon
Tél. : 04 72 XX XX XX
Immatriculation n° IM005.95.0046
RCS B 254 452 336

Facture n° VT90505420 du .... Client : ....

Libellé prestation : .... Code prestation : ....

PRESTATIONS

Libellé	Prix unitaire	Quantité	Montant
Acompte Paiement par CB le			
Reste à payer avant le			

Conformément à l'article 441-6 du Code de commerce modifié par la loi n° 2008-776, art. 92, un intérêt de retard sera demandé pour tout paiement effectué au-delà de la date d'échéance par application d'un taux égal à trois fois le taux de l'intérêt légal.

ANNEXE 10 Site B2B Voyamar

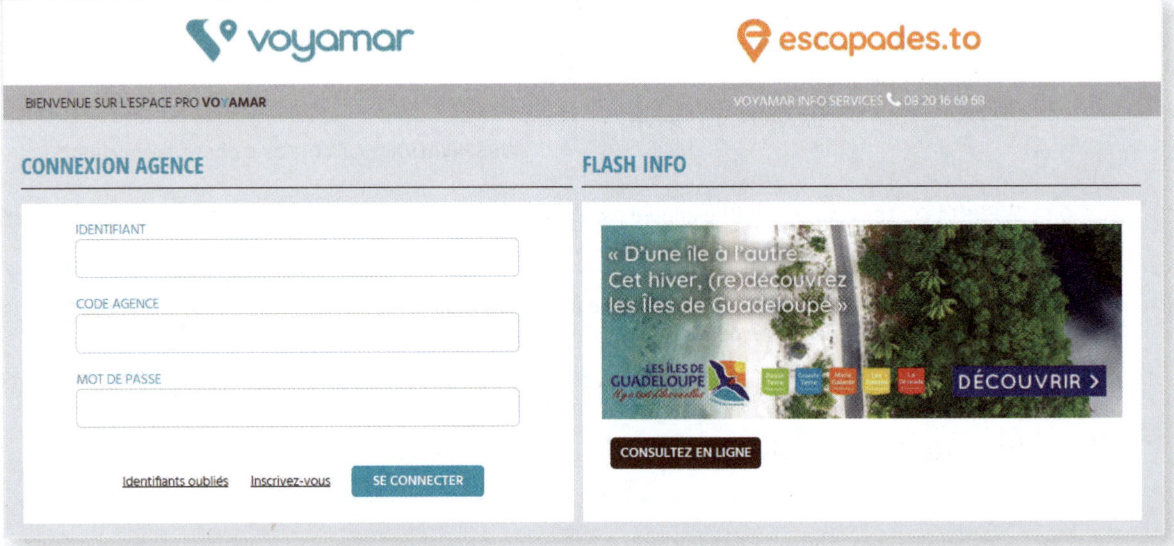

FICHE RESSOURCE

1 L'obligation précontractuelle d'information

Le nouveau Code du tourisme, issu de la transposition en droit français de la Directive européenne sur les voyages à forfait et les prestations de voyage liées (DVAF), introduit de nouvelles notions et obligations pour les agences de voyages et apporte une meilleure protection au consommateur, y compris durant la période précontractuelle.

I L'information et le conseil avant la vente : une obligation légale

Selon l'article L211-8 du Code du tourisme, le vendeur de voyages, placé en contact direct avec le voyageur, se trouve soumis à une obligation générale d'information et de conseil, y compris lors de la phase préalable à la conclusion du contrat d'un forfait touristique.

Le vendeur de voyages est ainsi tenu de fournir toutes les informations sur les données essentielles à la réalisation du voyage. En pratique, ces informations figurent généralement dans la brochure (papier ou sur le site Internet du voyagiste) mise à la disposition des consommateurs, et dans les conditions générales de vente (CGV).

La charge de la preuve concernant le respect des obligations d'information incombe au professionnel.

II Les informations à communiquer au client

Juridiquement, l'information précontractuelle a la valeur d'une offre à laquelle le Code du tourisme donne une force obligatoire. Elle doit ainsi comporter tous les éléments du futur contrat. Le professionnel doit informer le voyageur préalablement à la conclusion du contrat des caractéristiques principales des prestations proposées relatives au transport et au séjour, des coordonnées du détaillant et de l'organisateur, du prix et des modalités de paiement, des conditions d'annulation et de résolution du contrat, des informations sur les assurances ainsi que des conditions de franchissement des frontières.

Ces informations sont présentées d'une manière claire, compréhensible et apparente. Lorsque ces informations sont présentées par écrit, elles doivent être lisibles (article L211-8).

Les points obligatoires de l'information préalable écrite

1. Caractéristiques principales des services de voyage : destination, itinéraire, dates, nombre de nuitées, transport, hébergement, repas, visites et excursions, taille du groupe, langue utilisée, accessibilité aux personnes à mobilité réduite, etc.
2. Dénominations sociales et coordonnées de l'organisateur et du détaillant
3. Prix total incluant les taxes et tous les frais, redevances et autres coûts supplémentaires
4. Modalités de paiement
5. Nombre minimal de personnes requis pour le voyage
6. Conditions applicables en matière de passeports et de visas
7. Résolution du contrat
8. Assurances obligatoires ou facultatives
9. Exigences particulières du voyageur
10. Responsabilité du professionnel de la bonne exécution de tous les services de voyage compris dans le contrat et aide au voyageur en difficulté
11. Nom et coordonnées de l'entité chargée de la protection contre l'insolvabilité
12. Nom et coordonnées du représentant local du professionnel ou d'un point de contact
13. Communication de toute non-conformité
14. Informations pour contacter les mineurs

>>>

15. Procédures internes de traitement des plaintes et mécanismes de règlement extrajudiciaire des litiges
16. Informations sur le droit du voyageur de céder son contrat à un autre voyageur

III Modification des informations précontractuelles

Les informations précontractuelles communiquées au voyageur font partie intégrante du contrat et ne peuvent pas être modifiées, sauf accord des parties. Le professionnel doit communiquer toutes les modifications relatives aux informations précontractuelles au voyageur, de façon claire, compréhensible et apparente, avant la conclusion du contrat.

Si l'agent de voyages n'a pas satisfait aux obligations d'information concernant les frais, redevances ou autres coûts supplémentaires avant la conclusion du contrat, le voyageur n'en est pas redevable.

L'information préalable engage le vendeur (article L211-9 du Code du tourisme), notamment dans l'hypothèse d'une information erronée.

IV Le formulaire d'information standard

Un formulaire d'information standard prévu en annexe de la DVAF et rappelant les droits des voyageurs doit obligatoirement être remis par le professionnel au client avant la vente d'un voyage ou séjour. Il existe plusieurs types de formulaires selon le type de prestation vendue (forfait, vente liée, prestation sèche…) et le canal de distribution (agence physique / Web).

Le formulaire doit être complété avec le nom du professionnel, ainsi que le nom et les coordonnées de son garant financier. Il ne peut faire l'objet d'autres modifications.

Exemple :

Formulaire d'information standard pour des contrats de voyage à forfait

La combinaison de services de voyage qui vous est proposée est un forfait au sens de la directive (UE) 2015/2302 et de l'article L211-2 II du Code du tourisme. Vous bénéficierez donc de tous les droits octroyés par l'Union européenne applicables aux forfaits, tels que transposés dans le Code du tourisme. La société CLUB MED et, le cas échéant, le détaillant seront entièrement responsables de la bonne exécution du forfait dans son ensemble. En outre, comme l'exige la loi, la société CLUB MED et, le cas échéant, le détaillant disposent d'une protection afin de rembourser vos paiements et, si le transport est compris dans le forfait, d'assurer votre rapatriement au cas où elles deviendraient insolvables.

FICHE RESSOURCE

2 Les contrats d'assurance liés au voyage

L'agent de voyages a l'obligation légale de proposer une assurance au consommateur préalablement à l'élaboration du contrat de vente. La proposition de l'assurance doit se caractériser par un acte écrit. La souscription d'une assurance par le consommateur est en revanche facultative.

I Le contrat d'assurance voyage

1 Définitions

L'assurance garantit un risque et se traduit par une indemnisation financière en réparation de préjudices subis par le voyageur.

- L'assurance voyage est un contrat écrit qui permet au voyageur de bénéficier d'une indemnisation ou d'une prestation en cas de réalisation d'un risque.
- Le contrat comporte un ensemble de garanties pour couvrir le voyageur des risques qui peuvent survenir avant et pendant son voyage ou séjour, en France ou à l'étranger. Ces garanties sont variables selon le contrat souscrit.
- Les indemnités ou compensations financières versées par l'assureur après un sinistre, pour réparer le préjudice subi par l'assuré ou la victime, sont généralement limitées (plafond de garantie).
- La franchise correspond à la part des frais qui reste à la charge de l'assuré après un sinistre.

2 La souscription du contrat par le client

Le contrat est conclu généralement en même temps que la réservation et nécessite le paiement d'une prime fixe ou proportionnelle au prix du voyage, qui correspond au coût de l'assurance. La loi interdit d'inclure l'assurance dans le prix du forfait : il s'agit d'un produit complémentaire dont la souscription est facultative par le client. En cas de refus, une mention écrite le stipulant doit figurer dans le contrat (case à cocher « assurance refusée par le client », par exemple). En cas de souscription par le client, le contrat écrit signé ainsi que la notice d'assurance doivent être remis au client.

II Les différents types d'assurance voyage

1 L'assurance assistance

L'assistance permet au voyageur de bénéficier sur son lieu de séjour de différents services ainsi que d'une aide concrète et immédiate en espèces ou en nature dans une situation d'urgence. L'assistance voyage inclut une série de garanties pour aider l'assuré lorsqu'il se trouve en difficulté à destination :

– **assistance médicale :** rapatriement sanitaire, présence d'un proche en cas d'hospitalisation à l'étranger, retour anticipé en cas de maladie, envoi de médicaments, etc. ;

– **assistance juridique :** mise à disposition d'un avocat, avance de caution pénale, etc.

2 L'assurance annulation

Elle garantit le remboursement du voyage si celui-ci doit être annulé. L'assurance annulation rembourse les frais d'annulation dus à l'agence par le client. Les causes généralement couvertes par une assurance annulation sont la maladie ou l'accident grave qui entraînent une hospitalisation ou un décès, le licenciement économique du voyageur ou de son conjoint, la destruction des locaux professionnels ou privés du voyageur, etc. Il faut être attentif aux nombreuses clauses d'exclusion qui figurent dans les contrats.

3 L'assurance bagages

Elle couvre les objets et effets personnels emportés par le voyageur ou achetés au cours de son voyage, en cas de vol, destruction totale ou partielle, perte pendant l'acheminement par une entre-

>>>

prise de transport. De nombreux objets peuvent être exclus de cette garantie : les objets fragiles, les instruments de musique, les prothèses, l'argent liquide...

4 L'assurance multirisques

Il s'agit d'une assurance « tout inclus », qui associe les assurances assistance, annulation et bagages, ainsi que la couverture de certains risques correspondant aux besoins du voyageur ou dont la survenance peut être liée au contexte.

Exemple : l'assurance voyage Covid-19 proposée par Europ Assistance couvre l'annulation du voyage en cas d'infection par la Covid-19 avant le départ de l'un des assurés (test PCR positif), le rapatriement médical sur décision des médecins Europ Assistance en cas de Covid-19 déclarée à l'étranger, le retour anticipé en cas d'atteinte d'un proche d'une forme grave de la Covid-19, etc.

III Les garanties liées aux cartes bancaires

La carte bancaire comprend des garanties voyage pour le titulaire et ses proches : assistance rapatriement, assurance décès-invalidité, etc. Les niveaux de garantie diffèrent selon les cartes et les établissements bancaires.

1 Les couvertures des cartes bancaires

- Les **cartes classiques** (Visa, Mastercard classiques) n'apportent aucune couverture en cas d'annulation de voyage ou d'assurance bagages. La responsabilité civile n'est également pas prise en charge. Ces cartes n'offrent qu'une assistance limitée au rapatriement et à la prise en charge plafonnée des frais médicaux.
- Les **cartes bancaires haut de gamme** (Visa Premier, Gold Mastercard) : certaines causes d'annulation de voyage sont couvertes (décès ou maladie grave de l'assuré ou d'un proche, licenciement ou préjudice grave au domicile, par exemple) dans la limite de 5 000 €/personne/an ; l'assurance bagages n'est valable qu'en transport : la prise en charge de la responsabilité civile est plafonnée.
- Les **cartes de luxe** (Visa Infinite, Mastercard Platinum, Mastercard World Elite) proposent des garanties encore plus étendues : interruption de séjour, retard d'avion ou de train, avance en cas de perte des moyens de paiement. Par ailleurs, les plafonds de remboursement sont plus élevés en cas de réalisation d'un risque.

2 Une assurance voyage en plus de la carte bancaire ?

Il est important de prendre connaissance du contrat de la carte bancaire afin de vérifier les mentions relatives aux garanties incluses (ou non), aux plafonds d'indemnisation, aux faits générateurs qui déclenchent les garanties, aux cas d'exclusion et aux franchises éventuelles.
En général, une assurance voyage proposée par le tour-opérateur apporte des garanties supplémentaires ainsi que des plafonds de remboursement plus élevés. L'agent de voyages devra conseiller au mieux son client en fonction de la carte bancaire détenue et de la nature du voyage envisagé.
La loi Consommation (dite « loi Hamon ») du 17 mars 2014 crée de nouvelles obligations pour encadrer la vente de produits d'assurance voyage : l'agent de voyages est tenu de vérifier que le voyageur n'est pas déjà couvert par un autre contrat avec des garanties proches afin de lutter contre la multi-assurance.

FICHE RESSOURCE

3 Les instruments de paiement

À côté des modes de paiement classiques, le voyageur dispose d'instruments de paiement qui lui sont spécifiquement dédiés, pouvant être utilisés en France et/ou à l'étranger.

I Les principaux moyens de paiement

1 Le paiement en espèces

C'est le seul mode de paiement qui ne peut être refusé, dans la limite des cas et plafonds prévus par la loi (1 000 €). Ce mode de paiement est plutôt adapté pour les petites sommes ou pour l'achat d'excursions à l'étranger. Certaines monnaies ne sont pas convertibles : pour les obtenir, il est nécessaire de recourir à un distributeur automatique de billets ou à un bureau de change à l'étranger. Le principal risque est la perte ou le vol, sans possibilité de remboursement.

2 Le chèque

Il est soumis à certaines règles : l'émetteur doit y porter la somme en chiffres et en lettres, le nom du bénéficiaire doit être lisible, le chèque doit être daté du jour de sa rédaction et signé. Le commerçant peut refuser ce mode de paiement, à condition d'en informer au préalable sa clientèle, ou exiger la présentation d'une ou deux pièces d'identité portant la photographie du signataire. La durée de validité d'un chèque est de 1 an et 8 jours.

3 Le virement et le prélèvement bancaire

Ce sont des opérations permettant un transfert d'argent interbancaire de compte à compte. Dans le cas du virement, le détenteur du compte demande à sa banque de transférer une somme d'argent au bénéficiaire. Le prélèvement consiste, pour le bénéficiaire, à débiter directement le titulaire d'un compte, après son autorisation préalable (formulaire d'autorisation de prélèvement signée).

4 La carte bancaire

Moyen de paiement le plus utilisé en France, il permet de régler un achat chez un commerçant ou à distance, en France comme à l'étranger, dans la limite d'un plafond. L'e-carte permet d'effectuer des paiements sécurisés sur Internet grâce à un code unique et un montant défini à l'avance auprès de son banquier.

II Les moyens de paiement spécifiques du voyageur

1 Le chèque de voyage

Le chèque de voyage (ou *traveller's cheque*) est un chèque nominatif imprimé dans la devise de son choix pour un montant déterminé, et échangeable auprès d'une banque ou d'un bureau de change contre des espèces, en France et à l'étranger. Il peut être accepté en paiement par certains commerçants. Il est obtenu auprès d'une banque en échange de son règlement. Il doit être signé par l'acheteur.

- **Avantages :** mode de paiement simple d'utilisation et sécurisé, ne comportant pas de date d'expiration. En cas de perte ou de vol, il est entièrement remboursé.
- **Inconvénients :** il n'est disponible que dans 5 devises et ne peut être utilisé que par la personne émettrice. Des frais de commission de 1 à 2 % peuvent être appliqués par la banque. Ce moyen disparaît au profit des cartes bancaires internationales.

>>>

2 Le chèque-vacances

Il s'agit d'un titre de paiement prépayé qui se présente comme un chèque, d'une valeur de 10 à 50 €. À vocation sociale, les chèques-vacances sont gérés par l'Agence nationale pour les chèques-vacances (ANCV) et attribués sur la base de critères sociaux, afin de favoriser le départ du plus grand nombre. Les familles à faible revenu ou les salariés contribuent partiellement par leur épargne à leur financement.

- **Avantages :** utilisable toute l'année pour des prestations touristiques de voyages et de loisirs en France (y compris les départements et régions d'outre-mer) et à destination des pays de l'Union européenne, valable 2 ans en plus de son année d'émission et échangeable en fin de validité, accepté par un large réseau de commerçants facilement reconnaissables grâce à l'autocollant apposé sur leur devanture.
- **Inconvénients :** non utilisable pour des destinations hors UE, limité au paiement des dépenses de loisirs ou vacances, pas d'opposition possible en cas de perte/vol.

Depuis 2020, le chèque-vacances peut s'utiliser sous format digital, avec le compte et l'application mobile de paiement Chèque-Vacances Connect : il est désormais possible de payer dès 20 €, au centime près, ses vacances et ses loisirs en France et à destination des pays de l'Union européenne dans toutes les situations de paiement : en face-à-face, sur Internet, par correspondance, sur borne automatique.

3 Le dispositif SEPA (*Single Euro Payments Area*)

Cet espace unique des paiements en euros permet de réaliser des transactions dans des conditions identiques quel que soit le pays européen. Ce dispositif facilite les transactions pour les touristes, en leur donnant la possibilité de payer par mensualités ou par acomptes leurs dépenses de voyage en utilisant un mandat initial unique. Les comptes bancaires et les banques sont identifiés selon un format international (IBAN, *International Bank Account Number*, et BIC, *Bank Identifier Code*). Ce dispositif est obligatoire pour tous les virements et prélèvements émis vers les pays de la zone euro.

FICHE RESSOURCE

4 Élaborer un dossier PNR (*Passenger Name Record*) avec Amadeus

Un dossier passager, ou dossier PNR (*Passenger Name Record*), contient l'ensemble des données personnelles du ou des passagers participant au voyage, ainsi que les éléments de réservation rattachés au dossier. Chaque dossier PNR comporte un code (ou numéro de PNR), constitué de 6 caractères alphanumériques.

La création du dossier PNR peut s'effectuer sous un mode cryptique, ou sous un mode graphique. Pour la réservation d'un trajet ferroviaire (Amadeus Rail Display), le mode graphique sera utilisé.

1 Les informations obligatoires du PNR

Informations	Exemples	Explications
1/ Le nom Format NM	NM1VERNEUIL/HENRI MR	NM Nb de pax NOM/PRENOM Titre : MR = Monsieur MRS = Madame MISS = Mademoiselle
Plusieurs passagers du même nom	NM2LAMOTTE/PAUL MR/HELENE MRS	Le nombre correspond au nombre de passagers portant le même nom.
Plusieurs passagers de noms différents	NM1DURAND/PIERRE1/DUPOND/ALAIN MR ou NM1DURAND/PIERRE MR NM1DUPOND/ALAIN MR	Possibilité de les saisir sur la même ligne ou de les saisir les uns après les autres
Famille avec enfant	NM3RAYNAUD/MARC MR/LEA MRS/KARINE (CHD/10JUN17)	Le système va automatiquement créer une rubrique SSR pour l'enfant (CHD) : SSR CHLD AF HK1/P3
Adulte avec bébé du même nom	NM1BLANC/LUCILLE MRS(INF/ANAE/18DEC20)	Le bébé (INF) ne compte pas pour un passager, il voyage sur les genoux de l'adulte auquel il est rattaché.
Adulte avec bébé de nom différent	NM1GARCIA/ESTELLE MRS(INF/RICHAUD/LEA/04JAN21)	Le bébé est rattaché à l'adulte, son nom est précisé.
2/ Le contact : AP Format AP ou APM- Format APE-	AP0415151515 APM-+33 6 35 43 55 43 APM-+33 6 35 43 55 43/P1 APE-richaud@gmail.com	Domicile Portable Permet de rattacher un numéro à un passager (ici passager 1). Adresse e-mail
3/ L'état de vente : TK Format TKOK Format TKTL Format TKXL	 TKOK TKTL02AUG TKXL12JUN	 Vente confirmée Vente avec option Option avec annulation automatique
4/ La signature : RF	RFsandrine	RF Texte libre (référence vendeur)
5/ Clôturer le dossier Format ET ou ER (noter le n° de PNR à 6 caractères)	ET ER RTref dossier ou RT/nom IG	Enregistrement et fermeture avec n° PNR (*End of Transaction*) Pour enregistrer et laisser ouvert (*End and Retrieve*) Pour retrouver un dossier Ignore les modifications et ferme le dossier.

>>>

2 Les informations complémentaires

Informations	Exemples	Explications
Remarque générale	RM texte libre RM LE CLIENT DOIT APPORTER SON PASSEPORT POUR FAIRE LE VISA	Remarque interne générale (124 caractères maximum)
Remarque confidentielle	RC texte libre RC CLIENTS VIP	Ne peut être vue que par l'agence de voyages ayant créé le dossier
Remarque sur le reçu d'itinéraire	RIR texte libre RIR BILLET NON MODIFIABLE	Remarque figurant sur le reçu d'itinéraire, envoyé au client
Message destiné à la compagnie aérienne	OS code compagnie texte libre OSAF PASSAGER PMR AIDE REQUISE A L'EMBARQUEMENT	Permet d'informer la compagnie aérienne.
Envoi de l'itinéraire par mail au client	IEP-EMLA	Envoi par mail de l'itinéraire (et non du billet)

3 La tarification du dossier PNR

Informations	Exemples	Explications
Tarification automatique	FXP FXT01/P1-2	Tarification avec création de TST (*Transitional Store Ticketing*) Sélection du tarif 01 pour les passagers 1 et 2
Tarification au meilleur tarif disponible dans la classe de transport réservée	FXB FXB/SBF	Tarification au meilleur tarif (avec rebooking automatique, c'est-à-dire changement de classe possible) *Idem* avec un bagage inclus
Tarification des services additionnels payants	FXG	Tarification des services réservés (affichage du catalogue des services avec le format FXK)

FICHE RESSOURCE

5 Réserver et émettre des billets en « *Light Ticketing* » avec Amadeus

Certaines compagnies low cost (EasyJet, Transavia...) font l'objet d'une procédure de réservation et d'émission spécifique :
- le mode de paiement doit s'effectuer obligatoirement par carte de crédit ;
- la réservation et l'émission doivent être effectuées de façon simultanée.

I La procédure de réservation (exemple : EasyJet)

1 Les classes de réservation

Les billets ne sont pas remboursables. Trois classes de réservation sont proposées :

- **W :** plein tarif (FLEXI), comprenant un bagage en soute (23 kg) et un grand bagage à main, le choix du siège à l'avant, l'embarquement prioritaire, le service coupe-file, un billet modifiable sans frais à +/- 1 jour, l'absence de frais de carte bancaire, etc. ;
- **B :** tarif spécifique aux agences de voyages (INCLUSIVE), avec un bagage en soute inclus (20 kg), le choix du siège (sauf à l'avant et issues de secours), absence de frais de carte bancaire, etc. ;
- **Y :** prix basique (STANDARD), avec un petit bagage à main inclus uniquement (les bagages en soute et le choix du siège sont des services payants), frais de carte bancaire, billet non modifiable.

Ces différentes classes ne peuvent pas être mélangées au sein d'un même PNR (*Passenger Name Record*, données du dossier passager).

2 La recherche de disponibilités

Il suffit d'ajouter le code compagnie à l'AN. Pour EasyJet, ajouter : **/AU2**

Exemple :

```
AN25JUNPARLON/AU2
** AMADEUS AVAILABILITY - AN ** LON LONDON.GB                    70 FR 25JUN 0000
 1   U28322  W9 B9 Y9            /CDG2D LGW N  0710     0725  T0-320        1:15
 2   U28326  W9 B9 Y9            /CDG2D LGW N  2055     2100  T0-320        1:05
 3   U22442  W9 B9 Y9            /CDG2D LTN    2155     2215  T0-319        1:20
*TRN*
```

3 Recherche de prix : le format ACW

Format de base : **ACWn° deligne/Bnombre de sièges**

Exemple : ACW1/B1 = pour consulter les tarifs du segment 1 pour 1 passager.

```
AWU225JUNCDGLGW/B1 -AC-
** U2 - EASYJET ** LGW GATWICK.GB                        ** EUR ** FR 25JUN 0000
 1 U2 8322  W9 CDG   LGW   0710   0725   0     ADT W          130.95
            B9                                 ADT B           85.69
            Y9                                 ADT Y           44.20
 2 U2 8326  W9 CDG   LGW   2055   2100   0     ADT W          130.95
            B9                                 ADT B           87.69
            Y9                                 ADT Y           46.20
NO MORE FLIGHTS
```

4 La constitution du PNR

Pour procéder à la réservation des segments souhaités : **SS1Y1**

À ce stade, les vols ne sont pas confirmés par la compagnie (statut NN) : l'émission sera nécessaire pour confirmer.

>>>

```
RP/MRSA12210/
RF SD
  1  U28322 Y 25JUN 5 CDGLGW NN1          0710 0725
     LIGHT TICKETING - EMISSION NECESSAIRE POUR CONFIRMER
*TRN*
```

Lors de l'élaboration du PNR, certains éléments sont obligatoires :
- les coordonnées de contact : adresse mail (APE), numéro de téléphone ;
- le numéro de carte de crédit ;

Exemple : FPCCVI4444333322221111/1022*CV737/HDURAND
FPCC : forme de paiement carte de crédit
VI : carte Visa
4444333322221111 : numéro de la carte
/1022 : date d'expiration au format MMAA
*CV737 : cryptogramme
/HDURAND : nom du porteur de la carte
- la réservation immédiate : TKOK.

```
--- RLR ---
RP/MRSA12210/MRSA12210          AA/SU  16APR21/1036Z   WSJ5AE
  1.NOM/PRENOM MR
  2  U28322 Y 25JUN 5 CDGLGW HN1        2D 0710 0725
     LIGHT TICKETING - ISSUANCE REQUIRED TO CONFIRM
  3 APE NOM@GMAIL.COM
  4 TK OK16APR/MRSA12210
  5 FP CCVI4444333322221111/0222*CV/HNOM
*TRN*
```

5 La tarification

Tarification des segments de vol : FXP
Tarification des services payants : FXG après accès au catalogue des services (FXK) et réservation.

II L'émission des billets

L'émission des billets doit s'effectuer de façon immédiate et simultanée : **TTP/TTM/RT**

Les billets passent du statut HN au statut HK : la réservation est confirmée et les billets émis (OK DOCUMENTS ISSUED).

```
--- TST TSM RLR ---
RP/MRSA12210/MRSA12210          AA/SU  16APR21/1111Z   WSJ5AE
  1.NOM/PRENOM MR
  2 /SVC U2 HK1 CCCH MRS 16APR
  3  U28322 Y 25JUN 5 CDGLGW HK1        2D 0710 0725
     LIGHT TICKETING - ISSUANCE REQUIRED TO CONFIRM
  4 APE NOM@GMAIL.COM
  5 APM 0612121212
  6 TK OK16APR/MRSA12210
  7 FA PAX 888-2401392559/LTU2/EUR44.20/16APR21/MRSA12210/000117
       45/S3
  8 FA PAX 888-6401088329/LTU2/EUR0.00/16APR21/MRSA12210/0001174
       5/S2
  9 FB PAX 0000000000 TTP/TTM/RT OK DOCUMENTS ISSUED/S3
 10 FB PAX 0000000001 TTP/TTM/RT OK DOCUMENTS ISSUED/S2
 11 FM PAX *C*0.00/0.00A/S3
 12 FP CCCAXXXXXXXXXXXX0007/1221*CV/HTEST/N019138
 13 FV PAX U2/S3
*TRN*
```

1 Délivrer aux clients l'information précontractuelle : le site B2B Costa Extra

Vous êtes conseiller(-ère) en voyages au sein d'une agence spécialisée dans les croisières. Vous recevez un couple de jeunes mariés, âgés de 29 et 31 ans, qui souhaitent effectuer une croisière aux Antilles pour leur voyage de noces. Ils souhaitent partir 2 semaines aux Caraïbes à la mi-décembre, au départ de la Martinique. Il s'agit de leur première croisière avec Costa. Vous leur proposez une cabine avec balcon, en formule « Total confort », assurance incluse.

1. **Argumentez auprès de vos clients en présentant les points forts des croisières Costa aux Antilles (document).**
2. **Procédez à l'élaboration du devis (sans transport) sur le site Costa Extra afin de le remettre à vos clients.**
3. **Énumérez les autres documents à transmettre aux jeunes mariés dans le cadre de votre obligation précontractuelle d'information.**
4. **À l'aide d'une recherche sur Internet, informez les clients sur les formalités sanitaires et de police à accomplir pour réaliser ce voyage.**
5. **Simulez cette situation de vente : présentez à l'oral les caractéristiques de la prestation (itinéraire, navire, cabine), les formalités et l'assurance ainsi que les détails du devis proposé.**

DOCUMENT Présentation de Costa, produit « Croisières Antilles »

Fiche produit
liennathan.fr/82ta7b

2 Connaître le dispositif « Seniors en vacances »

Vacances passion, partenaire reconnu de l'ANCV, accueille, depuis plus de 10 ans, 20 000 seniors dans ses villages vacances. Chaque année, toujours plus d'établissements Vacances passion sont sélectionnés par l'ANCV, gage de la qualité d'accueil et de la satisfaction des seniors. Cette année, ce sont 11 villages vacances, idéalement situés dans toute la France, éligibles au programme « Seniors en vacances » qui sont proposés.
Vous recevez un couple de retraités dans votre agence, qui souhaite réserver un séjour à Port Leucate.

1. **Présentez à vos clients le dispositif d'aide « Seniors en vacances » auquel participe Vacances passion (document 1).**

2. **Informez le couple sur la garantie d'annulation optionnelle (GAO, document 2) en répondant à ses questions :**
- **« À quoi sert cette garantie ? »**
- **« Serons-nous entièrement remboursés en cas de maladie ? Et en cas de confinement lié à la Covid-19 ? »**
- **« Comment faire pour demander le remboursement auprès de Vacances passion ? »**
- **« Quand devons-nous souscrire cette assurance ? »**

Vos clients acceptent votre proposition de souscrire à la GAO. Vous procédez à leur inscription pour un séjour du 19 au 23 octobre et leur présentez les modalités de paiement.

3. **À l'aide des informations que vous avez collectées sur vos clients (document 3), complétez le bulletin d'inscription (document 4).**

4. **Simulez à l'oral avec un(e) camarade la présentation du prix et des modalités de paiement du séjour : prix total, dates d'échéance et montants à régler.**

DOCUMENT 1 Présentation du dispositif « Seniors en vacances »

Financé par l'ANCV et soutenu par le Secrétariat d'État au Tourisme, le programme « Seniors en vacances » est mis en œuvre par l'ANCV depuis 2007.

Les objectifs du programme :
- Favoriser le départ en vacances des publics âgés
- Prévenir la perte d'autonomie, créer du lien social et rompre l'isolement
- Encourager le répit des aidants
- Renforcer les liens intergénérationnels
- Allonger la saison touristique

Le dispositif « Seniors en vacances » a pour vocation de rompre l'isolement des personnes âgées et de créer du lien social. Comment ? En leur faisant profiter de séjours de qualité, promesse d'évasion, de détente, dans une ambiance conviviale et chaleureuse ! Ainsi, ce programme offre l'opportunité aux seniors de bénéficier de vacances, pensées pour eux, à tarif préférentiel. Par ailleurs, les personnes non imposables peuvent bénéficier, sous conditions, d'une aide financière au départ pouvant représenter jusqu'à 50 % du prix du séjour.

www.ancv.com

DOCUMENT 2 Garantie d'annulation optionnelle (GAO)

1. De quoi s'agit-il ?

La garantie annulation optionnelle permet à l'adhérent le remboursement des sommes retenues par VACANCES PASSION, conformément aux conditions de résolution (annulation) précisées dans nos conditions générales de vente, lorsque l'adhérent doit résoudre (annuler) tout ou partie de son voyage ou son séjour pour des raisons de maladie ou d'accident dûment certifiées.

Par « accident », on entend une atteinte corporelle non intentionnelle de la part de la victime provenant de l'action soudaine d'une cause extérieure et lui interdisant tout déplacement par ses propres moyens.

Par « maladie », on entend une altération de santé constatée par une autorité médicale compétente, interdisant de quitter la chambre et impliquant la cessation de toute activité professionnelle ou autre.

Dans tous les cas, une franchise de 85 € par personne ou 120 € par famille et par dossier d'inscription demeurera à la charge du participant, sauf dans le cas d'une inscription à un voyage/séjour avec transport d'acheminement par avion au départ de la France, où la franchise est portée à 145 € par personne [...].

2. Modalités d'application

Pour bénéficier des remboursements liés à la garantie annulation, l'adhérent doit obligatoirement prévenir VACANCES PASSION, sous pli recommandé et dans les plus brefs délais, uniquement à l'adresse suivante : VACANCES PASSION – service Administration des ventes – 21 rue Saint-Fargeau – CS 72021 – 75989 Paris cedex 20, en joignant à sa lettre la confirmation d'inscription, ainsi que le certificat justifiant de son annulation pour cas de force majeure : maladie grave non connue avant la prise d'inscription ; accident ; décès ; hospitalisation pour une cause intervenue après inscription concernant le participant lui-même, son conjoint, une personne l'accompagnant ou figurant sur la même facture, des ascendants ou descendants directs (frères, sœurs, beaux-frères, belles-sœurs et beaux-parents).

[...] EXTENSION DES CONDITIONS DE LA GAO SPÉCIALE COVID-19 POUR PRÉPARER SEREINEMENT VOS VACANCES

L'extension de la GAO permet le remboursement des sommes retenues par VACANCES PASSION, conformément aux conditions de résolution précisées dans nos conditions particulières de vente, après déduction de la franchise, valable jusqu'au jour du départ et non plus J-1, lorsque l'adhérent doit résoudre tout ou partie de son séjour dans les conditions suivantes :

- Vous ou un participant de votre même dossier de réservation est positif.ve au test RT-PCR au Covid-19 sur présentation du justificatif (résultat du test).
- Vous ou un participant de votre même dossier de réservation devez observer une période de quarantaine exigée par un médecin en raison d'une suspicion de Covid-19 (sur présentation de justificatif).
- Des mesures gouvernementales restrictives de déplacements vous empêchent de vous rendre dans votre village vacances du fait :
  - du confinement de votre région d'origine ou de destination,
  - de la fermeture de frontière entre votre pays d'origine et votre pays de destination,
  - d'une période de quarantaine à observer pour les vacanciers se déplaçant dans votre région de destination.

3. Comment contracter la garantie annulation ?

La garantie annulation optionnelle vous sera automatiquement proposée, au titre de supplément, par tous les points de diffusion VACANCES PASSION, lors de votre inscription [...].

Attention ! La garantie annulation optionnelle doit obligatoirement être souscrite au moment de la réservation. Elle n'est valable que pour une inscription à une réalisation proposée par VACANCES PASSION.

www.vacances-passion.org

DOCUMENT 3 Informations clients

Participants	– Monsieur ANTONI Jean, né le 15/08/1947 – Madame ANTONI Maryse, née le 18/12/1948 (bénéficiaire de l'aide ANCV Senior en vacances, n° identifiant 520147B)
Coordonnées	114 avenue du Bosquet 13007 Marseille Tél. : 04 91 07 26 26 Mail : antoni.j@laposte.net
Mode de paiement	Carte CB Visa n° 2222 1111 3333 5555 – Date de validité : 11/26

>>>

DOCUMENT 4 Bulletin d'inscription

Vacances passion — Le coup de cœur !

BULLETIN D'INSCRIPTION
SEJOUR A PORT LEUCATE (Rives de Corbières)

option n° ______

Du ___/___/N au ___/___/N

Bulletin à retourner à **VACANCES PASSION – Service Individuels – 21 rue Saint Fargeau CS 72021 – 75989 Paris Cedex 20**
vpt-individuels@laligue.org

PARTICIPANTS

	NOM	PRENOMS	DATE DE NAISSANCE	N° IDENTIFIANT ANCV	ELIGIBLE A L'AIDE	
					OUI	NON
1						
2						

Adresse complète : ……………………………………………………………………………………

Téléphone : …………………………………… Mail : ……………………………………………………

Renseignements concernant mon accompagnant (.e) (participant 2)

Conjoint (.e) ☐ Ami (.e) ☐ Aidant familial ☐ Aidant professionnel ☐ Autre (préciser) : ☐ ………………………

Adresse participant 2 *(si différente de la votre)* : ……………………………………………………

Décompte / personne	Prix Unitaire/pers. (A)	Nbre de personne (B)	Montant Total (AxB)
Forfait sans aide ANCV	343,00 €		
Forfait avec aide ANCV	208,00 €		
Supplément chambre individuelle (en option et en supplément)	65,00 €		
Supplément animal	31,00 €		
Taxe de séjour (obligatoire à régler à la réservation) (par personne pour le séjour)	3,68 €		
Garantie annulation optionnelle / personne A payer en intégralité à la réservation	14,00 €		
		TOTAL	

Merci de joindre au bulletin un acompte de 30% du montant total du séjour + 100% du montant de la garantie annulation par CB ou chèque

PAIEMENT PAR CARTE BANCAIRE (à préciser) : ❑ VISA ❑ MASTERCARD
Numéro de carte : ____ ____ ____ ____
Date d'expiration : __/__

Acompte :
Je soussigné(e) ……………………………………… autorise Vacances Passion à débiter la somme de …………………
correspondant à l'acompte de 30 % du prix total du séjour choisi, et, le cas échéant, au montant de la garantie annulation.

Le …………… à …………………………… Signature du titulaire de la carte (1) :

Paiement du solde :
Je soussigné(e) …………………………………… autorise Vacances Passion à débiter, 30 jours avant la date de début de séjour, la somme correspondant au solde du prix total du séjour choisi.
Le …………… à …………………………… Signature du titulaire de la carte (1) :

OU PAIEMENT PAR CHEQUE BANCAIRE (les chèques vacances sont acceptés)

Cocher la case de votre choix :

☐ Je joins un chèque correspondant à la totalité du séjour
☐ Je joins 1 chèque d'acompte de 30% et un chèque dont le total correspond au solde du séjour, le 1er **encaissé dès réception du bulletin,** et **le second 30 jours avant la date de début de séjour.**

TOUS LES CHEQUES DEVRONT ÊTRE LIBELLES A L'ORDRE DE : VACANCES PASSION

Documents joints : - 1 fiche technique
- 1 programme du séjour
- 1 information garantie annulation

Important à remplir

Je soussigné(e) ……………………… certifie par la présente avoir pris connaissance des conditions générales régissant tous les séjours Vacances Passion et des conditions de la garantie annulation figurant en annexe, et y souscris dans leur intégralité.
Je reconnais également disposer dans le cadre du présent contrat de voyage, par la facture/confirmation d'inscription, la brochure en ma possession, la fiche technique correspondant au produit acheté, de toutes les informations prévues au titre du décret n°94-490 du 15 juin 1994 relatives à l'organisation et à la vente de voyages ou séjours.

Je joins à mon courrier cette demande de réservation dûment complétée et signée ainsi que ………… (indiquez le nombre de chèques joints) chèques correspondants au règlement du séjour.

Le : *à :* Signature de l'acheteur :

3 Gérer les voyages d'une clientèle affaires avec le GDS Amadeus

Vous occupez un poste de billettiste sur un plateau d'affaires de CWT, l'un des leaders mondiaux en gestion de déplacements professionnels. Vous traitez plusieurs dossiers de demande de réservation de prestations aériennes et/ou ferroviaires provenant de vos clients professionnels. Vous utilisez le GDS Amadeus : votre responsable vous a remis un mémo récapitulatif des principaux codes que vous devrez utiliser dans le cadre de l'émission des billets.

Dossier 1

La société Ducros vous demande de réserver un billet de train direct A/R Marseille-Bordeaux pour son directeur commercial.

- Départ souhaité le premier lundi du mois de juin par le premier train de la journée ; retour le jeudi (prévoir un départ de Bordeaux à partir de 16 h)
- Placement souhaité : siège côté fenêtre en solo
- Informations passager : Jean-Pierre MONTANT, né le 15/04/1965
- Coordonnées : montant@ducros.org / Tél. : 01 02 03 04 05
- Paiement en compte

1. **Présentez les spécificités de l'offre Pro de la SNCF (document 1) : mode de tarification, conditions d'échange et de remboursement, services passager.**

2. **Procédez à la réservation et à l'émission du billet en Business Première sur Amadeus.**

Dossier 2

Deux consultants du cabinet ProConseil doivent partir de Paris à destination Dubaï

- Départ le 15 septembre / Retour le 25 septembre
- Horaires : départ au plus tôt / retour en soirée
- Préférence compagnie : Emirates
- Classe de transport : Affaires
- Paiement par chèque
- Réservation immédiate

3. **Constituez le dossier PNR (document 2) et tarifez le trajet en classe Affaires au meilleur prix. Vérifiez la franchise bagage incluse.**

4. **Relevez le montant par personne ainsi que les conditions tarifaires du billet.**

5. **À l'aide du document 3, procédez à l'émission des billets d'avion, que vous ferez parvenir par mail aux passagers.**

Dossier 3

Vous devez réserver un vol A/R Nice-La Réunion pour une directrice d'entreprise, Jeanne Moreau, qui doit se rendre à un rendez-vous d'affaires.
Mme Moreau souhaite partir à la mi-août pour un retour en fin de mois (dates flexibles).
Elle hésite entre les compagnies Air France et Air Austral. Elle souhaite un vol modifiable avec un bagage inclus. Vous devez lui réserver un siège côté hublot ainsi qu'un repas light à l'aller et au retour.

6. **Déterminez la compagnie proposant les meilleurs tarifs pour le trajet souhaité.**

7. **Vérifiez les conditions de modification du billet.**

8. **Créez le dossier PNR et tarifez les vols A/R.**

9. **Réservez les services auxiliaires payants demandés par la cliente et procédez à leur tarification.**

10. **Émettez simultanément les billets d'avion ainsi que les EMD, que vous ferez parvenir par mail à votre cliente.**

>>>

DOCUMENT 1 Offre Pro SNCF

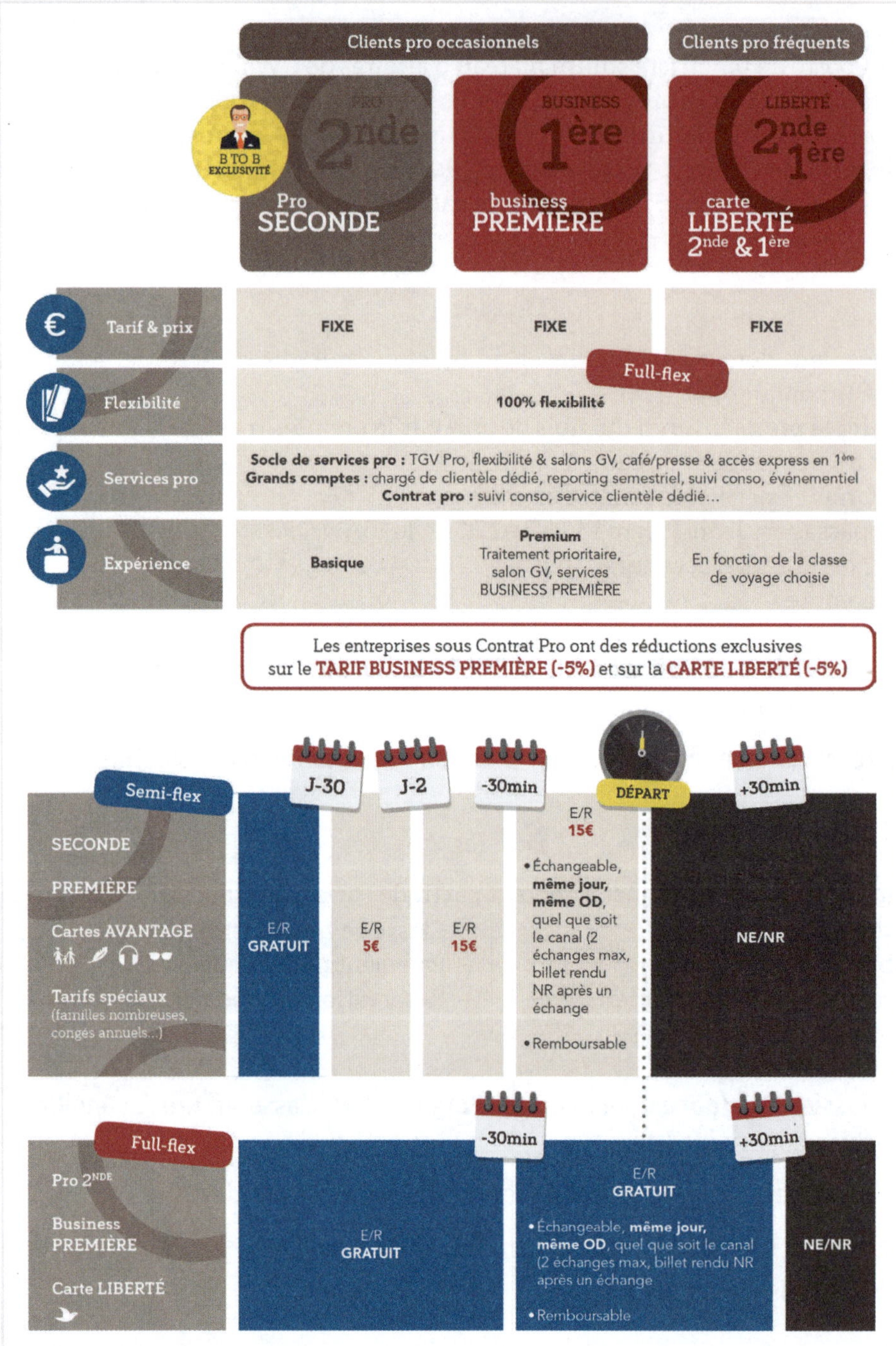

DOCUMENT 2 Informations clients

Passager 1	M. Luc GOUJON Mail : *votre adresse* Tél. : 06 12 25 24 25 Services à réserver : siège côté hublot + repas sans gluten
Passager 2	Mme Anne-Marie PORTAL Mail : *votre adresse* Tél. : 09 25 25 12 12 Services à réserver : siège à côté du passager Goujon + repas végétarien

DOCUMENT 3 Mémo Amadeus

Pour émettre un billet d'avion, penser à :
- ***saisir dans le PNR la forme du paiement :*** **FPCH** *(chèque)*, **FPCA** *(Cash)*, **FPEC** *(en compte)*, **FPCV** *(chèque-vacances)* ;
- ***saisir le format d'émission :*** **TTP** *(émission des billets)*, **TTM** *(émission des EMD)* ou **TTP/TTM/RT** *(émission simultanée)*
- *envoyer les documents par mail :* **TTP/ITR-EMLA** *(envoi du billet)* ; *Ou* **TTP/IEP-EMLA** *(envoi de l'itinéraire)*.

*En mode graphique : rubrique « **Tickets and EMD** », puis « **Émettre le reçu du document** »*

CHAPITRE

VERS PIX 1.1 Mener une recherche et une veille d'information

7 Contractualiser la relation avec le client

TÂCHES

- Présenter les conditions générales et particulières de vente selon la législation en vigueur
- Établir le contrat de vente touristique
- Assurer l'assistance conseil notamment en cas d'imprévu

COMPÉTENCES

- C7. Finaliser la vente
- C8. Respecter les règles juridiques, éthiques et déontologiques
- C9. Assurer le suivi de la vente

SITUATION PROFESSIONNELLE

Leader français des voyages vers la Thaïlande et le Vietnam, Climats du Monde propose de nombreux voyages en Asie, mais aussi dans de nombreuses autres destinations.
L'offre de ce tour-opérateur est très diversifiée : circuits, séjours, autotours, croisières, safaris et voyages thématiques.
Depuis peu, il propose également un tourisme durable à travers des itinéraires éthiques.

VOTRE MISSION

Récemment recruté(e) en tant que téléconseiller(-ère) chez Climats du Monde, vous êtes chargé(e) de traiter les différents dossiers de vos clients et de répondre à leur demande par téléphone.

TRAVAIL À FAIRE

I Comprendre les obligations contractuelles

À leur retour de Thaïlande, M. et Mme Achour vous contactent pour se plaindre d'avoir été logés à Phuket dans un hôtel 2* sans piscine. Ils vous réclament un dédommagement.

➲ Annexe 1
➲ Fiche ressource 1

1. Identifiez l'obligation contractuelle qui n'a pas été respectée.
2. Déterminez les sanctions possibles pour l'agence.
3. Êtes-vous en mesure de dédommager directement les clients ?

➲ Fiche ressource 2

4. Déterminez si les conditions sont réunies pour que la responsabilité de l'agence soit engagée.

II Connaître les dispositions relatives au contrat

M. Lepleutre vous appelle le 25/05/N pour annuler le circuit en Colombie qu'il avait réservé car il n'est plus intéressé.

➲ Annexes 2 et 3
➲ Fiche ressource 3

5. Est-il possible pour le client d'annuler son contrat ?
6. Indiquez-lui le montant approximatif des frais que cela peut engendrer.
7. Estimez la perte totale pour le client.

M. Lepleutre vous recontacte le lendemain car, après réflexion, il souhaite céder son contrat à des membres de sa famille : un couple et leurs 2 enfants, âgés de 6 et 10 ans.

➲ Annexe 4

8. Étudiez la faisabilité de sa demande.
9. Communiquez-lui les informations importantes à connaître.

III Contractualiser électroniquement avec le client

Mme Santos procède à la réservation d'un séjour au Mexique sur votre site Internet. Après avoir validé une première page avec le descriptif de son séjour, elle arrive sur une deuxième page.

➲ Annexe 5
➲ Fiche ressource 4

10. Identifiez le type de contrat souscrit.
11. Vérifiez que la procédure pour conclure le contrat est bien conforme.
12. Relevez les moyens de paiement proposés.
13. La cliente peut-elle être rassurée quant à la sécurisation de la transaction ?

Mme Santos, soucieuse que ses données personnelles fournies lors de la contractualisation soient divulguées, vous téléphone pour en savoir plus.

14. Indiquez-lui les personnes qui auront accès à ses données.

15. Informez-la sur la durée de conservation de ses données.

➲ Annexe 6

Quelque temps avant son départ pour le Mexique, Mme Santos reçoit un mail de votre agence. Elle vous contacte pour en comprendre les raisons.

16. Justifiez auprès de la cliente que l'agence est dans son droit.

17. Déterminez si l'agence a respecté la procédure.

18. Présentez à Mme Santos les solutions qui s'offrent à elle en précisant, pour chacune d'elles, ce que cela engendre.

➲ Annexes 7 et 8
➲ Fiche ressource 3

VOTRE DOSSIER

ANNEXE 1 Descriptif du circuit en Thaïlande

THAÏLANDE CIRCUIT : Temples & Soleil à Phuket 4*

Note importante : tous nos départs sont garantis à partir de 2 personnes.

LES TEMPS FORTS

- Visite de Bangkok et ses alentours
- Séjour plage à Phuket en hôtel 4*

NOS PRIX COMPRENNENT :

- Les vols internationaux Paris / Bangkok / Paris avec escale et les vols intérieurs Bangkok / Phuket / Bangkok
- L'accueil aux aéroports
- Tous les déplacements en véhicule climatisé
- L'hébergement de 2 nuits à Bangkok à l'hôtel Montien Riverside 4* en pension (avec piscine)
- L'hébergement de 5 nuits à Phuket à l'hôtel Kata Palm Resort & Spa 4* en formule petit-déjeuner (avec piscine)
- Le guide accompagnateur francophone
- Les droits d'entrée sur les sites et spectacles
- Les taxes d'aéroport et de sécurité et frais de dossier (à ce jour et sujets à modifications)

NOS PRIX NE COMPRENNENT PAS :

- Les boissons et repas non mentionnés
- Les excursions et visites optionnelles et facultatives qui vous seront proposées sur place
- Les pourboires (à titre indicatif, 5 € par jour et par personne pour guide et chauffeur)
- Les dépenses personnelles
- Les assurances assistance rapatriement et annulation

IMPORTANT À SAVOIR

En cas d'indisponibilité dans les hôtels cités, nous nous chargerons de réserver un hôtel de catégorie similaire sélectionné par nos soins.

ANNEXE 2 Éléments du contrat de la famille Lepleutre

Circuit : Viva Colombia du 04/07/N au 16/07/N

Type de contrat : Forfait

Participants :
Adultes : 2
Enfants : 2
Âge des enfants : 5 et 8 ans

Prix total TTC : 6 878 €
Acompte versé le 18/04/N : 2 063 €
Solde de 4 815 € à verser avant le 30/05/N

Assurance : refusée par le client

Itinéraire :
Jour 1 : France > Bogota
Jour 2 : Bogota
Jour 3 : Bogota > Villa de Leyva
Jour 4 : Villa de Leyva
Jour 5 : Villa de Leyva > Bogota > Région du café
Jour 6 : Région du café
Jour 7 : Région du café > Carthagène
Jours 8 et 9 : Carthagène
Jour 10 : Carthagène > France
Jour 11 : France

ANNEXE 3 Extrait des conditions générales de vente (CGV) de Climats du Monde

16. Récapitulatif des frais de modification et d'annulation du fait du voyageur
En l'absence de conditions particulières précisées expressément lors de la vente, les barèmes suivants s'appliquent par défaut : [...]
- Annulation à plus de 60 jours avant la date de départ : 15 % du dossier*
- De 60 à 31 jours avant la date de départ : 30 % du dossier*
- De 30 à 21 jours avant la date de départ : 50 % du dossier*
- De 20 à 5 jours avant la date de départ : 75 % du dossier*
- De 7 à 3 jours avant la date de départ : 95 % du dossier*
- Moins de 3 jours avant la date de départ et le jour du départ : 100 % du dossier
- Non-présentation le jour du départ : 100 % du dossier

* Avec 200 € de frais d'intervention minimum par personne

Climatsdumonde.fr

ANNEXE 4 Extrait des CGV de Climats du Monde (suite)

9. Cession du contrat
Le client peut céder son contrat tant que celui-ci n'a pas produit d'effet, si le cessionnaire remplit les mêmes conditions que lui pour effectuer le voyage ou le séjour (modes d'hébergement et de pension identiques, même formule de voyage, même nombre de passagers, enfants se situant dans la même tranche d'âge). Le client ne peut céder ses contrats d'assurance ni ses contrats d'assistance. Le client est tenu d'informer l'agent de voyages de sa décision par lettre recommandée avec accusé de réception au plus tard sept jours avant la date de début du voyage ou séjour [...]. La cession entraîne dans tous les cas des frais d'intervention de 59 euros minimum par personne, ainsi que les frais de cession supplémentaires facturés par la compagnie aérienne. [...]

Climatsdumonde.fr

ANNEXE 5 Confirmation de la réservation du séjour au Mexique

Climats du Monde

Maya Beach, Hotel Barcelo Maya Palace 5* All Inclusive

Descriptif | Diaporama | Calendrier

Éléments réservés

Libellé	Quantité	Date	Durée	Etat
PAR//CUN vol Compagnie non communiquée	-	sam. 11 décembre	1	
1 Chambre Double + Lit d'appoint Jr. Suite Attention peu confortable pour 3 adultes All inclusive (2 adulte(s) 1 enfant(s))	1	sam. 11 décembre	8	
1 Transfert Aéroport Hotel (2 adulte(s) 1 enfant(s))	1	sam. 11 décembre	1	
CUN//PAR vol Compagnie non communiquée	-	sam. 18 décembre	2	
1 Transfert Hôtel Aéroport (2 adulte(s) 1 enfant(s))	1	sam. 18 décembre	1	
1 Multirisque Confort C4 + Option Protection Sanitaire pour un voyage de 1201 ? à 2000 ?/pers (2 adulte(s) 1 enfant(s))	1	sam. 11 décembre	9	

Disponible En demande Complet

Tarifs

Libellé	Quantité	Prix unitaire	Sous Total
Taxe : Taxes / Taxes Mexique	1	1 485,00 €	1 485,00 €
Séjour Maya Beach, Barcelo Maya Palace 5* All Inclusive	1	4 060,80 €	4 060,80 €
		Prix hors Assurances TTC	5 545,80 €
		Prix de l'assurance	0,00 €
		Prix total TTC	5 545,80 €

Conditions de vente & Obligation légale d'information

En cochant cette case, ☐

vous acceptez les conditions générales et particulières de vente. VOIR

le Tarif aérien peut être soumis à des conditions restrictives (de promotion, réservation/émission simultanée)

En cochant cette case, ☐

vous déclarez avoir bien pris connaissance du Formulaire d'information relatif aux voyages à forfait conclus en ligne.

La combinaison de services de voyage qui vous est proposée est un forfait au sens de la directive (UE) 2015/2302 et de l'article L.211-2 II du code du tourisme. Vous bénéficierez donc de tous les droits octroyés par l'Union européenne applicables aux forfaits, tels que transposés dans le code du tourisme. Les entreprises seront entièrement responsables de la bonne exécution du forfait dans son ensemble. En outre, comme l'exige la loi, les entreprises disposent d'une protection afin de rembourser vos paiements et, si le transport est compris dans le forfait, d'assurer votre rapatriement au cas où elles deviendraient insolvables.

Pour plus d'informations sur les droits essentiels au titre de la directive (UE) 2015/2302 : VOIR

Mode de paiement

CB

◉ Paiement sécurisé par carte bancaire

Vous disposez de 15 minutes pour effectuer votre paiement.

CB

○ Paiement par carte bancaire par téléphone au 04 91 15 70 25 / 27

Ce paiement n'est valable que si vous appelez l'agence dans les 24 heures qui suivent cette réservation.

Pour confirmer votre achat par téléphone, merci de télécharger notre formulaire à remplir et nous renvoyer par fax. Cliquez ici pour télécharger le formulaire.

Montant du paiement

Vous avez la possibilité de choisir le montant que vous voulez payer.
Minimum : 1 663,74 €
Maximum : 5 545,80 €

Montant choisi : 1 663,74

PAGE PRECEDENTE | MODIFIER | RESERVATION CONFIRMEE

ANNEXE 6 Extrait de la politique de confidentialité de Climats du Monde

5. Destinataire des données

Le personnel dûment habilité de CLIMATS DU MONDE est l'unique destinataire des données collectées sur le Site. Vos informations personnelles ne seront jamais vendues, échangées, transférées ou données à une autre société pour quelque raison que ce soit, sans votre consentement, en dehors de ce qui est nécessaire pour répondre à une demande de votre part.

Lors d'une réservation ferme, afin de vous procurer les produits ou services demandés, nous pouvons partager vos données à caractère personnel avec les prestataires des modalités de votre voyage, dont les compagnies aériennes, les hôtels et les sociétés de transport. [...]

Lorsque nous partageons des données à caractère personnel avec d'autres organisations, nous leur demandons de sécuriser ces données et de ne pas les utiliser pour leurs propres fins commerciales. [...]

11. Durée de conservation des données

[...] Dans la mesure où vous êtes un simple prospect de CLIMATS DU MONDE, les données collectées à votre égard sur le Site sont conservées par CLIMATS DU MONDE pour une durée de trois (3) ans après votre dernier contact avec CLIMATS DU MONDE émanant de vous.

Dans la mesure où vous êtes déjà client de CLIMATS DU MONDE ou travaillez pour le compte d'une personne morale cliente de CLIMATS DU MONDE, les données collectées à votre égard sur le Site sont conservées pour une durée de cinq (5) ans suivant l'année en cours au moment où intervient le terme du contrat vous liant ou liant la personne morale qui vous embauche à CLIMATS DU MONDE. [...] Dans la mesure où vos données sont collectées à des fins de recrutement, l'ensemble des données communiquées à des fins de recrutement sont conservées pour une durée d'un (1) an. [...]

Climatsdumonde.fr

ANNEXE 7 Mail envoyé par l'agence

De : contact@climatsdumonde.fr
À : msantos@gmail.com
Date : 15 novembre N
Objet : Séjour au Mexique

Mme Santos,

Suite à l'augmentation du coût du carburant, nous sommes contraints de répercuter cette hausse sur le prix de votre séjour au Mexique, qui s'élève désormais à 6 100 €.

Veuillez agréer, Madame, nos sincères salutations.

Votre agence Climats du Monde

ANNEXE 8 Extrait des CGV de Climats du Monde (suite)

2.3 Révision du prix

[...] Les prix peuvent être révisés par CLIMATS DU MONDE, tant à la hausse qu'à la baisse, y compris pour les clients déjà inscrits, dans les conditions et selon les modalités ci-après.

Toutefois [...], aucune modification du prix ne pourra être appliquée au cours des 20 jours qui précèdent la date de départ prévue, pour les clients déjà inscrits.

Les prix des produits concernés ont été établis notamment sur la base de cours de devises, de redevances et taxes connues [...]. En cas de variation de ces données économiques, CLIMATS DU MONDE se réserve le droit de répercuter intégralement ces variations, à la hausse ou à la baisse, en modifiant en conséquence le prix de vente, dans les limites légales prévues par les articles L. 211-12 et R. 211-8 du Code du tourisme. Par ailleurs, pour les forfaits comprenant un vol régulier, CLIMATS DU MONDE répercute aux clients, le cas échéant, le montant de la surcharge carburant (ou de baisse carburant) qui lui a été communiqué par la compagnie aérienne et qui est directement pratiqué par cette dernière. [...]

Climatsdumonde.fr

FICHE RESSOURCE

1 Les principes généraux sur les contrats

Le contrat est un engagement qui crée des obligations entre deux ou plusieurs personnes. Les règles sur la formation et l'exécution des contrats sont prévues par le Code civil.

I La formation du contrat

Pour qu'un contrat soit valablement formé, il doit respecter trois conditions de validité (art. 1128 du Code civil).

1 Le consentement des parties

C'est l'accord des volontés des parties qui se forme par la rencontre entre une offre de la part du contractant et son acceptation par le cocontractant. Afin de ne pas être vicié, le consentement doit être libre, éclairé et donné par chaque partie en pleine connaissance de cause.

L'article 1130 du Code civil énumère trois vices du consentement.

- **L'erreur :** le cocontractant a une fausse représentation de la réalité. Il y a un décalage entre ce que le contractant voulait et le contrat.
- **Le dol :** le contractant use volontairement de manœuvres, de mensonges, ou dissimule intentionnellement des informations afin d'obtenir le consentement de l'autre partie qui n'aurait pas conclu le contrat sans ces éléments.
- **La violence :** le contractant exerce une pression (menace physique ou morale) sur le cocontractant ou un tiers (l'un de ses proches, par exemple) afin de le contraindre à conclure le contrat.

2 La capacité des parties de contracter

Toute personne physique peut conclure un contrat sauf si elle est soumise à une incapacité prévue par la loi (art. 1145 du Code civil) : sont considérés comme « incapables » les mineurs non émancipés et les majeurs protégés (placés sous tutelle ou curatelle du fait de leur état physique ou mental).

3 Un contenu licite et certain

Le contenu du contrat peut être scindé en deux : l'objet et la contrepartie.

- L'**objet** est la prestation que l'une des parties s'engage à fournir à l'autre partie et qui doit être possible (présente ou future), déterminée (tous ses éléments sont précisés dans le contrat) ou déterminable (sa qualité est déduite du contrat) et licite (conforme aux lois).

  Exemple : la vente d'un voyage sur la planète Mars est un contrat dont l'objet n'est pas possible.
- La **contrepartie** désigne ce en échange de quoi le contractant s'engage à effectuer la prestation.

  Exemple : le paiement du prix dans un contrat de vente.

II La nullité du contrat

Le non-respect de l'une des trois conditions de validité entraîne la nullité du contrat : celui-ci est annulé de manière rétroactive, comme s'il n'avait jamais existé, et chacune des parties doit restituer à l'autre ce qu'elle a perçu ou verser des indemnités le cas échéant. Le délai de prescription de l'action en nullité est de 5 ans.

- **La nullité est relative** lorsque la condition non respectée a pour but de protéger l'intérêt privé (consentement vicié, incapacité de l'une des parties).

Remarque : l'erreur n'est une cause de nullité que si elle porte sur l'une des qualités déterminantes de la prestation (en considération desquelles le contrat a été conclu) et si elle est inexcusable (elle aurait pu être évitée).

>>>

- **La nullité est absolue** quand l'objet du contrat porte atteinte à l'intérêt général, qu'il est illicite ou immoral (organisation de tourisme sexuel par exemple).

III L'exécution du contrat

1 L'effet relatif du contrat

Le contrat ne crée d'obligations qu'entre les parties et n'implique aucunement un tiers (personne n'ayant pas consenti au contrat), que ce soit pour lui nuire (lui imposer des obligations) ou le faire profiter (lui reconnaître des droits).

2 La force obligatoire du contrat

Selon l'article 1103 du Code civil, « les contrats légalement formés [respectant les conditions de validité] tiennent lieu de loi à ceux qui les ont faits. »

Par leur consentement, les parties s'engagent donc à exécuter ce qui est exposé dans le contrat et à tenir leurs obligations dont elles ne peuvent se libérer que dans le cas d'un accord commun ou d'une cause d'exemption prévue par la loi (cas de force majeure, par exemple).

IV L'inexécution du contrat

En cas de non-respect des obligations contenues dans le contrat valablement formé, la partie lésée doit mettre en demeure le cocontractant (dernière chance pour lui de respecter ses engagements), par lettre recommandée avec accusé de réception, avant d'intenter toute action en justice qui donnera lieu à plusieurs sanctions possibles (conformément à l'article 1217 du Code civil).

1 L'exception d'inexécution

Chaque contractant a le droit de refuser d'exécuter sa prestation s'il ne reçoit pas celle qui lui était due en échange (par exemple, la livraison d'un bien contre son paiement).

L'exception d'inexécution entraîne la suspension immédiate de l'exécution mais le contrat est maintenu.

2 L'exécution forcée du contrat

La justice peut contraindre le débiteur à honorer ses obligations afin d'en obtenir l'exécution forcée. Celle-ci peut alors avoir lieu en nature (le débiteur se doit de fournir ce à quoi il s'est engagé) ou en valeur (il doit verser au créancier une somme d'argent équivalente à celle de la prestation promise).

3 La mise en œuvre de la responsabilité contractuelle

Si l'inexécution d'une obligation contractuelle cause un préjudice au créancier, la responsabilité contractuelle du débiteur peut être engagée et celui-ci sera condamné à verser des dommages-intérêts. Cette sanction est cumulable avec les autres sanctions.

4 La résolution du contrat

La résolution met fin au contrat et a un effet rétroactif, comme si le contrat n'avait jamais été conclu, et chaque partie doit rendre à l'autre ce qu'elle a reçu.
Dans le cas d'un contrat à exécution successive (obligations échelonnées sur une période donnée), la résolution n'a d'effet que pour le futur ; on parle alors de résiliation.
En cas d'empêchement définitif à l'exécution du contrat dû à un cas de force majeure, le contrat est résolu de plein droit. D'après l'article 1218 du Code civil, il y a force majeure si l'événement :
- échappe au contrôle du débiteur et est indépendant de sa volonté (critère d'extériorité) ;
- produit des effets qui ne peuvent pas être évités par des mesures appropriées (critère d'irrésistibilité) ;
- n'était pas prévisible lors de la conclusion du contrat (critère d'imprévisibilité).

5 La réduction de prix

Si l'obligation contractuelle n'a été exécutée que partiellement ou n'est pas conforme, le créancier peut demander au débiteur une réduction de prix proportionnelle à l'inexécution.
Si le prix a déjà été payé intégralement, le créancier doit saisir la justice qui fixera le prix réduit.

FICHE RESSOURCE

2 La responsabilité civile

La responsabilité civile est l'obligation légale, pour une personne présumée fautive, de réparer le dommage causé à autrui. On distingue la responsabilité contractuelle de la responsabilité délictuelle (extracontractuelle), celles-ci ne pouvant pas être cumulées pour un même dommage.

I La responsabilité contractuelle

La responsabilité contractuelle est engagée lorsque le fait dommageable intervient dans le cadre de l'exécution du contrat. Elle a pour but de réparer le préjudice subi par le créancier suite à l'inexécution ou la mauvaise exécution des obligations contractuelles du débiteur. Trois conditions doivent alors être réunies pour sa mise en œuvre.

1 Les conditions de la responsabilité contractuelle

- Un **dommage** est causé au créancier suite à l'inexécution du débiteur de son obligation. Le créancier doit prouver l'existence du préjudice subi (matériel, corporel, moral...), sauf s'il est lié à une obligation de ne pas faire ou à une obligation de payer une somme d'argent, pour lesquelles aucune preuve n'est à apporter.

  Seul le dommage prévisible (c'est-à-dire qui a été prévu dans une clause du contrat ou qui pouvait être prévu lors de sa conclusion) peut être réparé. Par contre, si le débiteur a commis une faute intentionnelle (faute dolosive) ou une faute extrêmement grave (faute lourde), le dommage (qui est alors imprévisible) doit tout de même être réparé.

  Pour être réparable, le dommage doit être :
  - direct (il doit découler directement du fait générateur) ;
  - personnel (seule la personne qui l'a subi peut en demander réparation) ;
  - légitime (il ne doit pas être le produit d'une activité illicite) ;
  - certain (il ne doit pas être éventuel).

- Le **fait générateur** est l'événement à l'origine du dommage. Il correspond à une obligation contractuelle inexécutée (totalement ou partiellement) ou à un retard dans son exécution.

  L'obligation inexécutée est :
  - soit de résultat (le créancier doit prouver que le débiteur n'a pas atteint le résultat attendu) ;
  - soit de moyens (le créancier doit montrer que tous les moyens n'ont pas été mis en œuvre par le débiteur pour atteindre ce résultat, dont la faute doit alors être établie comme une imprudence ou une négligence).

  La responsabilité contractuelle du débiteur est également engagée lorsque l'inexécution est due à une personne de laquelle il doit répondre (salarié, sous-traitant, prestataire...) ou si elle est le fait des choses utilisées (matériel).

- Un **lien de causalité** doit exister entre le fait générateur et le dommage : le préjudice doit en être la conséquence immédiate et directe.

2 Les causes d'exonération de la responsabilité contractuelle

La responsabilité contractuelle de l'auteur présumé du dommage peut être exonérée totalement ou partiellement dans les cas suivants :
- la **force majeure** (répondant aux critères d'extériorité, d'irrésistibilité et d'imprévisibilité), ayant empêché le débiteur d'exécuter correctement son obligation. Dans ce cas, celui-ci est exonéré totalement de sa responsabilité ;
- la **faute du créancier**, ayant contribué à son dommage. Le débiteur est alors exonéré partiellement.

>>>

À noter que si un tiers a participé à la réalisation du dommage (= le fait du tiers), le débiteur et le tiers sont chacun tenus responsables envers le créancier, qui pourra obtenir l'entière réparation de son préjudice auprès de l'un d'eux. À charge pour celui qui aura indemnisé la victime de se retourner contre l'autre responsable afin de se faire rembourser une partie de la somme versée.

3 L'aménagement conventionnel de la responsabilité contractuelle

Dans le cas d'une éventuelle inexécution de leurs obligations, les parties au contrat peuvent aménager à l'avance les conséquences et prévoir :
- une clause limitative, qui va limiter la responsabilité de l'auteur du dommage et fixer un plafond au montant des dommages-intérêts ;
- une clause exclusive, qui va exonérer complètement l'auteur du dommage de toute responsabilité ;
- une clause pénale, dans laquelle les parties ont fixé un forfait pour le montant des dommages-intérêts.

À noter que ces clauses sont sans effet dans le cas d'un dommage corporel, d'une faute dolosive ou d'une faute lourde, dans les hypothèses prévues par la loi (par exemple, l'article R212-1 du Code de la consommation interdit l'usage de ces clauses dans les contrats conclus entre professionnels et consommateurs).

II La responsabilité délictuelle

La responsabilité délictuelle est engagée lorsque le fait dommageable est antérieur à la conclusion du contrat (dans le cas d'un dol, par exemple).

Pour sa mise en œuvre, les trois conditions suivantes doivent être réunies : un dommage, une faute et un lien de causalité direct entre le dommage et la faute.

- Le **dommage** se définit comme l'atteinte à un intérêt d'une personne. Il peut être matériel (atteinte aux intérêts économiques), corporel (atteinte au physique) ou moral (atteinte à l'honneur, à la réputation).

  Contrairement à la responsabilité contractuelle, la réparation du préjudice subi n'est pas limitée au seul dommage prévisible mais elle est intégrale. En effet, il n'est pas possible de limiter la responsabilité de l'auteur du dommage en l'absence de contrat.

  Pour être réparable, le dommage doit également être direct, personnel, légitime et certain.

- Le Code civil distingue trois types de **faits générateurs (fautes)** :
  - le fait personnel qui suppose une faute délictuelle (si elle a été commise avec l'intention de nuire) ou quasi délictuelle (si elle est liée à une imprudence ou une négligence). Pour qu'il y ait faute, il faut que le comportement de la personne ne soit pas conforme à celui normalement attendu ;
  - le fait d'une chose est une responsabilité de plein droit, sans exigence de faute. Cela suppose la présence d'une chose (matérielle ou immatérielle) ayant joué un rôle actif dans la réalisation du dommage, dont une personne a la garde (l'usage, la direction et le contrôle) ;
  - le fait d'autrui, qui est aussi une responsabilité de plein droit, suppose qu'une personne ait la garde d'une autre personne (parent/enfant mineur, employeur/salarié, professeur/élève) ayant commis un fait à l'origine du dommage.

- Un **lien de causalité** entre le dommage et le fait générateur doit exister.

III La responsabilité des professionnels du tourisme

Selon l'article L211-1 du Code du tourisme, le professionnel qui vend un forfait touristique ou un service de voyage est responsable de plein droit de la bonne exécution des prestations prévues par le contrat de vente, que celles-ci soient exécutées par lui-même ou par d'autres prestataires.

Le client doit apporter la preuve que le résultat n'est pas atteint pour demander une réparation pécuniaire au vendeur. Si le préjudice est du fait du voyageur, d'un tiers ou d'un cas de force majeure, le professionnel peut s'exonérer de sa responsabilité.

Pour protéger le vendeur et les clients, une assurance responsabilité civile professionnelle est obligatoire pour tous les professionnels organisant ou vendant des voyages et des séjours. Elle sert à couvrir les éventuelles conséquences pécuniaires de leur responsabilité et à apporter une garantie financière assurant le client de ne pas perdre les frais déjà engagés en cas de faillite.

FICHE RESSOURCE

3 Les dispositions régissant la vente de voyages et de séjours

I Les dispositions protégeant le consommateur

La vente de voyages et de prestations touristiques est encadrée par le Code du tourisme, le Code civil et le Code de la consommation, qui protègent le consommateur de certaines pratiques commerciales.

1 La publicité mensongère ou trompeuse

- L'article L121-1 du Code de la consommation interdit toute publicité délivrant de fausses indications (publicité mensongère), omettant ou dissimulant des informations (prix, caractéristiques du service...) de manière à induire délibérément le consommateur en erreur (publicité trompeuse).

  Exemple : un hôtelier qui indique disposer d'une piscine privée qui n'est en réalité que la piscine municipale sera accusé de publicité mensongère.

  Aussi, la publicité ne doit créer aucune confusion avec un autre produit ou service, une autre marque. Le nom commercial pour lequel elle est mise en œuvre doit être clairement identifiable.
  La publicité mensongère ou trompeuse est un délit sanctionné pénalement (peine d'emprisonnement assortie d'une amende) et le consommateur peut également demander des dommages-intérêts.

2 Le refus de vente

Le fait de refuser la vente d'un produit ou la prestation d'un service à un consommateur est interdit par les dispositions de l'article L121-11 du Code de la consommation. Le refus de vente est sanctionné par une amende ; cependant, le professionnel peut évoquer des motifs légitimes de refus :
- le comportement inapproprié du consommateur (des insultes, par exemple), sa mauvaise foi ;
- le refus de certains moyens de paiement dès lors qu'il en a averti le consommateur au préalable.

Le refus de vente entre professionnels est autorisé par la loi, sauf dans certains cas particuliers (pratique anticoncurrentielle, par exemple).

3 La discrimination

Le Code pénal expose également le professionnel à une peine d'emprisonnement si le refus de vente repose sur un motif discriminatoire (origine, sexe, handicap, lieu de résidence...).
Le règlement européen du 5 juillet 2006 stipule que les organisateurs de voyages et les transporteurs aériens ne peuvent pas refuser la réservation ou l'embarquement d'une personne handicapée ou à mobilité réduite (PHMR) en raison de son handicap, sauf si les motifs de refus sont légitimes :
- les exigences de sécurité sont légalement imposées au transporteur ;
- il est physiquement impossible d'embarquer la personne (taille de l'aéronef ou de ses portes, par exemple).

Le client doit prévenir le professionnel de ses besoins au moins 48 heures avant le départ. De son côté, le transporteur doit informer les passagers sur les règles de sécurité appliquées aux PHMR et les éventuelles restrictions de transport des PHMR ou de leurs équipements. Il peut aussi exiger que la personne handicapée soit accompagnée d'une personne capable de lui fournir l'assistance requise.

II Les dispositions relatives au contrat de voyage

Le professionnel doit fournir au client une copie du contrat sur un support durable (document papier ou PDF daté et non modifiable envoyé par mail) afin d'être conservé.

Le Code du tourisme est protecteur vis-à-vis du voyageur, qui a droit à une information claire sur le type de contrat souscrit (forfait touristique ou prestation de voyage liée) et sur les droits qui y sont attachés.

- Le **forfait touristique** comprend au moins deux services de voyage différents, dépassant 24 h ou incluant une nuitée, soit combinés par un seul professionnel dans un contrat unique ou faisant l'objet de contrats séparés mais achetés dans le même point de vente, soit vendus à un prix tout compris.

>>>

- La **prestation de voyage liée (PVL)** combine aussi au moins deux services de voyage différents, mais ceux-ci sont achetés auprès de professionnels individuels (contrats et paiements séparés, sans transfert des données du voyageur).

La PVL disposant d'un régime de garantie spécifique, les dispositions relatives au contrat de voyage ci-après ne concernent que le forfait touristique.

1 Les clauses obligatoires

Tous les points obligatoires mentionnés dans l'information préalable écrite *(voir chapitre 6 p. 119)* doivent également être dans le contrat de vente.

Exemple de contrat de voyage
liennathan.fr/h2a99f

2 Le prix et les modalités de paiement

Le prix doit être indiqué dans le contrat et ne peut être modifié que si le contrat comporte une clause de révision du prix (à la hausse ou à la baisse) stipulant les modalités de calcul.
La majoration du prix n'est possible que si elle est la conséquence directe d'une évolution du prix du transport (lié au coût du carburant), du niveau des redevances ou taxes (touristiques, de débarquement...) et des taux de change en rapport avec le contrat. Le professionnel doit notifier l'acheteur et justifier la majoration du prix au plus tard 20 jours avant le début du voyage.
Les modalités de paiement (mode de paiement et calendrier de paiement) sont spécifiées dans les conditions de vente qui prévoient un paiement au moins en deux temps : l'acompte (de 30 % généralement) et le solde (versé au plus tard lors de la remise des documents permettant le voyage).

3 La modification

Selon le Code du tourisme, si, avant le départ du voyageur, le professionnel modifie un élément essentiel du voyage (itinéraire, dates...), ou s'il ne peut satisfaire aux exigences particulières du client mentionnées dans le contrat, ou encore s'il augmente le prix de plus de 8 %, il doit en informer le voyageur dans les meilleurs délais (sur un support durable) en lui précisant le délai raisonnable pour donner sa réponse et les conséquences en cas d'absence de réponse. Le client a alors la possibilité :
- d'accepter, auquel cas un avenant au contrat est établi ;
- de refuser, le contrat est alors résilié et le client obtient le remboursement intégral des sommes versées, sans frais ni pénalités.

4 L'annulation (la résolution) du contrat

- **Du fait du client :** il peut annuler son contrat avant le départ mais perdra les sommes déjà versées et devra payer des pénalités (frais de résiliation, indiqués dans les conditions générales ou particulières de vente). Si le client a souscrit une assurance annulation lors de l'achat de son voyage, il doit vérifier si la situation est couverte par celle-ci. Dans le cas d'un risque imminent à proximité immédiate du lieu de destination (circonstances exceptionnelles et inévitables : attentat, catastrophe naturelle...), le client a droit au remboursement intégral des paiements effectués et n'a pas de frais.

- **Du fait du professionnel :** il doit rembourser au client la totalité des sommes déjà versées dans un délai de 14 jours après la résolution du contrat. Le client peut demander une indemnisation, au moins égale à la pénalité qu'il aurait payée s'il avait lui-même annulé, sauf dans les cas suivants :
  - l'inexécution du contrat est due à des circonstances exceptionnelles et inévitables ;
  - le nombre minimal de participants prévu dans le contrat n'est pas atteint et le professionnel a averti moins de 20 jours avant le début du voyage si celui-ci fait plus de 6 jours, moins de 7 jours avant pour un voyage de 2 à 6 jours et dans les 48 h s'il n'excède pas 2 jours.

5 La cession du contrat

Le client peut céder son contrat à une personne qui remplit les mêmes conditions que lui. Il doit en informer le professionnel au plus tard 7 jours avant le début du voyage (15 jours pour une croisière).

Le cédant du voyage reste solidairement responsable du paiement du solde du prix et des autres frais.

FICHE RESSOURCE

4 L'e-contrat de voyage

Pour être valablement formé, le contrat de voyage électronique (e-contrat) est soumis aux mêmes conditions de validité qu'un contrat papier *(voir fiche ressource 1)*.

Le Code civil impose des règles strictes à l'e-commerçant, qui doit fournir au client internaute un accès facile et permanent aux informations permettant de clairement l'identifier (nom, coordonnées...), aux conditions générales de vente (CGV) et aux caractéristiques des prestations, et mentionner les prix TTC.

I Les étapes de la conclusion de l'e-contrat

1 L'offre précontractuelle

Dans l'offre précontractuelle envoyée électroniquement, le vendeur doit obligatoirement indiquer :
- les conditions applicables à l'offre ;
- les étapes à suivre pour conclure l'e-contrat et les langues proposées ;
- les moyens permettant d'identifier les erreurs commises dans la saisie des données et de les corriger ;
- les modalités d'archivage du contrat et la possibilité pour le contractant d'y accéder par la suite ;
- les moyens de consulter par voie électronique ses règles professionnelles et commerciales ;
- les modes de paiement acceptés ;
- l'absence de droit de rétractation une fois le contrat signé (selon le Code de la consommation, ce droit ne s'applique pas aux voyages à forfait ni aux prestations touristiques).

2 La confirmation de la commande

Avant de confirmer sa commande, le client doit pouvoir en vérifier les détails et le prix total, puis corriger les éventuelles erreurs.
Son consentement se matérialise ensuite par la procédure du double clic :
- le premier clic permet de valider la commande ;
- le second clic confirme définitivement la commande, après l'avoir vérifiée et corrigée si besoin, en validant notamment les conditions particulières de vente (CPV).

En l'absence de double clic ou d'information sur l'obligation pour le client de payer, la vente est considérée comme non valide.

Remarques : le vendeur a l'interdiction de pré-cocher des cases souscrivant à des prestations payantes supplémentaires. La signature électronique n'est pas obligatoire, l'accord entre le professionnel et le client étant fondé sur l'information préalable.

3 L'e-paiement du voyage

L'e-paiement est le règlement de la commande effectuée sur Internet par l'acheteur. Afin d'éviter tout risque de piratage, les e-commerçants doivent protéger les données bancaires de l'acheteur en utilisant un protocole de cryptage de données (SSL, *Secure Socket Layer*) qui rend les informations indéchiffrables. Lorsqu'il est actif, l'adresse URL devient https (au lieu de http) et le petit cadenas fermé indique que le site est sécurisé.

- La **carte bancaire (CB)** est le mode de paiement en ligne le plus répandu. L'acheteur doit saisir le numéro de sa carte, la date de validité de celle-ci et le cryptogramme visuel (3 chiffres au dos de la CB). Si le site utilise le dispositif 3D Secure, l'acheteur doit confirmer son identité selon le procédé d'authentification mis en place par sa banque (envoi par SMS d'un code à saisir ou validation de la transaction sur l'application bancaire).
- L'**e-carte bleue** est une option que l'acheteur peut souscrire auprès de sa banque qui lui fournit un e-numéro de carte unique pour chaque paiement, ce qui évite le vol de données.

>>>

- La **plateforme de paiement** (PayPal, Google Pay, Paylib...) nécessite que l'acheteur s'y soit inscrit et ait renseigné ses coordonnées bancaires. Le règlement de l'achat sur le site marchand s'effectue à l'aide de son identifiant et de son mot de passe, ainsi l'e-commerçant n'a pas accès aux données bancaires du client.

En cas de paiement frauduleux (le client conteste en être l'auteur), celui-ci doit se manifester au plus tard dans un délai de 13 mois après le débit auprès de sa banque, qui recréditera son compte du montant. C'est l'e-commerçant qui supporte le risque de la fraude et qui sera débité du montant en cause par sa banque (sauf s'il a souscrit une assurance spécifique).
L'utilisation du procédé 3D Secure permet au site marchand de limiter les risques d'impayés car il bénéficie de la garantie du paiement. En effet, avec ce système, la responsabilité est transférée à la banque de l'acheteur, qui supporte alors le coût de la fraude puisque l'e-commerçant a respecté la procédure supposée être sécurisée.
Il arrive qu'un client conteste un paiement qu'il avait autorisé parce qu'il ne connaissait pas le montant exact à l'avance et que ce dernier excède ce à quoi il s'attendait. Dans ce cas, il doit se manifester dans un délai de 8 semaines après le débit auprès de sa banque, qui le remboursera sous 10 jours ou justifiera son refus de le faire.

Une fois la commande validée et payée, le vendeur doit en accuser réception par voie électronique.

II Les dispositions relatives à la protection de la vie privée et au traitement des données à caractère personnel

Depuis 2018, le règlement général sur la protection des données (RGPD) encadre la gestion des données collectées en ligne afin de garantir une meilleure protection des données personnelles (informations propres à l'identité d'une personne comme le nom, l'adresse, la photo, l'adresse IP...) et d'éviter tout abus dans leur utilisation. Des obligations sont ainsi à la charge du responsable du traitement des données et permettent d'accorder des droits à leurs clients ou usagers.

1 Les obligations du responsable du traitement des données

- Le responsable du traitement des données a une obligation de sécurité et de confidentialité : il doit prendre toutes les mesures nécessaires pour préserver la sécurité des données collectées et éviter que des tiers non autorisés y aient accès. Il limite dès le départ la quantité de données traitée et fixe une durée de conservation des informations personnelles.
- Pour répondre aux exigences contractuelles de la vente de voyages en ligne, les professionnels du tourisme doivent collecter de nombreuses données et sont donc très impactés par cette réglementation.
  Ils doivent respecter certaines obligations : recueillir l'accord des clients, les informer sur leur droit d'accès, de modification et de suppression des informations collectées, indiquer la durée de leur conservation, assurer leur confidentialité et veiller à la sécurité des systèmes d'information.

La CNIL (Commission nationale de l'informatique et des libertés) veille à la protection des données personnelles contenues dans les fichiers informatiques ou papier et accompagne les professionnels dans leur mise en conformité. En cas de violation du règlement, elle peut mettre en demeure les organismes et prononcer des amendes administratives.

2 Les droits des personnes

- **Droit d'accès :** l'utilisateur a le droit d'accéder à ses données et de les rectifier, et peut également s'opposer à leur utilisation. Il a aussi le droit de demander les informations suivantes : l'identité du responsable du fichier, la finalité du traitement de ses données, les obligations induites par leur transmission et le caractère obligatoire ou facultatif des réponses.
- **Droit à la portabilité des données :** il est possible pour l'utilisateur de récupérer les données qu'il a fournies pour les réutiliser à des fins personnelles.
- **Droit à l'oubli :** l'utilisateur peut demander l'effacement, la suppression de ses données.
- **Droit à notification :** en cas de violation de la sécurité de ses données, l'utilisateur doit en être informé par le responsable du traitement (qui doit également notifier la CNIL dans un délai de 72 h). En cas de non-respect du RGPD, l'utilisateur est en droit d'obtenir réparation de son dommage (matériel ou moral) auprès du responsable du traitement.

1 Contractualiser avec une personne handicapée ou à mobilité réduite (PHMR)

Vous travaillez dans l'agence de voyages 365 SoleilS. Un jeune homme de 19 ans, en situation de handicap moteur et fauteuil roulant, souhaiterait réserver une chambre d'hôtel accessible à Barcelone du 13 au 15 juillet N, et un vol aller/retour au départ de Beauvais.
Vous savez que la compagnie Ryanair propose des vols au départ de Beauvais (BVA) pour Barcelone (BCN) et qu'elle met le voyageur en lien avec Booking.com pour les hébergements.

1. Indiquez à votre client s'il peut bénéficier d'un forfait ou d'une PVL (document 1).

Votre client s'inquiète de l'accessibilité de l'avion, d'autant plus qu'il n'a jamais pris l'avion seul.

2. La compagnie a-t-elle le droit de refuser sa présence à bord (document 2) ?

3. Informez votre client sur les aides dont il peut disposer et comment il peut les obtenir (document 3).

4. Comment pouvez-vous être certain que l'hôtel sera accessible en toute autonomie ?

5. À l'aide d'une recherche sur Internet, précisez ce que dit la loi sur l'accessibilité des prestations pour les professionnels du tourisme.

DOCUMENT 1 Conditions générales de vente de Ryanair

Si vous avez réservé un ensemble de services de voyage ([par exemple] deux services parmi vol, hôtel et location de voiture), nous aurons l'entière responsabilité de la bonne exécution du forfait. De plus, nous bénéficions d'une protection pour vous assurer le remboursement de tout service inutilisé et, lorsqu'un vol est inclus, pour garantir votre rapatriement dans le cas peu probable où nous deviendrions insolvables. [...]
Autrement, si les conditions énoncées ci-dessus ne s'appliquent pas et si vous avez réservé un ou plusieurs services de voyage supplémentaires auprès de nous dans les 24 heures suivant la réservation du premier service de voyage réservé auprès de nous ([c'est-à-dire] réservation d'hôtel ou de location de voiture groupée à un vol réservé dans les 24 heures précédentes), vous bénéficierez de tous les droits de l'UE applicables à ces dispositions de voyage groupé et serez également couvert par notre protection contre l'insolvabilité, qui vous garantit le remboursement de tout service inutilisé et, lorsqu'un vol est inclus, assure votre rapatriement dans le cas peu probable où nous deviendrions insolvables. [...]

Ryanair.com

DOCUMENT 2 Conditions générales de transport de Ryanair

ARTICLE 5 - ASSISTANCE SPÉCIALE

5.1 Sans préjudice de l'article 5.2, les passagers handicapés ou à mobilité réduite ne doivent pas se voir refuser un transport en raison de leur handicap ou de leur manque de mobilité. L'acceptation du transport de personnes en bas âge voyageant seules, de personnes handicapées, de femmes enceintes, de personnes souffrant de maladies, de passagers malvoyants ou non-voyants ou d'autres personnes nécessitant une assistance spéciale est soumise à des dispositions prises préalablement avec nous selon nos règlements.

>>>

5.2 Les passagers handicapés ou à mobilité réduite ou leurs représentants doivent nous contacter concernant les détails des besoins en assistance spéciale le jour de la réservation ou aussitôt que ces besoins sont connus mais en tout cas au moins quarante-huit (48) heures avant le voyage. Nous nous efforcerons, dans la mesure du raisonnable, de vérifier s'il existe un motif de sécurité justifié qui empêcherait lesdites personnes d'être embarquées sur le(s) vol(s) concerné(s) et, le cas échéant, nous efforcerons dans les limites du raisonnable de proposer une autre solution acceptable. Conformément au règlement (CE) n° 1107/2006, nous pouvons, pour cause de handicap ou de mobilité réduite, refuser d'embarquer une personne handicapée ou une personne à mobilité réduite uniquement afin de respecter les exigences de sécurité applicables ou si la taille de l'aéronef ou de ses portes rend physiquement impossible l'embarquement ou le transport de cette personne handicapée ou à mobilité réduite. Une fois que nous avons pris en charge les besoins en assistance spéciale, nous fournirons l'assistance à l'embarcation et en vol conformément au règlement (CE) n° 1107/2006 et une personne handicapée ou une personne à mobilité réduite à laquelle l'embarquement est refusé sur la base de son handicap ou de sa mobilité réduite, et toute personne qui l'accompagne bénéficient du droit au remboursement ou au réacheminement prévu au règlement (CE) n° 261/2004 pour autant que toutes les conditions de sécurité soient réunies.

Ryanair.com

DOCUMENT 3 L'assistance spéciale prévue par Ryanair

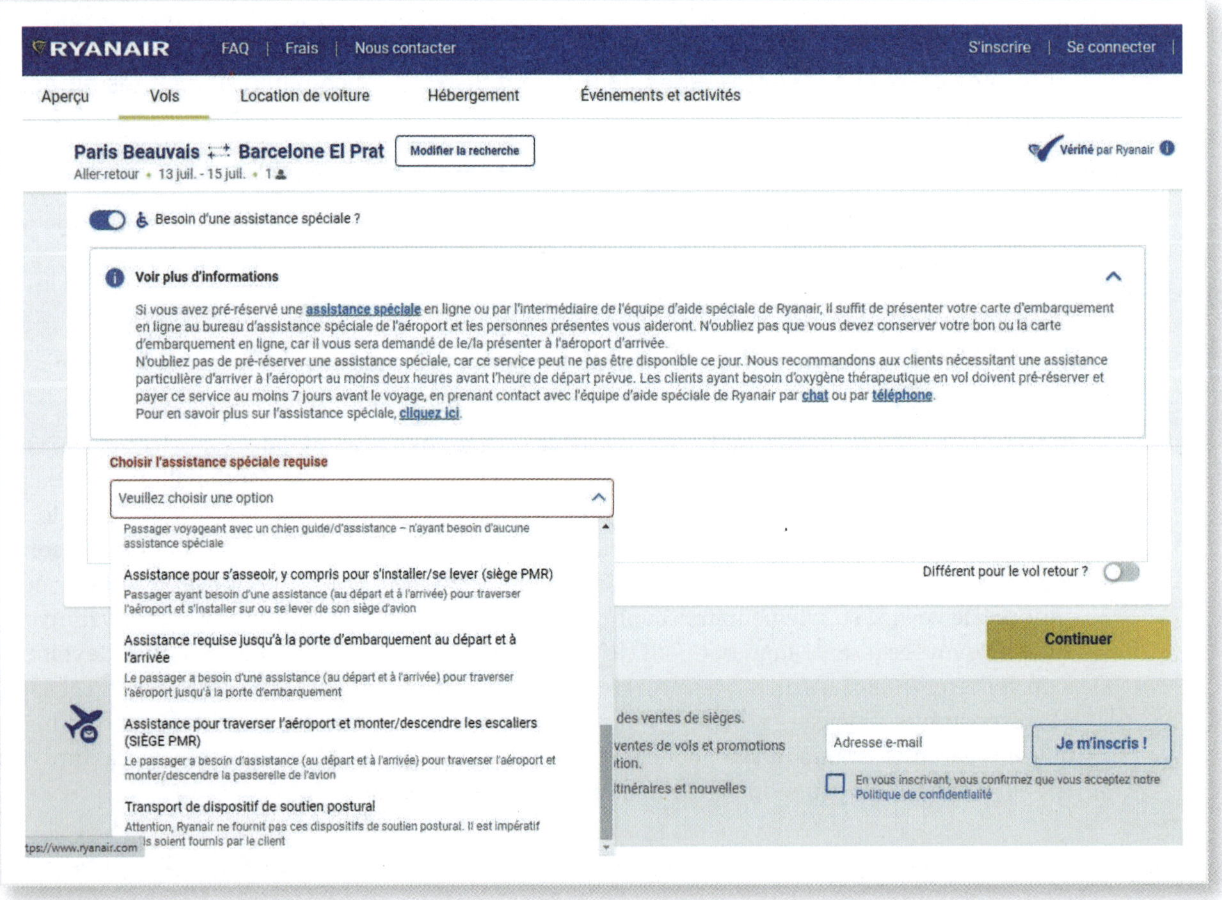

2 Renseigner les clients sur leur contrat

Leclerc Voyages est une agence qui propose de nombreuses offres partout dans le monde (séjours, parcs d'attractions, circuits, croisières…). Les réservations peuvent se faire dans l'une des nombreuses agences françaises ou directement par Internet. Vous occupez un poste au service client de l'agence et êtes chargé(e) de répondre aux questions des clients *via* le tchat.

Dossier 1

M. Breitz souhaite réserver une croisière sur votre site. Anxieux de le faire pour la première fois sur Internet, il vous contacte avant de finaliser sa commande pour vous poser des questions, auxquelles vous répondez avec précision pour le rassurer.

1. **« Si l'agence fait faillite avant mon départ, aurai-je la garantie d'être remboursé ? »**

2. **« En cas de problème de santé, puis-je me faire remplacer par un ami ? »**

3. **« Si je change d'avis dans une semaine, puis-je me rétracter et être remboursé ? »**

Dossier 2

Mme Dufos vous contacte car son fils de 15 ans a réservé, avec sa propre carte bancaire, un séjour pour 4 personnes dans un grand parc d'attractions. Elle lui avait autorisé l'achat d'un billet mais ne pensait pas qu'il réserverait pour tous ses amis, c'est pourquoi elle vous demande de modifier le contrat.

4. **Déterminez, en justifiant, si le contrat est valablement formé.**

5. **Pouvez-vous modifier le contrat selon le souhait de votre cliente ?**

6. **Indiquez-lui la procédure qui va être appliquée.**

Dossier 3

M. Felmann a reçu un courrier de l'agence l'informant que le circuit qu'il avait réservé pour toute sa famille en Californie est annulé suite à une menace de cyclone.
Très déçu, il vous contacte pour réclamer un dédommagement pour les préjudices subis.

7. **Répondez au client en justifiant votre réponse (document 1).**

8. **Le client va-t-il perdre les sommes déjà versées pour cette réservation ?**

>>>

Dossier 4

M. et Mme Dos Santos reviennent de leur séjour thalasso en Tunisie et ne comprennent pas pourquoi l'accès au centre Naya Thalasso leur a été facturé par le club à la fin de leur séjour.
Ils vous contactent pour vous faire part de leur mécontentement.

9. **La plainte des clients est-elle justifiée (document 2) ?**

10. **Indiquez-leur la preuve qu'ils doivent vous apporter pour prendre en considération leur réclamation.**

11. **Précisez si la responsabilité de l'agence est engagée et ce qu'il va se passer pour les clients.**

DOCUMENT 1 Extrait des conditions générales de vente de Leclerc Voyages

10. Modification / annulation
Du fait du client :
Conformément à l'article L221-28 du Code de la consommation, le client ne dispose pas d'un droit de rétractation après avoir accepté le contrat de voyage. Il peut néanmoins résoudre ledit contrat, et s'acquitter de frais d'annulation. [...]
Toute demande d'annulation ou de modification doit être adressée par écrit à l'agence sélectionnée lors de votre inscription, et faite par tout moyen permettant un accusé de réception. Sera considérée comme date effective la date ouvrée à laquelle votre courrier sera réceptionné à l'agence sélectionnée lors de votre inscription. [...]

Du fait de l'agence ou de l'organisateur :
Outre la faculté de révision du prix prévue à l'article 8 des présentes conditions, l'agence et l'organisateur se réservent le droit de modifier unilatéralement les termes du contrat de voyage avant le départ, tel que visé à l'article L211-13 du Code du tourisme.
Dans l'hypothèse où, avant le départ, le respect d'un des éléments essentiels du contrat de voyage serait rendu impossible en raison d'un événement extérieur s'imposant à l'agence ou à l'organisateur, le client en sera informé, et sera avisé de sa faculté d'accepter la modification du contrat ou de résoudre sans frais celui-ci. À défaut pour le client de faire connaître son intention de résoudre le contrat dans un délai de 7 jours à compter de la date à laquelle il aura été informé de la situation par lettre recommandée avec accusé de réception, il sera réputé avoir accepté la modification du contrat de voyage.
Conformément à l'article L211-14-III du Code du tourisme, aucune indemnité ne saurait être due en cas d'annulation du contrat justifiée par des circonstances exceptionnelles ou par l'insuffisance du nombre de participants au voyage.

www.leclercvoyages.com

DOCUMENT 2 Prestation réservée

Naya Thalasso Club 4*

Date de départ : vendredi 29 octobre N
Date de retour : lundi 1er novembre N

Durée : 4 jours / 3 nuits
Ville de départ : Lyon
Nombre de personnes : 2 adultes

Forfait principal .... 760,88 €
Pension : All inclusive
Chambre : Chambre 2 adultes
Catégorie : Chambre standard
Transport : Inclus

Prestations.. 458,00 €
1 accès offert / adulte au centre Naya Thalasso (piscine + hammam) : 2 × 0,00 € .... 0,00 €
4 soins individuels/jour :
2 × 229,00 € .... 458,00 €

PRIX TOTAL .... **1 218,88 €**

CHAPITRE

VERS PIX **1.1** Mener une recherche et une veille d'information
5.2 Évoluer dans un environnement numérique

8 Assurer le suivi d'une vente

TÂCHES

- Établir les documents de voyage (bons d'échange, billets, carnet de voyage...)
- Analyser et traiter les réclamations
- Assurer l'assistance conseil, notamment en cas d'imprévu

COMPÉTENCES

- C8. Respecter les règles juridiques, éthiques et déontologiques
- C9. Assurer le suivi de la vente

SITUATION PROFESSIONNELLE

Vous effectuez un stage de 4 mois en tant qu'Expérience Client Assistant(e) chez Voyage Privé, leader européen de la vente éphémère de voyage en ligne. Lancé en France en 2004, Voyage Privé Groupe (VPG) est présent sur 9 marchés et fait voyager ses 56 millions de membres en proposant des produits haut de gamme au meilleur prix.
Vous travaillez au sein du service Client de Voyage Privé situé à Aix-en-Provence (13).

VOTRE MISSION

Sous la responsabilité de votre maître de stage, vous êtes chargé(e) de renseigner et d'aider les clients avant, pendant et après le voyage. Vous traiterez les différents contacts clients reçus par mail, téléphone et sur le site Internet, et apporterez votre aide aux départements internes dans la gestion de dossiers clients complexes.

TRAVAIL À FAIRE

I Traiter les litiges et les réclamations

Vous recevez un e-mail d'un client très mécontent. Il affirme que certaines prestations prévues lors de son séjour n'ont pas été délivrées et demande un remboursement intégral ainsi que des indemnités. Vous êtes chargé(e) de traiter son dossier.

1. Qualifiez la nature de la demande du client (plainte, réclamation ou litige). — Annexe 1 ; Fiche ressource 1
2. Analysez la fiche de présentation du séjour effectué par le client afin de déterminer dans quelle mesure son mécontentement est fondé. — Annexe 2
3. Vérifiez si le client a respecté la procédure prévue par le voyagiste. — Annexe 3
4. Selon vous, le client peut-il prétendre au remboursement des sommes demandées ? Argumentez.
5. Rédigez un mail de réponse à votre client en lui présentant la solution apportée.

Votre responsable vous indique que le service Litiges a reçu un nouveau courrier de ce client : il menace de saisir directement les tribunaux s'il n'obtient pas satisfaction.

6. Déterminez la juridiction compétente dans l'hypothèse d'une procédure judiciaire et précisez la compétence territoriale. — Fiche ressource 2
7. Indiquez les méthodes alternatives de règlement de litiges qui pourraient être adaptées à cette situation. — Annexe 4

II Assurer l'assistance-conseil

Vous êtes contacté(e) par téléphone par un couple de clients depuis leur aéroport de départ: leur vol a été annulé par la compagnie aérienne pour cause de grève du personnel navigant. Ils avaient choisi de réserver eux-mêmes ce vol pour se rendre à Lisbonne, où ils ont réservé un hôtel avec Voyage Privé.

8. Informez vos clients sur leurs droits vis-à-vis de la compagnie aérienne. — Annexe 5
9. Formulez les conseils pratiques que vous pouvez leur donner.
10. Votre responsabilité en tant que voyagiste est-elle engagée ? Justifiez.

III Établir les documents de voyage et gérer leur suivi

Vous effectuez un suivi des dossiers clients :
- Sarah Elharfi doit partir la semaine prochaine avec son amie Anaëlle Germain pour un séjour à Djerba: vous devez établir ses documents de voyage, que vous lui transmettrez par mail.

11. Complétez le voucher du séjour.
12. Établissez la convocation aéroport pour les vols aller et retour.

— Annexes 6 et 7 ; Fiche ressource 3

– M. Collet a confirmé un voyage en République dominicaine sur le site Voyage Privé en matinée. Il vous appelle dans l'après-midi pour modifier son séjour : il s'est trompé dans les dates et souhaite annuler son vol.

13. Établissez le PNR sur Amadeus pour obtenir un résultat similaire à celui donné en annexe. ➲ Annexe 8

14. Effectuez une annulation immédiate du billet d'avion (VOID). ➲ Fiche ressource 4

VOTRE DOSSIER

ANNEXE 1 Mail reçu du client

De : jordan.cassaro@free.fr
À : moncompte@voyageprive.com
Objet : Mon voyage en Grèce – Demande de remboursement intégral

Monsieur,
Par le biais de votre site, nous sommes partis en Grèce sur l'île de Kos du 9 au 15 mars, pour un séjour à l'hôtel Mitsi Blue Domes Resort. Ce voyage devait être idyllique, d'autant plus que mon épouse et moi étions en voyage de noces. La réalité fut tout autre !! Pour commencer, la chambre était petite et donnait sur une plage de galets, alors que nous voulions profiter du sable. Nous n'avons pas pu nous baigner dans la mer à cause des températures trop fraîches, et le spa de l'hôtel était fermé ! Quelle déception !! Pour finir, nous avons dû dépenser plus que prévu : lors de notre départ, l'hôtel nous a réclamé de payer le restaurant italien, ainsi qu'une somme pour notre séjour alors que nous étions en formule tout inclus !! C'est inadmissible. J'exige de votre part le remboursement immédiat de ce voyage ainsi que des indemnités pour tous ces désagréments [...].

ANNEXE 2 Fiche de présentation du séjour effectué par le client

GRÈCE / KOS Hôtel Mitsis Blue Domes Resort & Spa 5*

‹ *Mars* MAX : 16°C / MIN : 9°C *Avril* MAX : 20°C / MIN : 13°C *Mai* MAX : 24°C / MIN : 16°C ›

En détail

Horaire d'arrivée : 14:00
Horaire de départ : 12:00

Le montant de la taxe de séjour à régler sur place est de 4 € par chambre et par jour.

Ce prix est donné à titre indicatif et peut être amené à changer en fonction des décisions des autorités locales. Horaires et tarifs à titre indicatif sous réserve de modification.

NOUS AVONS TESTÉ ET AIMÉ
- Être directement situé sur une plage de galets
- Se sentir parfaitement dépaysé grâce à l'architecture typiquement égéenne de l'hôtel et s'amuser grâce aux activités idéales pour tous

>>>

- Faire voyager ses papilles en profitant pleinement de la formule tout inclus
- Partir à la découverte des merveilles antiques du site archéologique de l'Agora

NÉGOCIÉ POUR VOUS !
- Surclassement en Bungalow Vue Mer
- En formule tout inclus
- Arrivée anticipée et départ tardif
- Verre de vin et fruits frais à l'arrivée
- Room service sans supplément
- 20 % de réduction sur les soins du Spa et les achats en boutique
- Accès gratuit au hammam et à la piscine intérieure chauffée
- Une dégustation de vin et de champagne de plus de 100 marques locales, grecques et internationales au Wine and Champagne Bar

LES RESTAURANTS ET BARS DE L'ÉTABLISSEMENT :
- Restaurant principal
- Restaurant italien (sur réservation, payant)
- Restaurant asiatique (sur réservation, payant)
- Lobby Bar, Night Bar
- Island Pool Bar

LES LOISIRS DE L'HÔTEL :
- Piscine intérieure et extérieure
- Spa
- Hammam

La piscine intérieure et le Spa font partie du Spa.
Certains aménagements/services sont sujets à supplément payable sur place.
Certains aménagements sont susceptibles de ne pas être disponibles.
Veuillez noter qu'en raison de la situation actuelle, toute information mentionnée est susceptible d'être modifiée ou adaptée.
Nous vous prions fortement de contacter l'hôtel à cet effet trois jours avant votre départ pour vous tenir au courant des dernières tendances.
Vous pourrez également vous référer à notre section FAQ afin de trouver de plus amples informations sur l'évolution de la situation.
Nous vous proposons de vous tenir informé des dernières réglementations en vigueur :
En Europe *via* le lien correspondant : https://reopen.europa.eu/fr

www.voyage-prive.com

ANNEXE 3 Extrait des conditions générales de vente VPG

Article 15 – Réclamations – Litiges

15.1 Si l'un des services de voyage n'est pas exécuté conformément au contrat, VPG ou son prestataire tenteront de remédier à la non-conformité, sauf si cela est impossible ou entraîne des coûts disproportionnés compte tenu de l'importance de la non-conformité et de la valeur des services de voyage concernés. [Durant le séjour, toute non-conformité devra être immédiatement signalée par le Membre auprès du prestataire et VPG en appelant le numéro de téléphone indiqué sur les documents de voyage ou *via* le formulaire de contact en sélectionnant la rubrique « Vous êtes actuellement en voyage avec nous ».
Si la non-conformité de nature commerciale ou tenant à la qualité des prestations n'a pu être résolue sur place, le Membre devra alors en informer VPG à son retour dans les meilleurs délais. Cette réclamation devra impérativement être formulée par écrit] *via* le formulaire de contact dans « contactez-nous par mail » en sélectionnant « réclamation après retour » [...]. Afin de pouvoir étudier au mieux la réclamation d'un Membre, ce dernier est invité à fournir à VPG dans les meilleurs délais tous les éléments factuels (photographie, vidéos, notamment) qu'il pourra réunir. Une réponse sera apportée au Membre par le Service Consommateur dans un délai d'environ 30 jours.

www.voyage-prive.com

ANNEXE 4 Extrait des conditions générales de vente VPG (suite)

15.2 En cas de différend opposant VPG au Membre, relativement notamment à la conformité et à la qualité des prestations, la modification, l'annulation, la validité, l'interprétation, l'exécution ou l'inexécution du contrat, ceux-ci s'efforceront de résoudre leur litige à l'amiable.
Si les démarches entreprises directement auprès de VPG s'avèrent infructueuses dans la résolution du litige, les parties ont la possibilité de saisir le Médiateur Tourisme et Voyage [...], préalablement à toute introduction du litige devant les Tribunaux. [La Médiation du Tourisme et du Voyage est un service gratuit et indépendant. Le Membre devra toutefois respecter les critères suivants : avoir ouvert une réclamation détaillée auprès de VPG (*via* le formulaire de contact ou tout autre moyen de communication écrit) et avoir gardé une trace de ces échanges ; ne pas avoir obtenu de réponse sous 60 jours ou avoir obtenu une réponse non satisfaisante. Le Médiateur Tourisme et Voyage disposera de 90 jours pour rendre son avis.
Le Membre pourra saisir le Médiateur Tourisme et Voyage *via* un formulaire en ligne sur le site www.mtv.travel/ ou par voie postale à l'adresse suivante : Médiation du Tourisme et du Voyage, BP 80 303 75823 Paris Cedex 17.]
15.3 À défaut d'accord amiable entre VPG et le Membre, tout litige sera porté devant les tribunaux français. La loi applicable aux présentes Conditions générales de vente est la loi française.

www.voyage-prive.com

ANNEXE 5 Rubrique « Aide » du site Voyage Privé

Comment formuler une réclamation en ce qui concerne un retard ou une annulation de vol ?

En cas de retard avéré ou d'annulation de vol, vous pouvez dans certains cas prétendre à une indemnisation.
Il vous faut adresser votre réclamation directement sur le site de la compagnie aérienne. En effet, des informations confidentielles seront demandées, ce qui entre dans le cadre de la directive RGPD (règlement européen sur la protection des données à caractère personnel) entrée en vigueur le 25 mai 2018 et ne nous permet pas de faire les démarches en votre nom.
Vous trouverez ci-dessous les formalités et les conditions à respecter pour faire une réclamation auprès de la compagnie aérienne :

1. Conditions à respecter

Si le retard du vol est important, la compagnie vous doit une assistance. Ce retard doit être d'au moins :

- 2 heures pour un vol de **1 500 km** ou moins,
- 3 heures pour un vol de plus de **1 500 km** dans l'Union européenne (UE) ou pour un vol entre **1500** et **3 500 km** hors UE,
- 4 heures pour un vol de plus de **3 500 km** (hors UE).

Si le retard est d'au moins 5 heures et que vous renoncez à votre voyage, vous pouvez vous faire rembourser le billet.

2. Assistance et prise en charge

La compagnie doit alors prendre en charge gratuitement en attendant le prochain vol :

- des rafraîchissements,
- la restauration,
- 2 communications,
- et, si le départ ne peut avoir lieu avant le lendemain, les frais d'hôtel et de transfert entre l'hôtel et l'aéroport.

NB : si la prise en charge n'est pas fournie, la compagnie devra vous rembourser les frais que vous aurez avancés. Conservez bien tous les reçus pour justifier de ces frais.

>>>

3. Indemnisation

De plus, vous pourrez être indemnisé si votre vol arrive 3 heures ou plus après l'heure d'arrivée prévue.
Cette indemnisation correspond en moyenne à :

- **250 €** pour un vol de **1 500 km** ou moins,
- **400 €** pour un vol de plus de **1 500 km** (dans l'Union européenne),
- **400 €** pour un vol entre **1 500** et **3 500 km**,
- **600 €** pour un vol de plus de **3 500 km**.

NB : l'indemnisation n'est pas due si le retard provient d'une circonstance exceptionnelle (conditions météorologiques ou grève des contrôleurs aériens par exemple). En revanche, la grève de personnels de la compagnie vous autorise à prétendre à une indemnisation.

Vous trouverez ces informations et plus sur le site service-public.fr

www.voyage-prive.com

ANNEXE 6 Documents de voyage (modèles à compléter)

voyage privé

BON D'ÉCHANGE / VOUCHER

Voucher n° : 0002116	Réservation n° : 125YJN6
Votre lieu de séjour :	Dates : Check in : Check out : Durée :
Participants :	Nombre adultes : Nombre enfants :
Chambre :	Détail des prestations :

voyage privé

BILLET ÉLECTRONIQUE / CONVOCATION

Destinataire :

Référence Dossier Compagnie : 8547JGD

Ce document est à présenter au comptoir d'enregistrement de la compagnie à l'aller et au retour.
Veuillez vérifier les formalités et la validité de vos pièces d'identité (enfants et bébés compris).
Veuillez respecter l'heure du rendez-vous afin d'accomplir dans les temps les formalités d'enregistrement et de police.

Aéroport de départ : **Compagnie :**	**Aéroport d'arrivée :**
Date de convocation : le	**à h**
Aller Vol n° : Heure décollage :	Date : Parcours : Arrivée : le à h Durée du vol :
Date de convocation : le	**à h**
Retour Vol n° : Heure décollage :	Date : Parcours : Arrivée : le à h Durée du vol :
Nombre de pax : Nombre adultes : Nombre enfants : Nombre bébés :	Nom des passagers : – –

1 bagage en soute autorisé par passager. Franchise de 23 kg par bagage.
1 bagage à main autorisé par passager.
Enregistrement : vous devez vous enregistrer directement sur le site de la compagnie aérienne dans les 24 h avant votre voyage. Les informations nécessaires à l'enregistrement sont le n° de référence compagnie et le nom de famille.

ATTENTION : LES ENREGISTREMENTS FERMENT 1 H AVANT LE DÉCOLLAGE.

Toute l'équipe de voyageprive.com vous souhaite un agréable séjour.

ANNEXE 7 Séjour réservé par la cliente Elharfi

DJERBA - TUNISIE
Royal Karthago 4*

Vol inclus

Ville de départ :	**Paris (France)**
Ville d'arrivée :	**Djerba (Tunisie)**
Date de début :	**ven. 4 juin 2021**
Date de fin :	**mer. 9 juin 2021**
Durée :	**6 jours - 5 nuits**
Participants :	**2 adultes**

Négocié pour vous :

- En chambre Standard
- Surclassement en chambre avec vue
- En formule tout inclus
- Hébergement gratuit en tout inclus pour le 1er enfant partageant la chambre de 2 adultes payant
- Transferts aéroport/hôtel/aéroport inclus sur les offres avec vol

Total TTC 720 €
au lieu de ~~1 268 €~~

Votre transport

Paris ⇄ Djerba — ALLER ven. 4 juin 2021 — RETOUR mer. 9 juin 2021

ÉCONOMIQUE **+ 0 €**

Aller Transavia France
Plusieurs horaires à ce prix
08:35 ORY — 2 h 55 min — Trajet direct — **10:30** DJE

Retour Transavia France
18:05 DJE — 2 h 55 min — Trajet direct — **22:00** ORY

1 | 0
Détails

Bagages
2 bagages en soute ajoutés
+ 104 € aller/retour
Modifier les bagages

ANNEXE 8 Dossier PNR du client Collet

```
--- TST RLR ---
RP/MRSA12210/MRSA12210          AA/SU  20APR21/0927Z   JL3HN6
  1.COLLET/NOELLE MRS   2.COLLET/ROBERT MR
  3  UU 974 T 15DEC 3 CDGRUN HK2  1830 2A 1930 0930+1 *1A/E*
  4  UU 975 F 25DEC 6 RUNCDG HK2  2000    2100 0530+1 *1A/E*
  5 APE NATHAN@GMAIL.COM
  6 APM +33615151515
  7 TK OK20APR/MRSA12210//ETUU
  8 FA PAX 760-3832890628/ETUU/EUR801.83/20APR21/MRSA12210/00011
       745/S3-4/P1
  9 FA PAX 760-3832890629/ETUU/EUR801.83/20APR21/MRSA12210/00011
       745/S3-4/P2
 10 FB PAX 0000000000 TTP/RT OK ETICKET WELL ISSUED/S3-4/P1-2
 11 FE PAX NONREF/NONEND VALID UU ONLY/S3-4/P1-2
 12 FP CH
 13 FV PAX UU/S3-4/P1-2
*TRN*
```

FICHE RESSOURCE

1 Le traitement des litiges et des réclamations

Le traitement des litiges et des réclamations fait partie de la stratégie de fidélisation curative. Il s'agit de régler les désaccords pouvant apparaître avant le départ du client, pendant son voyage et à son retour. L'enjeu est la satisfaction et la fidélisation de la clientèle, dans le cadre du suivi de la relation client.

I Définitions

Selon le niveau d'insatisfaction, les désaccords entre le vendeur et le client peuvent donner lieu à :
- une plainte : le client est déçu du voyage et exprime son mécontentement auprès du conseiller en séjour/voyage ;
- une réclamation : le client exprime son mécontentement ou son insatisfaction auprès de l'organisation touristique et attend une réponse ou une solution ;
- un litige : le client dénonce les manquements subis lors de son voyage afin d'obtenir un remboursement et des indemnités liées au préjudice subi.

Face à une insatisfaction, le client peut avoir 3 types de réaction (Albert Hirschman, 1970) :
- la loyauté (*Loyalty*) : il demeure fidèle malgré l'insatisfaction ou le mécontentement éprouvé ;
- la défection (*Exit*) : il cesse la relation avec le vendeur et se tourne vers la concurrence ;
- la prise de parole (*Voice*) : il proteste et s'exprime par divers moyens (envoi d'un courrier, appel à une instance supérieure, mobilisation de l'opinion publique...).

La manifestation de ce mécontentement impose donc une écoute du client ainsi qu'un traitement adapté.

II Les enjeux du traitement des réclamations

Il convient de traiter les réclamations avec efficacité et empathie pour améliorer la qualité du service et conserver la confiance du client.

- **Inscription dans une démarche qualité :** le recueil des avis des clients et des internautes sur leur séjour participe à la démarche qualité de l'organisation touristique. Le traitement des réclamations permet :
  - de repérer les sources de dysfonctionnement ;
  - d'améliorer la qualité du service ;
  - d'accroître la satisfaction de la clientèle.
- **Gestion de l'image de marque de l'entreprise touristique :** un traitement rapide des litiges permet de restaurer la confiance du consommateur tout en préservant l'image et l'e-réputation de l'organisation touristique.
  Les consommateurs sont de plus en plus exigeants et n'hésitent pas à s'informer auprès d'associations de consommateurs ou sur des sites Internet, et à partager leurs expériences sur les blogs, des forums et les réseaux sociaux.
- **Fidélisation de la clientèle :** la gestion des réclamations et des litiges contribue à la satisfaction et à la fidélisation de la clientèle.

III Le traitement des réclamations et des litiges

L'organisation touristique doit être en mesure de répondre rapidement aux problèmes rencontrés et de trouver des solutions. Le processus de traitement des réclamations est défini par des procédures internes à l'entreprise ; la gestion des litiges est soumise à la réglementation issue du Code du tourisme.

>>>

1 La prévention des réclamations et des litiges

Elle passe par une information complète et précise fournie au client avant son départ. L'agent de voyages a une obligation générale d'information et d'assistance, assortie d'une **obligation de conseil** : il doit communiquer au client l'ensemble des informations relatives aux caractéristiques des services du voyage.

Pendant son voyage, le voyageur peut rencontrer des problèmes ou des difficultés : le vendeur doit lui apporter une assistance. Ce **devoir d'assistance** rend l'agence de voyages redevable d'une obligation d'assistance et de diligence afin de venir en aide à ses clients en toutes circonstances. Le professionnel doit mettre en œuvre tout ce qui est en son pouvoir (moyens financiers, matériels...) pour assister ses clients.

2 La procédure de traitement des réclamations

Traiter le litige sur place, en temps réel, paraît le meilleur moyen de satisfaire le client et d'éviter toute réclamation future. Le représentant local du voyagiste ou le prestataire doivent s'efforcer d'apporter des solutions ou de trouver des prestations de remplacement en cas d'inexécution d'une prestation prévue au contrat de voyage.

Lorsque les incidents ne peuvent pas être réglés sur place et font l'objet d'une réclamation au retour du client, l'agent de voyages doit :

1) **accuser rapidement réception de la réclamation reçue**, quel que soit le canal de contact (courrier, e-mail, avis et commentaires déposés sur les réseaux sociaux...) ;

2) **évaluer la réclamation :** vérifier le bien-fondé de la demande, en s'appuyant sur le descriptif du voyage et les conditions générales de vente (CGV) ;

3) **ouvrir un dossier auprès du TO** (sur le site B2B) ou étudier la réclamation en faisant une enquête auprès du prestataire. Il s'agit de vérifier les informations, d'établir les faits et de déterminer si la responsabilité de l'agence est engagée.

- Si **la prestation n'a pas été exécutée ou a été mal exécutée**, le voyageur a droit à une réduction de prix et peut demander, en cas de préjudice subi en raison de la non-conformité des services fournis, des dommages et intérêts (art. L211-17 du Code du tourisme).
  En outre, si l'organisateur ou le détaillant ne remédie pas à la non-conformité dans un délai raisonnable fixé par le voyageur, celui-ci peut y remédier lui-même et réclamer le remboursement des dépenses nécessaires.
- Si **la réclamation est de bonne foi mais que les faits sont difficiles à établir**, un geste commercial peut être accordé afin de conserver un nouveau client ou fidéliser une clientèle : cadeau, bon à valoir ou remise sur un prochain voyage ;

4) **apporter une réponse au client** et lui communiquer la solution apportée : accuser réception de la demande, manifester de l'empathie, répondre à chaque point de façon claire et objective, conclure afin de maintenir ou restaurer la confiance.

3 Le comportement à adopter

- Écouter son interlocuteur de façon active, sans l'interrompre et en témoignant de l'empathie.
- Reformuler, afin de vérifier si les faits et les éléments de la demande ont bien été compris.
- Analyser les faits : identifier les problèmes, établir un diagnostic. Prendre en compte les réclamations formulées et s'excuser en cas d'erreur ou de dysfonctionnement.
- Trouver une solution en s'engageant personnellement (« Je m'engage à... », « Je m'occupe de... »).
- Personnaliser la relation : appeler le client par son nom, lui laisser ses coordonnées pour le rassurer.
- Rester en contact : tenir le client informé sur le suivi en interne.

FICHE RESSOURCE

2 Les modes de règlement des litiges

L'exécution des contrats donne lieu à des litiges qui peuvent être portés devant les tribunaux. La loi permet le recours à des modes de résolution amiable des conflits.

I L'organisation des juridictions françaises

L'organisation des juridictions françaises repose sur plusieurs principes (dualité des autorités, double degré de juridiction, droit à un procès équitable…) qui garantissent le respect des libertés fondamentales.

1 Les ordres de juridiction

Les juridictions se répartissent en deux ordres : l'ordre judiciaire et l'ordre administratif.

- L'**ordre judiciaire** est compétent pour régler les litiges opposant les personnes privées et sanctionner les auteurs d'infractions aux lois pénales. On distingue les **juridictions civiles**, qui tranchent les litiges entre particuliers, et les **juridictions pénales**, qui règlent les conflits impliquant une infraction à la loi pénale.
- L'**ordre administratif** règle les conflits entre administrations, et entre un particulier et une administration. La justice administrative est compétente dès qu'une personne publique (service de l'État, région, département, commune, entreprise publique…) est en cause.

Ordre judiciaire			Ordre administratif
Juridictions civiles	**Juridictions spécialisées**	**Juridictions pénales**	
Tribunal judiciaire Juridiction de droit commun pour les affaires civiles et commerciales Compétence exclusive : état des personnes, affaires familiales, immobilières…	**Conseil de prud'hommes** Litiges individuels entre salariés ou apprentis et employeurs portant sur le contrat de travail	**Cour d'assises** Crimes (infractions les plus graves) passibles d'une réclusion de 10 ans jusqu'à la perpétuité	**Tribunal administratif** Litiges entre les usagers et les administrations
Tribunal de proximité Litiges de la vie courante d'un montant inférieur à 10 000 € : problème de voisinage, prestation non effectuée, conflit familial…	**Tribunal de commerce** Litiges entre particuliers et commerçants ou entre commerçants et sociétés commerciales	**Tribunal correctionnel** Délits passibles d'emprisonnement jusqu'à 10 ans, d'amendes…	
	Tribunal des affaires de sécurité sociale Litiges entre les organismes de sécurité sociale et les personnes assujetties	**Tribunal de police** Contraventions passibles d'amendes	
	Tribunal paritaire des baux ruraux Litiges entre propriétaires et exploitants de terre ou de bâtiments agricoles		
Voies de recours			
Cour d'appel Réexamine l'affaire déjà jugée par la juridiction de premier degré, lorsqu'une ou plusieurs personnes ne sont pas satisfaites du jugement.			**Cour administrative d'appel**
Cour de cassation Juridiction suprême, elle ne rejuge pas les faits mais vérifie que la loi a bien été appliquée par les tribunaux et la cour d'appel.			**Conseil d'État**

>>>

2 Les compétences des juridictions

Les tribunaux sont spécialisés selon la nature des affaires jugées. Des règles fixent cette compétence, appelée « **compétence d'attribution** ».

Il est nécessaire de déterminer, parmi les tribunaux compétents, celui qui l'est géographiquement : on parle de « **compétence territoriale** ». En matière civile, le tribunal compétent est celui du domicile du défendeur, c'est-à-dire de la personne attaquée en justice. S'il s'agit d'une société, on retient le lieu de son siège social.

II Les modes alternatifs de résolution des conflits

Dans le cadre d'une procédure amiable, le conflit est réglé en l'absence de procès devant les juridictions. Les parties règlent leur différend au moyen de modes alternatifs de résolution des litiges, ce qui permet un gain de temps et d'argent, ainsi qu'un désengorgement des tribunaux. Le recours par les parties à un mode de résolution amiable des différends préalablement à la saisine du tribunal judiciaire est exigé pour tous les litiges d'un montant inférieur à 5 000 €.

1 Les modes alternatifs non spécifiques au secteur touristique

- **La médiation :** les parties tentent de trouver un accord par elles-mêmes, avec l'aide d'un tiers (le médiateur) qu'elles ont choisi ou qui a été désigné par un juge. Le médiateur est un professionnel indépendant neutre et impartial qui aide les parties à trouver des solutions en les rencontrant et en mettant en place un dialogue entre elles. Il ne tranche pas le litige, mais fait en sorte qu'une solution négociée puisse émerger.
- **La conciliation :** le conciliateur de justice a pour mission de rencontrer les parties, de rapprocher les points de vue et de proposer une solution amiable à leur litige. Son domaine d'intervention est limité par la loi. Il s'agit d'une procédure confidentielle, rapide et gratuite.

  Exemples : problèmes de voisinage (droit de passage, mur mitoyen...), litiges de la consommation, impayés, malfaçons de travaux.
- **L'arbitrage :** ce mode de justice privée fait intervenir un tiers, l'arbitre. Ce dernier est choisi par les parties pour ses compétences et son autorité morale. Les parties s'engagent, par une convention d'arbitrage établie à l'avance (clause compromissoire), à respecter la décision de l'arbitre (la sentence arbitrale). À l'inverse du médiateur et du conciliateur, l'arbitre a le même rôle que le juge : il prononce une sentence, c'est-à-dire qu'il décide lui-même de l'issue du litige.

2 La Médiation du Tourisme et du Voyage (MTV)

La Médiation du Tourisme et du Voyage a pour but le règlement amiable des litiges qui peuvent survenir entre les clients et les fournisseurs de services de transport aérien, voyage et tourisme, membres de l'une des organisations signataires de la charte de la Médiation du Tourisme et du Voyage : la FNAM (Fédération nationale de l'aviation marchande), le SNAV (Syndicat national des agences de voyages), le CETO (Cercle d'études des tour-opérateurs)...

Indépendant et impartial, le Médiateur Tourisme et Voyage est chargé de rapprocher les points de vue pour ouvrir la voie à une solution amiable et éviter de recourir à un tribunal. Il s'agit d'une procédure gratuite pour les consommateurs.

La saisie de la MTV s'effectue en l'absence de réponse ou dans le cas d'une réponse insatisfaisante du professionnel dans un délai de 2 mois, suite à la réclamation écrite préalable du client.

Il suffit alors de télécharger le formulaire disponible sur le site www.mtv.travel et de compléter son dossier. Le médiateur donne un avis dans un délai de 90 jours.

3 Les documents de voyage

Il s'agit de l'ensemble des documents remis par l'agence de voyages au client avant son voyage, et qui sont nécessaires à l'exécution des prestations prévues dans son contrat de voyage.

I Les bons d'échange (vouchers)

1 Définition

Un bon d'échange (en anglais, *voucher*) est un document émis par l'agent de voyages. Il est ensuite remis par le client au prestataire concerné (hôtelier, transporteur, restaurateur...) en échange de la délivrance de la prestation touristique indiquée.
Par ce document, l'agent de voyages s'engage à payer le prestataire quand celui-ci lui aura transmis la copie du voucher. Certains bons d'échange sont prépayés par le client (cas de prestations réservées en ligne) qui en remet un à chacun des différents prestataires au cours de son voyage. Un seul bon est donc utilisé par prestation.

2 Présentation

Il n'existe pas de présentation normalisée des bons d'échange. Certaines mentions sont toutefois obligatoires :
- le n° de voucher ;
- l'identification de l'émetteur (pré-imprimée), du prestataire et du client ;
- la description littérale de la prestation attendue : date et heure de la prestation, type de prestation, nombre de personnes (adultes/enfants) ;
- l'heure et l'adresse de rendez-vous ;
- les coordonnées de contact, etc.

CEETIZ
BOOK THE BEST THINGS TO DO
PRE-PAID VOUCHER
BON D'ECHANGE PREPAYE

INFORMATION FOR THE PROVIDER
This new voucher has been slightly redesigned. If you have any question about this new format, please contact your Ceetiz representative

CEETIZ booking reference: RE18060300113
CEETIZ activity code: BOALIS005

Copy to give to the service provider
(Exemplaire à remettre au prestataire)

Sunset Yacht Cruise in Lisbon
on Friday, July 13, 2018.

Activity reference
Lisbon Sunset sailing cruise - 120min

Croisière en voilier au coucher du soleil à Lisbonne
le vendredi 13 juillet 2018.

Activity provided by Lisbon By Boat
(Votre prestation sera assurée par)

Agent account (Compte Client) : Ceetiz
Name of lead traveler (Nom du voyageur référent) : sandrine DACUNHA

Participants: (Qui participe ?) : 2 (two) Adult (14 years +)

Time (Horaire) : 7:00pm (19:00)
Language (Langue) : French (Français)
Departure point (Départ)
Doca de Belem 1300-000 Lisbonne

>>>

II Les titres de transport

1 Définition

Un titre de transport est un document qui matérialise le contrat de transport passé entre le voyageur et le transporteur. Il permet au voyageur de justifier du paiement de son trajet lors d'éventuels contrôles effectués durant le voyage. Ces titres sont de plus en plus dématérialisés, sous forme de carte à bande magnétique ou de code à scanner.

Exemples : billets de train ou d'avion, tickets pour les transports en commun.

2 Les différents types de billet

On distingue différents types de billet, selon le support qui le matérialise :
- le **billet papier** (ticketing physique) a quasiment disparu dans le secteur aérien (il n'existe plus depuis 2008 pour les compagnies IATA). On le retrouve dans le secteur ferroviaire (billet de train SNCF) ;
- le **billet électronique** est émis par les agences de voyages agréés IATA, et il est sauvegardé dans le système informatique de réservation ; il est échangeable par le client au comptoir en gare ou à l'aéroport, ou sur une borne automatique ;
- l'**e-billet** est un billet dématérialisé acheté sur un site B2C et imprimé par le client. Il comporte un code-barres à scanner ;
- le **m-billet** est téléchargé par le client sur son téléphone mobile ou directement chargé dans l'application mobile du transporteur. Il se présente sous la forme d'un QR Code.

III Le carnet de voyage

Remis au client avant son départ, il contient l'ensemble des documents nécessaires au bon déroulement de son voyage.

Programme	Précise le contenu journalier du séjour : horaires, visites et activités, lieux d'hébergement..., ainsi que les coordonnées des représentants locaux.
Titres de transport	Billets de train et d'avion sous forme électronique.
Bons d'échange	Un bon d'échange par prestation.
Convocation de départ	Indique le jour, le lieu et les horaires de convocation et de départ.
Notice d'assurance	En cas de souscription par le client, précise le numéro de contrat, les garanties et les coordonnées de contact en cas d'urgence.
Documentation touristique	Dépliants, livrets, plans, guide sur la destination...
Questionnaire de satisfaction	À retourner en fin de séjour, il est de plus en plus souvent adressé au client par mail à son retour afin qu'il le complète en ligne.
Objets publicitaires (*goodies*)	Étiquettes pour bagages, stylo... aux couleurs de l'agence ou du voyagiste.

FICHE RESSOURCE

4 L'après-vente : annulation immédiate d'un billet d'avion avec Amadeus

Une annulation est dite « immédiate » lorsqu'elle porte sur un billet émis dans la journée : l'agent de voyages effectue un VOID du billet. Cette annulation n'a pas d'incidence au niveau comptable.

I Visualiser l'image du billet électronique : le format TWD/Ln° deligne

Le format TWD permet de vérifier le statut du billet, ce qui est obligatoire pour toute opération d'après-vente. Ce format s'utilise dans un dossier ouvert.

Saisir le format : **TWD/Ln° deligneFA**

Par exemple, pour afficher le billet électronique correspondant à la rubrique FA ligne n° 7 : **TWD/L7**

TKT (billet) – **760** (code compagnie 3 chiffres) **3832925461** (n° billet)

```
TKT-7603832925461          RCI-                       1A  LOC-PD6OPA
  OD-PARRUN  SI-        FCPI-0    POI-MRS  DOI-19MAY21  IOI-00011745
   1.ESSAI/PAUL MR                    ADT                ST
  1 OCDG UU 974    F 25AUG1930 OK FLOPRLI               O               NO
     RUN
 FARE     F EUR         116.00
 TOTALTAX EUR           202.00
 TOTAL     EUR          318.00
 /FC PAR UU RUN137.19NUC137.19END ROE0.845527
 FE LIGHT FARE/NONREF/NO BAG
 FP CHECK
 FOR TAX/FEE DETAILS USE TWD/TAX
 *TRN*
```

ESSAI/Paul — **ADT** (PAX ADULTE) — **ST** (STATUT) STATUT **O** = ***Open** for use*

Les statuts O (*Open for use*) et A (*Airport control*) vont permettre l'après-vente (Annulation, Remboursement, Revalidation).

Dans certains cas, le statut A empêche l'annulation ou le remboursement d'un billet car la compagnie aérienne s'est réapproprié le billet. Il faut alors appeler la compagnie pour qu'elle débloque le statut.

II Annuler (voider) un billet électronique : le format TRDC/Ln° deligne

Saisir le format : **TRDC/Ln° deligneFA**

Par exemple, pour annuler l'e-billet correspondant à la FA ligne n° 7 : **TRDC/L7**

Remarque : recommencer la procédure en cas de dossier multi-passagers pour chaque ligne FA. Pour annuler chaque billet, il faut sélectionner la ligne FA de chaque passager (puisque chaque passager a son propre numéro de billet) et annuler chaque billet correspondant.

Le système répond : **OK - DOCUMENT CANCELLED** ou **OK – DOCUMENT(S) ANNULÉ(S)**.

>>>

III Revenir sur le dossier : le format RT

L'annulation du billet génère une modification de la ligne FA dans le PNR : l'état du billet passe du statut **ET** (état ticketé = émis) au statut **EV** (état voidé = annulé).

EVUU (état voidé, compagnie Air Austral UU)

```
FA PAX 760-3832925461/EVUU/EUR318.00/19MAY21/MRSA12210/00011
   745/S2
```

En saisissant le format TWD afin de vérifier le statut des segments, on s'aperçoit que le statut du billet est passé en V (ou void : le billet électronique est annulé).

IV Vérifier que le billet est annulé dans le relevé des ventes : le format TJQ

Les documents doivent avoir un statut CANX (*cancel*).

```
AGY NO - 00011745            QUERY REPORT 19MAY                  CURRENCY EUR
OFFICE - MRSA12210           SELECTION:
AGENT  - 8498AA                                                   19 MAY 2021
------------------------------------------------------------------------------
SEQ NO A/L DOC NUMBER TOTAL DOC    TAX     FEE    COMM FP PAX NAME AS RLOC   TRNC
------------------------------------------------------------------------------
000109 760 3832925461    318.00 202.00    0.00    0.58 CA ESSAI/PA AA PD6OPA CANX
*TRN*
```

V Annuler les segments de vol dans le PNR : le format XEn° deligne

Cela permet d'éviter les ADM par le BSP (*Billing and Settlement Plan*, qui organise les transactions financières entre les agences de voyages et les compagnies aériennes).

Remarque : les mémos de débit d'agence (ADM) / mémos de crédit d'agence (ACM) sont des ajustements émis par une compagnie aérienne pour tout document incorrectement notifié.
Il s'agit d'un outil de comptabilité utilisé par toutes les compagnies aériennes *via* le BSP pour collecter les sommes ou faire des ajustements aux transactions d'argent relatives à l'émission et l'utilisation de documents de transport.

MÉMO PROCÉDURE

Le dossier est tarifé et fermé.

RT/CLIENT	Ressortir le dossier par le nom du passager.
	Noter le n° de la ligne FA qui apparaît dans le dossier.
TWD/Ln° deligne	Afficher le billet électronique et vérifier le statut (O).
TRDC/Ln° deligne	Annuler le billet électronique en repérant le n° de ligne de la FA.
RT/CLIENT	Vérifier la ligne FA dans le dossier (statut EV).
TJQ	Vérifier que le billet est annulé dans le relevé des ventes (CANX).
XEn° deligne	Prendre soin de bien annuler les vols dans le PNR.
RF puis ER	Pour signer et enregistrer.

1 Annuler un séjour suite à la Covid-19

Trois de vos amis avaient réservé un voyage en Crète du 12 au 19 juillet 2020 sur le site Internet d'un voyagiste. Suite aux conditions sanitaires liées à la pandémie de Covid-19, ils ont annulé leur séjour fin mai. Malgré leurs nombreuses relances, ils n'ont toujours pas eu de retour du voyagiste, qui fait apparaître leur dossier « en cours de traitement » sur le site. Vos amis font appel à vos connaissances de technicien(ne) supérieur(e) du tourisme pour les aider à résoudre leur litige.

1. **Déterminez si l'ordonnance du 25 mars 2020 (document) s'applique au contrat conclu par vos amis.**

2. **Indiquez les obligations du voyagiste à leur égard.**

3. **Depuis l'annulation de leur séjour, près de 8 mois se sont écoulés. Vos amis peuvent-ils exiger le remboursement intégral de leur séjour ?**

4. **Conseillez-les sur la démarche qu'ils doivent mettre en œuvre afin de faire valoir leurs droits dans le cadre d'une procédure amiable.**

DOCUMENT Ordonnance n° 2020-315 du 25 mars 2020

Le présent article est applicable à la résolution, lorsqu'elle est notifiée entre le 1er mars 2020 et une date antérieure au 15 septembre 2020 inclus :
– Des contrats de vente de voyages et de séjours vendus par un organisateur ou un détaillant ;
– Des contrats, autres que ceux mentionnés ci-dessus, portant sur les services vendus par des personnes physiques ou morales produisant elles-mêmes ces services.
Lorsqu'un des contrats mentionnés ci-dessus fait l'objet d'une résolution, l'organisateur ou le détaillant peut proposer, à la place du remboursement de l'intégralité des paiements effectués, un avoir que le client pourra utiliser pendant une période de 18 mois.
Le montant de l'avoir est égal à l'intégralité des paiements effectués au titre du contrat résolu. Lorsque cet avoir est proposé, le client ne peut solliciter le remboursement de ces paiements avant le terme de la période de validité de l'avoir.
L'organisateur ou le détaillant proposant un avoir en informe le client sur un support durable au plus tard trente jours après la résolution du contrat. Ils doivent proposer, afin que leur client puisse utiliser l'avoir, une nouvelle prestation qui fait l'objet d'un contrat répondant aux conditions suivantes :
– La prestation est identique ou équivalente à la prestation prévue par le contrat résolu ;
– Son prix n'est pas supérieur à celui de la prestation prévue par ce contrat résolu, le voyageur n'étant tenu, le cas échéant, qu'au paiement correspondant au solde du prix de ce contrat ;
– Elle ne donne lieu à aucune majoration tarifaire autre que celles que, le cas échéant, le contrat résolu prévoyait.
À défaut de la conclusion du contrat relatif à la nouvelle prestation avant le terme de la période de validité de l'avoir, l'organisateur ou le détaillant de voyage procède au remboursement de l'intégralité des paiements effectués au titre du contrat résolu à l'échéance de l'avoir.

www.legifrance.gouv.fr

2 Assurer une assistance à l'aéroport

Vous êtes agent d'escale Air France à l'aéroport de Paris-Charles de Gaulle. Lors de l'embarquement, un couple se voit refuser l'accès à bord pour son vol à destination de Miami pour cause de surbooking aérien. Vous devez l'assister dans l'attente du prochain vol. Il se présente à vous très en colère, ne comprenant pas ce qu'il se passe.

À l'aide des documents 1 à 3, répondez aux questions suivantes.

1. **Indiquez le comportement que vous adoptez vis-à-vis de ce couple.**
2. **À l'aide de recherches sur Internet, expliquez au couple de passagers la pratique du surbooking et informez-les sur la légalité de cette pratique.**
3. **Présentez les différentes actions que vous mettez en œuvre pour apporter une assistance au couple.**
4. **Calculez l'indemnité à laquelle les passagers pourront prétendre.**
5. **Simulez cette situation à l'oral avec un(e) camarade.**

DOCUMENT 1 Informations sur le vol surbooké

AF/ **Vol aller • sam. 15 mai**

- **13:45 • Aéroport de Paris-Charles de Gaulle (CDG)**
  Durée : 9 h 30 min
- **17:15 • Aéroport international de Miami (MIA)**

DOCUMENT 2 Horaires du vol de réacheminement des clients

Départ • dim. 16 mai

AF/
- **10:10 • Aéroport de Paris-Charles de Gaulle (CDG)**
  Durée : 1 h 30 min
- **10:40 • Aéroport de Londres Heathrow (LHR)**

1 h 20 min d'escale • Londres (LHR)

Virgin
- **12:00 • Aéroport de Londres Heathrow (LHR)**
  Durée : 9 h 25 min
- **16:25 • Aéroport international de Miami (MIA)**

DOCUMENT 3 Règlement CE n° 261/2004 établissant des règles communes d'indemnisation et d'assistance des passagers

Le présent règlement s'applique :
- aux passagers au départ d'un aéroport situé sur le territoire d'un pays de l'Union européenne (UE) soumis aux dispositions des traités de l'UE ;
- aux passagers au départ d'un aéroport situé dans un pays tiers et à destination d'un aéroport situé sur le territoire d'un pays de l'UE soumis aux dispositions des traités de l'UE si le transporteur aérien effectif du vol est un transporteur européen.

À condition que les passagers disposent d'une réservation confirmée pour le vol concerné et se présentent, sauf en cas d'annulation, à l'enregistrement à l'heure indiquée à l'avance ou, en l'absence d'indication d'heure, au plus tard 45 minutes avant l'heure de départ publiée. Le règlement reconnaît des droits aux passagers dans les situations suivantes :
- en cas de refus d'embarquement contre leur volonté ;

- en cas de vol retardé ;
- en cas d'annulation de leur vol.

Refus d'embarquement

Lorsqu'un transporteur aérien effectif prévoit raisonnablement de refuser l'embarquement sur un vol, il fait d'abord appel aux volontaires acceptant de renoncer à leur réservation en échange de certaines prestations. Lorsque le nombre de volontaires n'est pas suffisant pour permettre l'embarquement, le transporteur aérien peut refuser l'embarquement de passagers contre leur volonté et doit, dans ce cas, les indemniser.

Les transporteurs aériens donnent la priorité aux personnes à mobilité réduite et à toutes les personnes qui les accompagnent.

En cas d'annulation ou de refus d'embarquement d'un vol, les passagers concernés ont le droit :

- au remboursement du billet dans un délai de sept jours, ou à un vol retour vers leur point de départ initial ou à un réacheminement vers leur destination finale ;
- à une prise en charge (des rafraîchissements et des possibilités de se restaurer, un hébergement à l'hôtel, le transport depuis l'aéroport jusqu'au lieu d'hébergement, la possibilité d'effectuer gratuitement deux appels téléphoniques ou d'envoyer gratuitement deux télex, deux télécopies ou deux messages électroniques) ;
- à une indemnisation dont le montant est fixé à :
  - 250 euros pour tous les vols de 1 500 km ou moins,
  - 400 euros pour tous les vols intracommunautaires de plus de 1 500 km et pour tous les autres vols de 1 500 à 3 500 km,
  - 600 euros pour tous les vols qui ne relèvent pas des points précédents.

https://eur-lex.europa.eu © Union européenne, 1998-2021.

3 Élaborer un carnet de voyage

Vous avez récemment vendu un autotour en Corse à un client fidèle de votre agence. La date de départ de son voyage est proche. Vous devez élaborer son carnet de voyage afin de lui remettre lors de sa prochaine venue à l'agence.

À l'aide des documents 1 et 2, répondez aux questions suivantes.

1. **Listez les différents documents que vous allez émettre à l'aide du site B2B Fram.pro. Indiquez, pour chaque document, le type de prestataire concerné, ainsi que le détail de la prestation.**
2. **Identifiez les documents manquants pour permettre l'exécution des prestations prévues.**
3. **Suggérez des supports de documentation pertinents à insérer dans le carnet de voyage.**

DOCUMENT 1 Page-écran du site B2B Fram.pro

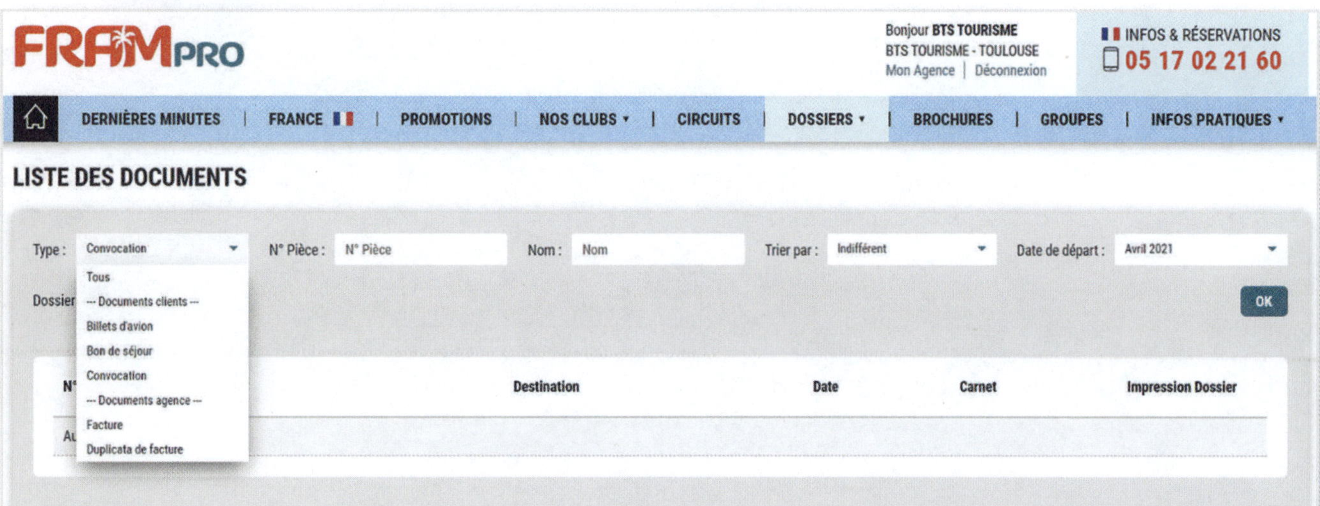

>>>

DOCUMENT 2 Détail de la prestation réservée

RÉSERVATION

Corse – Corse du Sud
Balade en Corse du Sud (Vols inclus)

Forfait	2 × 887,67	1 775,34 €
Taxes et redevances	1 × 176,76	176,76 €
Voiture	1 × 0,00	0,00 €
BAGAGES	2 × 0,00	Inclus
Option annulable remboursable	2 × 56,00	112,00 €
Total zen	1 × 90,00	90,00 €
TOTAL TTC :		**2 154,10 €**

PRESTATIONS
8 jours / 7 nuits – Vols + Autotour + Hôtel + Logement Petit-déj.

PARTICIPANTS
2 adultes

VILLE DE DÉPART
Paris

DATES
Mer. 2 juin N au Mer. 9 juin N

HÉBERGEMENT
1 × Chambre double standard

TRANSPORT A/R

VOL ALLER **Mer. 2 juin N**
Départ : **Paris Orly (ORY) à 13 h 10**
Arrivée : **Ajaccio (AJA) à 14 h 45**
Compagnie : CCM AIRLINES

VOL RETOUR **Mer. 9 juin N**
Départ : **Ajaccio (AJA) à 14 h 10**
Arrivée : **Paris Orly (ORY) à 15 h 50**
Compagnie : CCM AIRLINES

AVIS®

Aucuns frais pour modification de réservation ACTUALISATION CORONAVIRUS

✓ Date et lieu MODIFIER
2 juin 10:00 → 9 juin 12:00
Aéroport d'Ajaccio-Napoléon-Bonaparte-Aéroport d'Ajaccio-Napoléon-Bonaparte

✓ Véhicule MODIFIER
Petite citadine (Manuelle) 365,08 €
Exemple : Renault Clio 5 ou similaire

✓ Assurance MODIFIER
Protection incluse (Sauf bris de glace) Inclus

4 Options supplémentaires
GPS Avis

CHAPITRE

VERS PIX 1.1 Mener une recherche et une veille d'information
1.3 Traiter des données
2.4 S'insérer dans un monde numérique

9 Analyser la qualité de la prestation touristique vendue

TÂCHES

- Mesurer la satisfaction de la clientèle
- Analyser les retours des clients
- Formuler des propositions d'amélioration
- Informer les services concernés

COMPÉTENCE

- C10. Analyser la qualité de la prestation touristique vendue

SITUATION PROFESSIONNELLE

Vous travaillez au sein de l'hôtel Beau Rivage*, un établissement indépendant situé dans la région bordelaise. Cet hôtel familial possède 60 chambres, ainsi que 3 salons et une salle de réception permettant d'organiser des événements et des séminaires. Implanté au cœur d'un vignoble, l'hôtel dispose d'une piscine extérieure, d'un restaurant ainsi que d'un court de tennis.**

L'hôtel a conclu des partenariats avec des prestataires locaux afin de proposer à sa clientèle française et étrangère des balades à vélo ou à cheval, des activités sportives ou encore des activités œnologiques dans la région.

Le directeur de l'établissement, Didier Martin, souhaite s'inscrire dans une démarche qualité afin d'obtenir une classification hôtelière 4 étoiles. La satisfaction de la clientèle est donc une de ses priorités, d'autant plus qu'il a constaté depuis quelques mois une baisse de la fréquentation touristique de l'hôtel.

VOTRE MISSION

Vous devez aider votre directeur dans sa démarche d'obtention d'une nouvelle étoile pour l'hôtel Beau Rivage***. M. Martin vous confie le soin d'analyser la qualité des services proposés par l'hôtel. Vous serez chargé(e) de mesurer la satisfaction des touristes ayant effectué un séjour dans l'établissement, mais également de contribuer à la mise en place d'une action de fidélisation à destination des clients de l'hôtel.

TRAVAIL À FAIRE

I Adopter une démarche qualité

M. Martin vous consulte sur la procédure d'évaluation de la qualité des prestations de son hôtel qui sera mise en place lors de sa demande de classification.

1. Analysez les différentes prestations de l'hôtel qui seront évaluées lors de la procédure d'attribution d'une étoile supplémentaire.
→ Annexes 1 et 2

2. Repérez le processus particulier qui obéit à l'obtention d'une 4e étoile et montrez l'intérêt de sa mise en œuvre.
→ Annexe 3
→ Fiche ressource 1

II Mesurer la satisfaction de la clientèle

Afin de vous préparer à l'évaluation de la qualité de l'hôtel, vous souhaitez mesurer la satisfaction de votre clientèle.

3. Présentez les différents moyens qui peuvent être utilisés par l'hôtel Beau Rivage*** pour évaluer la satisfaction de ses clients.
→ Annexes 4 et 5
→ Fiche ressource 2

Vous proposez à M. Martin de soumettre un questionnaire de satisfaction en ligne à chaque client ayant effectué un séjour dans l'hôtel. Ce questionnaire, qui comportera environ 10 questions, permettra d'évaluer l'accueil du personnel ainsi que l'équipement de la chambre et de l'hôtel.

4. Élaborez le questionnaire en utilisant un outil de création en ligne (Google Forms, Typeform, Zoho…).
→ Fiche ressource 3

L'hôtel Beau Rivage*** est référencé sur des plateformes de réservation hôtelière mais il dispose également de son propre site Internet, sur lequel les clients peuvent réserver une chambre. Votre directeur n'étant pas très expérimenté dans l'usage des outils numériques, il vous demande de rechercher et d'analyser les avis qui ont été déposés sur les réseaux à propos de son hôtel.

5. Montrez l'importance des avis clients pour les voyageurs lors de leur parcours de réservation d'un hôtel.
→ Annexes 4 et 5
→ Fiche ressource 4

6. Justifiez l'intérêt pour l'hôtel Beau Rivage*** d'analyser les avis clients déposés en ligne.

7. Repérez les motifs d'insatisfaction de la clientèle de l'hôtel communiqués sur les réseaux sociaux.
→ Annexe 6

8. Proposez des solutions à votre directeur pour améliorer la qualité des prestations de l'hôtel Beau Rivage*** suite à l'analyse des avis en ligne.

III Fidéliser la clientèle

M. Martin est attaché à la satisfaction de sa clientèle. Dans le cadre de sa stratégie de fidélisation curative, il souhaite répondre aux avis déposés en ligne.

9. Rédigez la réponse que vous formulez à Stéphanie P. pour la fidéliser. Annexe 6

Face à la baisse de la fréquentation de ces derniers mois, M. Martin souhaite mettre en place une action de fidélisation afin de redynamiser les ventes de son hôtel, mais aussi d'améliorer son e-réputation.

10. Montrez comment un client fidélisé peut impacter l'e-réputation de l'hôtel. Fiche ressource 4

11. Suggérez à M. Martin des moyens destinés à fidéliser les clients, en tenant compte du budget limité de l'hôtel pour cette opération. Fiche ressource 5

12. Sélectionnez les 2 clients qui feront l'objet de l'action de fidélisation, en utilisant la méthode RFM. Vous calculerez au préalable le score par client. Annexes 7 et 8
Fiche ressource 6

VOTRE DOSSIER

ANNEXE 1 Prestations et équipements de l'hôtel Beau Rivage***

À peine entré, le calme et la douceur de la décoration vous apaisent et vous promettent un agréable séjour. De grandes baies vitrées apportent une belle clarté. L'hôtel est non-fumeur et dispose de chambres accessibles aux personnes à mobilité réduite.

DES CHAMBRES FONCTIONNELLES

Les chambres, très lumineuses et spacieuses, se déclinent pour 1, 2 ou 3 personnes et sont équipées d'un téléviseur écran plat grand écran. Un soin particulier a été apporté à l'insonorisation afin d'offrir le plus grand calme à notre clientèle. Pour augmenter le confort, chaque chambre est équipée d'une climatisation réversible.
Nous apportons une attention particulière à la qualité de notre literie. Nos matelas et sommiers, de qualité supérieure, donnent une sensation de douceur une fois allongé.

UNE CHARTE DE QUALITÉ DE SERVICES

Vous séjournerez dans un hôtel engagé dans une charte qualité de services et d'accueil vous garantissant des moments de convivialité dans une maison à la décoration de charme, aux chambres singulières et personnalisées, avec un personnel aux attentions délicates.

- Parking gratuit
- Réception 24 h/24
- Piscine extérieure chauffée, court de tennis
- Salle de réception
- Salons
- Accès Wi-Fi gratuit
- Restaurant

LES PETITS-DÉJEUNERS

Les petits-déjeuners sont proposés en salle ou en terrasse. Vous apprécierez le service à table dans une ambiance très conviviale. Nous sélectionnons avec soin des produits locaux élaborés par nos partenaires engagés dans l'agriculture biologique.
Les petits-déjeuners sont servis de 7 h à 10 h en semaine (samedi et dimanche, dès 8 h).

ANNEXE 2 Comment sont classés les hôtels de tourisme ?

L'hôtel de tourisme peut faire l'objet d'un classement (exprimé en nombre d'étoiles), quel que soit le nombre de chambres. Le classement n'est pas obligatoire. Il a lieu à la demande de l'exploitant de l'hôtel. L'hôtel peut aussi posséder un label. Les hôtels sont classés en 5 catégories de 1 (hébergement économique) à 5 étoiles (hébergement très haut de gamme).

L'attribution d'étoiles se fait sur la base de l'appréciation des 3 grands critères suivants :

– qualité de confort des équipements ;
– qualité des services proposés dans les établissements ;
– bonnes pratiques en matière de respect de l'environnement et de l'accueil des clientèles en situation de handicap.

Pour conserver le bénéfice des étoiles, l'hébergement est évalué tous les 5 ans. Le classement est volontaire : c'est l'exploitant qui doit engager la demande de classement de son établissement auprès d'Atout France [Agence de développement touristique de la France].

Service-public.fr

ANNEXE 3 Procédure d'évaluation de votre établissement hôtelier

L'inspection *in situ* :

De 1 à 3* : l'inspecteur se présente et réalise (avec le contact préalablement défini) l'inspection des parties communes, l'échantillonnage de chambres et des points de contrôle correspondant au classement demandé.

Visite mystère 4 à 5* : dîner ou room service, nuitée, petit-déjeuner. Inspection des points de contrôle de la visite mystère. Le lendemain matin, *idem* que pour la visite déclarée : l'auditeur de cabinet se présente et demande à rencontrer le/la directeur/-trice de l'hôtel afin de vérifier et compléter les éléments obtenus lors de sa visite mystère, par des examens documentaires, visuels et fonctionnels. À l'issue de l'audit, les points de non-conformité observés pendant l'inspection sont abordés en réunion de clôture.

Hotel-classement.fr

Échantillonnage

L'échantillonnage des chambres à visiter est déterminé par le guide de contrôle. Il sera ensuite procédé à un prorata en fonction des catégories et du nombre de chambres à contrôler.

Visite

L'inspecteur examine la conformité de chaque critère correspondant au classement demandé. Son support d'enregistrement est la matrice de la grille de contrôle au format homologué par arrêté.

Débriefing

À l'issue de la visite, un débriefing est fait avec l'interlocuteur sur les éventuels critères non acquis.

Clôture de l'inspection

Après la visite de l'inspection, l'inspecteur formalise ses constatations et élabore un projet de rapport.

ANNEXE 4 Le rôle de l'e-réputation

Recherche d'hôtels *via* Internet :

- ensemble des clients : **79,9 %**
- clients d'affaires : **56 %**
- clients de loisirs : **93 %**

Réservations faites *via* des OTAs (agences de réservation hôtelière en ligne) :

- clients d'affaires : **39,6 %**
- clients de loisirs : **65,4 %**

76 % des clients d'hôtels regardent les avis et commentaires en ligne à propos d'hôtels qu'ils ont présélectionnés.

47 % des voyageurs déposent souvent ou de temps en temps des avis en ligne (7 % en 2009).

72 % trouvent que les commentaires des autres clients sont globalement crédibles.

75 % pensent qu'il est important et rassurant que la direction de l'hôtel réponde aux commentaires des clients.

73 % des clients potentiels lisent systématiquement ou occasionnellement les réponses écrites par les hôteliers.

D'après Coachomnium.com, données 2019.

ANNEXE 5 Article remis par M. Martin sur l'importance de l'e-réputation

[…] On a raison de penser qu'une mauvaise réputation sonne le glas d'une bonne activité commerciale. Et avec Internet – ses réseaux sociaux, ses comparateurs, ses forums, ses sites d'avis de consommateurs – tout a pris une proportion himalayenne sur ce registre du « qu'en-dira-t-on ».
Pour les clients, les bénéfices sont pluriels : se faire une pré-opinion d'un hôtel qu'on ne connaît pas à partir des commentaires et critiques des autres clients, une fois qu'on l'a présélectionné pour y séjourner. Les notes attirent, puis les avis des autres voyageurs permettent de se faire une bonne idée de ce qu'on va trouver dans l'établissement. Sans parler des photos publiées par les uns et les autres.
Cet ensemble remplace très avantageusement toutes les publicités, tous les labels, étoiles et autres classements, tous payants pour les professionnels, qui ne sont que rarement fiables et surtout pas explicites. D'ailleurs, les consommateurs s'en détournent largement.
Les commentaires de clients sur les sites d'avis en ligne servent aux consommateurs, mais pas que. Aux hôteliers aussi. Si toutefois ils consentent à les accepter comme un outil éclairant d'information sur la qualité de leur offre. Les nombreuses remarques de leurs clients, avec un regard extérieur, permettent d'avoir un bon panorama de ce qui va bien et de ce qui pêche dans l'établissement. La répétitivité des sujets évoqués donne une tendance très fiable. Ensuite, il n'y a plus qu'à corriger, rectifier et améliorer, si nécessaire. C'est une solution bien plus performante que tout ce qui existe comme moyens de mesure de la qualité : visites mystères ou questionnaires avec cases à cocher, par exemple. De plus, les clients s'expriment s'ils le veulent et pas toujours pour se plaindre. […]

En tant qu'hôtelier, il ne faut pas oublier qu'on [ne] répond pas à un client en particulier – même s'il est très antipathique – mais à tous ceux qui liront la réponse et qui sont des acheteurs potentiels. D'où l'importance de réponses personnalisées, explicites, sympathiques et professionnelles. […]

Coachomnium.com

ANNEXE 6 Extraits d'avis clients en ligne sur l'hôtel Beau Rivage***

Stéphanie P. ★☆☆☆☆

Grande déception…
La chambre avait beau être spacieuse, la vue sur le patio donne plus l'impression d'être dans un immeuble lambda que dans un hôtel. Notre grande déception a été la literie, le matelas était mou et déformé, nous avons mal dormi… Sans parler du petit-déjeuner, pas digne d'un 3 étoiles, les œufs brouillés avec du lait ne devaient pas être préparés sur place… Que des fruits au sirop, à part des figues et des prunes pas mûres…

Théo B. ★★★☆☆

Très beau lieu mais cher pour l'expérience qu'on a eue
Domaine magnifique, décoration très soignée autant dans le restaurant que dans les chambres. Le barman aussi passionné que passionnant, on a adoré échanger avec lui. On a eu un problème avec la douche qui a inondé la salle de bains en 3 minutes. Zéro geste commercial à notre départ… Décevant de ne pas pouvoir profiter d'une douche pour une chambre à 160 € la nuit. Petit-déjeuner basique.

Yasmine A. ★★☆☆☆

Le personnel de l'hôtel ne paraît pas formé à travailler en contact avec la clientèle. Mieux vaut choisir un hôtel 2 étoiles avec une équipe professionnelle à l'écoute et au service de sa clientèle. L'hôtel Beau Rivage n'est pas à la hauteur des 3 étoiles affichées.

Léna M. ★☆☆☆☆

Déception ++
L'hôtel Beau Rivage ne mérite pas les 3 étoiles qu'il affiche !

Bernard H. ★☆☆☆☆

La TV murale est restée de travers durant 2 jours : le directeur nous avait promis de la faire vérifier mais rien, nous l'avons fait nous-mêmes. La penderie de la chambre a une tringle et des cintres à 2,50 m du sol : impossible de suspendre ses vêtements. Le petit-déjeuner est très basique. La salade de fruits est en fait composée de fruits au sirop et les jus de fruits ne sont pas des fruits frais pressés.

ANNEXE 7 La méthode du scoring RFM

Score à attribuer par client

Date du dernier séjour	– d'1 mois	Entre 1 et 3 mois	Entre 3 et 6 mois	Entre 6 mois et 1 an	+ d'1 an
Score	5	4	3	2	1
Nombre d'achats de nuitées sur la période	+ de 10	Entre 8 et 10	Entre 4 et 7	Entre 1 et 3	0
Score	5	4	3	2	1
Volume du chiffre d'affaires réalisé par client en €	+ de 2 000	Entre 1 001 et 2 000	Entre 501 et 1 000	Entre 300 et 500	– de 300
Score	5	4	3	2	1

Segment	Score RFM	Profil	Action
Très bons clients	RFM 13 à 15	Ambassadeurs de la marque, ils consolident l'image et le CA. Ils ont potentiellement une plus forte prévision de commandes.	Action de fidélisation : cartes premium, invitations…
Bons clients	RFM 7 à 12	Achats récents et fréquents. La confiance existe et doit être consolidée. Taux de renouvellement potentiel de commandes inférieur à celui des très bons clients.	Action de développement de la fréquence d'achat ou du montant par commandes, couplé avec des actions de fidélisation, offre couplée…
Clients tièdes	RFM 1 à 6	Clients encore volatils hésitant à acheter dans un court délai à la concurrence. La certitude qu'ils rachètent prochainement est faible.	Action de fidélisation par des offres spécifiques et récurrentes : réductions, promotion sur certaines offres…
Nouveaux clients	RFM 8	Premier achat, l'analyse doit se poursuivre lors des prochaines consommations suite au réengagement.	Action de fidélisation (à la fin de leur engagement) et de développement de leurs achats.
Inactifs	RFM 0	Aucune consommation durant la dernière année.	Action de réactivation du client ou abandon.

E-marketing.fr

ANNEXE 8 Extrait du fichier clients de l'hôtel Beau Rivage*** (15/06/N)

Client	Date du dernier séjour	Nombre d'achats de nuitées/période	Somme dépensée/période
M. Dubois Pierre	24/02/N	7	1 110 €
Mme Rieu Danièle	16/05/N-1	9	2 050 €
M. Pizzo Leandro	07/05/N	5	1 400 €
Mme Nataf Ludivine	01/01/N	1	150 €
M. Elhacene Ahmed	11/10/N-1	3	430 €
M. Triai Thomas	18/04/N	11	1 350 €

FICHE RESSOURCE

1 La démarche qualité dans la gestion de la relation de la clientèle

La recherche de la qualité a pour objectif de générer la satisfaction et la fidélisation du client. Les entreprises touristiques doivent mesurer régulièrement le niveau de satisfaction des clients afin de s'inscrire dans une démarche qualité.

I Les enjeux de la démarche qualité

La démarche qualité est un processus volontaire d'amélioration continue de la qualité des biens et services dans le but d'améliorer la satisfaction des clients, qui doit générer leur fidélité.

1 La qualité

C'est l'aptitude d'un produit à satisfaire les besoins explicites ou implicites des consommateurs. La qualité est donc une notion relative basée sur le besoin. Elle est liée à la satisfaction procurée par la consommation de la prestation touristique.

2 La satisfaction

C'est l'état psychologique positif d'un individu résultant d'un sentiment de plaisir ou de contentement, qui naît de la comparaison entre la qualité attendue et l'expérience de consommation. La satisfaction repose largement sur la qualité de la relation avec le client.

3 La fidélité

C'est un attachement durable à une entreprise ou à une marque, qui se traduit par la répétition des achats de biens et/ou services au bénéfice d'une même enseigne ou d'une même marque. La satisfaction est un facteur qui favorise la fidélité : un client satisfait a une propension plus grande à acheter de nouveau les produits de l'entreprise.

II La mesure de la satisfaction de la clientèle

La satisfaction de la clientèle a de fortes conséquences sur l'image de l'entreprise et sur son développement. Il est donc nécessaire de recueillir les avis des clients pour mesurer leur satisfaction.

- Un client qui exprime sa satisfaction devient prescripteur de la marque : il concourt à la notoriété et à l'image de l'entreprise. Son avis peut être repris comme un argument de vente par l'entreprise. Au contraire, un client insatisfait va générer un bouche-à-oreille négatif qui ternira la réputation de l'entreprise. La gestion de l'e-réputation, construite à partir des contenus et avis positifs ou négatifs mis en ligne, est donc essentielle.
- Les avis clients permettent de faire évoluer l'offre de l'entreprise pour l'adapter aux tendances du marché ou pour corriger les défauts des biens et services proposés, dans le cadre de la démarche qualité. Les informations collectées sur ces avis doivent être transmises aux services de l'entreprise concernés, mais également aux partenaires, la démarche qualité impliquant tous les acteurs.
- Solliciter les avis permet d'améliorer et de développer la relation client : écouter le client est un gage de confiance, une marque d'intérêt envers le client, qui se sent reconnu. Par ailleurs, cela permet de prévenir les réclamations et litiges en intervenant rapidement, et de reconquérir plus facilement le client.

FICHE RESSOURCE

2 Les outils de mesure de la satisfaction de la clientèle

I Le recueil des avis lors d'une relation personnalisée

Les conseillers peuvent solliciter et recueillir les avis et commentaires des clients :
- en agence : le recueil de l'avis se fait lors de la venue du client ou lors de l'appel téléphonique du client après son retour de voyage ;
- au service client : ce service après-vente (SAV) correspond à l'ensemble des services fournis par un producteur, un distributeur ou un prestataire à ses clients lors de la vente et du suivi de la vente de la prestation touristique (informations et conseils, modification du dossier, traitement des litiges...) ;

Exemple : les Numéros Verts et les services de hotline permettent aux clients d'obtenir rapidement des informations ou une assistance, mais également d'exprimer leur mécontentement.

- sur le lieu de séjour : mesure de la satisfaction client par l'accompagnateur de voyage, analyse des plaintes et réclamations auprès du délégué local représentant du tour-opérateur...

II Les moyens d'écoute sur Internet

La veille sur les réseaux sociaux et les sites d'avis permet à l'entreprise de mesurer la satisfaction des clients, mais également de gérer son e-réputation.

Exemples : avis sur Facebook, TripAdvisor, Booking.

III La collecte organisée des avis clients

La réalisation d'une enquête de satisfaction par questionnaire sur support papier ou en ligne permet de mesurer quantitativement le niveau de satisfaction des clients et d'effectuer un suivi dans le temps. Quelques principes sont à respecter :
- les thèmes de questionnement doivent être organisés de façon à suivre le cheminement chronologique de l'expérience client ;
- les questions et les propositions de réponses doivent être adaptées à la notion de satisfaction (le choix d'échelles de satisfaction sera privilégié) ;
- il convient de prévoir des réponses libres pour que le client puisse s'exprimer avec ses propres mots ;
- une incitation à laisser ses coordonnées afin de recevoir des offres doit clore le questionnaire.

IV Les analyses internes

- Traitement des résultats des questionnaires de satisfaction déposés par les clients
- Analyse des clients perdus : il est important de connaître la raison du départ de chaque client afin de pouvoir corriger les erreurs commises (prix trop élevés, réclamations restées sans réponse...). L'objectif de cette analyse est l'élaboration d'une stratégie de reconquête de la clientèle.

V La visite mystère et l'audit

- La visite mystère est une technique qui consiste à faire appel à un organisme privé ou à un salarié de l'entreprise qui joue, de façon anonyme, le rôle d'un client, puis évalue la prestation à l'aide d'une grille d'analyse. Le but est de comparer la qualité de service voulue par la direction et la qualité réelle.
- L'audit est un diagnostic, une analyse des performances de l'organisation touristique, qui peut être réalisé en interne ou par un cabinet externe indépendant. Les audits conditionnent l'attribution des labels de qualité, par exemple.

FICHE RESSOURCE

3 Concevoir un questionnaire de satisfaction client

I La structure du questionnaire

- L'**introduction** est composée de plusieurs éléments : présentation du commanditaire, objectifs de l'enquête, durée indicative, invitation à répondre, consignes de réponse...
- Les **thèmes** : pour favoriser la lisibilité, les questions doivent être regroupées par thématiques (accueil, restauration, chambre...). Les thèmes sont classés par ordre d'importance et comportent un titre.
- Toutes les **questions** de l'enquête doivent être structurées, en commençant par les questions d'ordre général (servant notamment à filtrer les personnes interrogées). Leur enchaînement doit être logique et incitatif. Les questions doivent être courtes et simples à comprendre, comporter des modalités de réponse et être en nombre limité pour ne pas lasser ou décourager l'interviewé. Elles doivent être formulées de façon neutre pour ne pas influencer le répondant.
- En **conclusion** de l'enquête, il faut remercier l'interviewé pour sa contribution.

II Choisir le type et le nombre de questions

Le type et le nombre de questions à poser dépendent de la nature des informations à obtenir.

Types de questions	Explications
Questions fermées à choix unique	Une seule possibilité de réponse parmi celles proposées. ***Exemple :*** question de type « oui / non »
Questions fermées à choix multiples	Possibilité de sélectionner plusieurs réponses parmi celles proposées. ***Exemple :*** « Par quels moyens avez-vous connu notre hôtel ? Site Internet, bouche-à-oreille, presse... »
Questions ouvertes	Permettent de récolter des réponses libres. ***Exemple :*** « Que pensez-vous de notre service de restauration ? »
Questions à échelle	Possibilité donnée au client de nuancer sa réponse. ***Exemple :*** « Quelle note attribuez-vous à l'accueil ? »

III Les échelles de notation du questionnaire

- L'échelle verbale comporte des affirmations verbales.

Excellent	Très bon	Bon	Mauvais	Très mauvais

1	2	3	4
Tout à fait satisfait	Insatisfait	Satisfait	Tout à fait satisfait

- L'échelle de notes permet au client de donner une note sur le critère évalué.

À votre entrée dans la boutique, avez-vous été satisfait(e) de l'accueil ?

Non, pas du tout — Oui, tout à fait

0	1	2	3	4	5	6	7	8	9	10

☐ Ne se prononce pas

- Les pictogrammes permettent de simplifier le message, en utilisant des smileys par exemple.

FICHE RESSOURCE

6 La méthode RFM

I Présentation de la méthode RFM

Il s'agit d'une méthode d'analyse de la qualité d'un client selon trois critères :
- la récence (R) : date du dernier achat ou temps écoulé depuis ;
- la fréquence (F) : périodicité moyenne des achats sur la période considérée ;
- le montant (M) : montant des achats réalisés sur la période étudiée.

II Intérêts de la méthode RFM

La méthode RFM permet de segmenter sa base clients afin de cibler plus efficacement les clients devant faire l'objet d'une campagne marketing spécifique (campagne de prospection, de relance, de fidélisation). Elle permet ainsi d'identifier plusieurs typologies de clients (les ambassadeurs, les très bons clients, les bons clients…) et de les séparer complètement des clients inactifs, ce qui permet à l'entreprise :
- de mieux gérer le budget marketing en évitant des coûts inutiles, puisque les clients inactifs sont identifiés ;
- d'accroître le rendement des campagnes d'e-mails marketing car l'entreprise envoie des messages seulement aux personnes qui sont intéressées par ses informations ou produits touristiques ;
- de relancer les clients inactifs *via* une campagne de reconquête pour capter à nouveau leur intérêt ;
- d'augmenter la rentabilité en ciblant les clients qui dépensent le plus, ou ceux qui sont à plus fort potentiel ;
- d'optimiser les campagnes marketing, en adaptant les messages à chacun des profils identifiés.

III Le calcul de la méthode RFM

Le scoring RFM donne une note à chaque client, calculée en fonction des 3 critères RFM (récence, fréquence, montant).
C'est à l'entreprise de définir la durée de ses périodes de référence (un trimestre, un semestre, une ou plusieurs années) en fonction du rythme de consommation de ses clients moyens. Elle est souvent fonction du secteur d'activité.
Pour chaque variable, il convient d'identifier des tranches (le plus souvent au nombre de 5 ; par exemple, + de 2 ans, entre 18 et 24 mois…) et d'attribuer une valeur de 1 à 5 à chaque tranche (5 étant le meilleur score et 1 le pire).
L'entreprise peut également décider de pondérer chaque critère afin de calculer un score pondéré. C'est à elle de déterminer le poids à accorder à chacun de ces critères. Chaque poids est donc défini arbitrairement :

Score RFM = (Note Récence × Poids accordé à la récence) + (Note Fréquence × Poids accordé à la fréquence) + (Note Montant × Poids accordé au montant)

Plus ce score sera élevé, plus le client sera un acheteur potentiel.

Exemple : un client a obtenu une note de 4 à la récence, 3 à la fréquence et 5 au montant.
Son score RFM est donc de : 4 + 3 + 5 = 12, ce qui correspond à un bon client. Si les pondérations respectives sont de 3 pour la récence, 6 pour la fréquence et 1 pour le montant, son score pondéré sera de : (4 × 3) + (3 × 6) + (5 × 1) / 3 = 11,66.

1 S'inscrire dans une démarche qualité

Vous travaillez dans un écomusée implanté dans un parc naturel régional. L'écomusée comporte un espace muséographique de 1000 m² ouvert à un public familial et scolaire, un espace boutique, ainsi qu'un parcours extérieur ludique permettant de découvrir les diverses espèces végétales. Rattaché(e) au pôle marketing, vous vous interrogez sur la marque Qualité Tourisme™ et son intérêt pour votre écomusée.

1. **Présentez la marque Qualité Tourisme™ (document 1).**
2. **Montrez que l'obtention de cette marque s'inscrit dans une démarche qualité (document 2)**
3. **Quels sont les outils de mesure de la qualité mis en place pour l'attribution de la marque Qualité Tourisme™ ?**

DOCUMENT 1 Présentation de la marque Qualité Tourisme™

QUALITÉ TOURISME

UN ACCUEIL ET DES PRESTATIONS DE QUALITÉ GARANTIS PAR L'ÉTAT

Afin de toujours mieux recevoir les touristes et d'améliorer la qualité des prestations touristiques en France, l'État a créé la marque Qualité Tourisme™.

Cette marque sélectionne et fédère sous un même symbole les démarches qualité engagées par vous, professionnels du tourisme, en vue d'améliorer continuellement votre activité et la satisfaction de vos clientèles touristiques.

Qualité Tourisme™ couvre toute la chaîne d'accueil touristique : l'hôtellerie, les résidences de tourisme, les villages de vacances, les campings, la restauration, les cafés et brasseries, les agences de locations saisonnières, les offices de tourisme, les lieux de visite, les activités sportives et de loisirs...

Qualité Tourisme™ représente pour vous un signe de reconnaissance national qui valorise votre accueil et vos prestations de qualité, et qui permet aux touristes de choisir en toute confiance votre établissement.

>>>

À quoi s'engagent les professionnels du tourisme labellisés Qualité Tourisme™ ?

Qualité Tourisme™ valorise votre engagement en faveur d'un accueil et de prestations de qualité. Pour obtenir cette marque, vous devez suivre avec succès une démarche qualité conforme aux critères Qualité Tourisme™. Les exigences essentielles permettant de satisfaire les clientèles touristiques sont :

- Un accueil chaleureux
- Un personnel attentif
- La maîtrise des langues étrangères
- Des prestations personnalisées
- Des informations claires et précises
- Une propreté et un confort assurés
- La découverte d'une destination
- La prise en compte de l'avis des clients (grâce à l'analyse systématique des enquêtes de satisfaction et des réclamations)

Avec Qualité Tourisme™, vos prestations sont régulièrement soumises à une évaluation indépendante au moins tous les 5 ans sous forme de visite mystère. Ce dispositif vous permet d'intégrer tous les bénéfices d'une démarche d'amélioration continue de votre activité.

Qualite-tourisme.gouv.fr

DOCUMENT 2 Modalités d'obtention de la marque Qualité Tourisme™

COMMENT OBTENIR LA MARQUE QUALITÉ TOURISME™

Qui est éligible ?

Depuis le 1er janvier 2018, elle est désormais accessible à tous les professionnels du tourisme pour lesquels il existe un référentiel Qualité Tourisme™. Ils sont distingués en deux catégories :

- Les professionnels accompagnés : ils sont accompagnés par un Partenaire national ou territorial.
- Les professionnels autonomes : il n'existe aucun partenaire. Ils doivent donc s'adresser à un cabinet référencé par la Direction Générale des Entreprises.

Quels sont les critères d'attribution ?

- Être en conformité avec la réglementation de sa filière professionnelle (engagement sur l'honneur).
- Être classé si le classement réglementaire existe sur l'activité (Hôtels, Résidences de tourisme, Offices de tourisme...).
- Mettre en place une écoute client (traitement des réclamations, questionnaire de satisfaction, analyse de l'e-réputation...).
- Être audité sur la base de référentiels nationaux (entre 250 et 600 critères d'évaluation) par un cabinet externe et indépendant à une fréquence régulière :
  - 3 ans pour les professionnels autonomes ;
  - 5 ans pour les professionnels accompagnés.
- Atteindre un niveau de performance élevé lors de cet audit réalisé en client mystère (score minimal de 85 %).

Qualite-tourisme.gouv.fr

2 Analyser la qualité des services touristiques en France

Vous êtes chargé(e) d'études au sein d'Atout France, l'Agence de développement touristique de la France chargée de renforcer le positionnement de la destination France à l'international. Vous prenez connaissance de l'étude de compétitivité TRAVELSAT©.

1. **Présentez l'indice TRAVELSAT© et son utilité (document 1).**
2. **La France obtient un indice de satisfaction globale de 192 pour l'année 2017. Interprétez cette valeur.**
3. **Analysez les indicateurs de performance (document 2) : comparez la situation et l'évolution de la France par rapport à la norme Euromed.**

DOCUMENT 1 Présentation de l'indice TRAVELSAT©

Interprétation des indices TRAVELSAT© - Grille indicative

L'indice TRAVELSAT© est un score modélisé fondé sur l'opinion des touristes qui évaluent à travers un questionnaire chaque critère de satisfaction sur une échelle de 1 (pas du tout satisfait) à 10 (extrêmement satisfait).

Par rapport à une moyenne arithmétique simple, l'indice valorise plus justement les avis « extrêmes » des touristes très satisfaits (9 ou 10 sur 10) ou au contraire très déçus (1 à 4 sur 10), et dont l'opinion pèse davantage dans la réputation de la destination. L'indice TRAVELSAT© reflète par conséquent la capacité de la destination à satisfaire ses visiteurs sur le critère concerné.

Plus la satisfaction est élevée, plus l'indice est fort. Il est avant tout utilisé comme un indicateur de « benchmark » entre deux populations dont on cherche à comparer le niveau de satisfaction.

Qualite-tourisme.gouv.fr

DOCUMENT 2 Indicateurs de performance

	Indice satisfaction globale	Indice rapport qualité-prix	Intention de recommandation (*)	Intention de revisite du pays (*)
FRANCE (2017)	**192**	**135**	**73%**	**57%**
France (2015)	182	129	74%	57%
Evolution	++ (10 points)	+ (6 points)	= (-1 point)	= (0 point)
Norme EUROMED	**194**	**168**	**71%**	**50%**
Norme Europe Centrale	200	158	71%	55%
Norme Europe du Sud	201	190	72%	45%

Qualite-tourisme.gouv.fr

3 Découvrir le service client d'une entreprise touristique

Les entreprises touristiques mettent à la disposition de leur clientèle un service après-vente (SAV) appelé « service client » ou « service de la relation client ».

1. Rappelez les missions d'un service client.
2. Justifiez la mise en place de la plateforme numérique créée par TUI (document).
3. Quelles en sont les limites ?

DOCUMENT Service client : comment TUI exploite l'intelligence artificielle

TUI Destination Experiences, qui regroupe les activités et les services client du groupe TUI, s'appuie sur l'intelligence artificielle (IA) dans son centre de contact de Palma de Majorque. Objectif : améliorer la qualité du service pour les clients de TUI [...].

Le groupe a créé une plate-forme numérique *via* laquelle les vacanciers peuvent obtenir automatiquement, en quelques secondes, des réponses à leurs demandes par téléphone ou par écrit. Quels types de questions ? Des requêtes concernant par exemple les heures de prise en charge pour les transferts ou les horaires de visite.

Développé dans un lab

Les questions récurrentes représentent plus de 30 % des demandes de la saison estivale actuelle. Pour TUI, le dispositif IA réduit la charge de travail des agents du centre de Palma, qui peuvent ainsi consacrer plus de temps à des demandes personnalisées. C'est effectivement l'ambition affichée du groupe, même si un tel dispositif peut faire craindre des suppressions d'emploi.

La plate-forme, appelée AIR (Réponse par Intelligence Artificielle), a été développée au sein du laboratoire d'innovation de TUI Destination Experiences à Palma, en coopération avec l'entreprise Strategy Big Data, basée à Madrid. Lorsque les clients appellent le voyagiste pour obtenir des informations, ils doivent donner leur numéro de réservation ou s'identifier avec leur numéro de portable. Ils sont ensuite redirigés vers la plate-forme AIR, où ils reçoivent alors, automatiquement, les informations demandées.

En anglais, pas en français

Avec le début de la deuxième phase, entamée il y a quelques semaines, la plate-forme AIR gère également les demandes écrites des clients soumises *via* l'application TUI (assistant numérique TUI). Mais le groupe avance à pas feutrés. « Pour commencer, le système fera des propositions de réponse qui seront ensuite validées par un agent du centre de contact avant d'être envoyées », explique Chris Carmichael, directeur du laboratoire d'innovation. « Cependant, la plate-forme AIR va apprendre peu à peu, afin que nous soyons en mesure de répondre de manière complètement automatique aux questions des clients. »

Autre limite : la plate-forme AIR ne prend pour l'instant en compte que les questions en anglais. Le traitement des demandes en allemand et en suédois suit. Le déploiement du service en français n'est pas planifié.

L'Écho Touristique

4 Expliquer le programme de fidélité Air France-KLM

Vous travaillez en tant qu'agent de réservation au comptoir de la compagnie aérienne Air France, situé au sein de l'aéroport international Nice Côte d'Azur (3e aéroport français en termes de passagers).

Un client se présente à votre comptoir afin d'en savoir plus sur le programme de fidélité Air France : sa nouvelle activité professionnelle va le conduire à effectuer des déplacements fréquents en France et à l'étranger. Vous répondez à ses questions à l'aide des sites suivants :

Air France liennathan.fr/p86z3j

Flying Blue liennathan.fr/5iza86

1. **Quelles sont les sociétés partenaires du programme de fidélité Flying Blue ?**
2. **Expliquez le fonctionnement de ce programme de fidélité.**
3. **Quel est l'intérêt de cumuler des points Miles ? des points XP ?**
4. **Présentez les avantages liés aux différents statuts liés à la carte de fidélité Flying Blue en complétant le tableau suivant :**

	Explorer : ... XP	Silver : ... XP	Gold : ... XP	Platinium : ... XP
Nombre de Miles gagnés par € dépensé				
Choix du siège (payant ou gratuit)				
% de réduction sur option siège				
Franchise de bagage				
Autres services gratuits				

5 Présenter le programme de fidélité du site marchand Booking.com

Booking.com

Booking, leader de la réservation hôtelière en ligne en France, possède son propre programme de fidélité, appelé « Genius ».

À l'aide des documents 1 à 4, répondez aux questions suivantes.

1. **Présentez les avantages du programme de fidélité Genius pour les clients et pour les établissements partenaires.**

2. **Le programme Genius possède-t-il les caractéristiques d'un programme de qualité ?**

3. **Montrez que les récompenses Genius sont faciles à obtenir, à trouver et à conserver.**

DOCUMENT 1 Qu'est-ce que le programme Genius ?

Genius est un programme de fidélité exclusif qui permet à nos partenaires d'attirer nos clients les plus fréquents.
Rejoignez Genius pour augmenter rapidement votre nombre de réservations. En tant que partenaire Genius, votre établissement bénéficiera d'un logo Genius spécial qui lui permettra d'être mieux classé et plus visible dans les résultats de recherche sur notre plateforme.
Votre établissement sera mis en avant auprès d'un groupe défini de clients qui voyagent plus souvent, réservent leur séjour plus longtemps à l'avance et dépensent davantage.
En moyenne, les partenaires qui rejoignent le programme Genius voient augmenter leurs réservations de 18 % et leurs revenus de 17 % (même après avoir déduit le coût de la réduction).

Partner.booking.com

DOCUMENT 2 Les niveaux du programme Genius

Membre Genius de niveau 1

Effectuez 2 séjours en 2 ans pour devenir membre Genius de niveau 1.

Récompenses Genius

- **Statut de membre à vie**
  Une fois membre du programme, vous restez client Genius à vie.
- **Une réduction de 10 % sur le tarif de base**
  Vous bénéficiez d'une réduction de 10 % sur le tarif de votre séjour, hors taxes et frais.

Membre Genius de niveau 2

Effectuez 5 séjours en 2 ans pour devenir membre Genius de niveau 2.

Récompenses Genius

- **Statut de membre à vie**
  Une fois membre du programme, vous restez client Genius à vie.
- **Une réduction de 10 % sur le tarif de base**
  Les réductions accordées au Niveau 1 Genius sont toujours disponibles au Niveau 2 Genius.
- **Une réduction de 15 % sur le tarif de base**
  Vous bénéficiez d'une réduction de 15 % sur le tarif de votre séjour, hors taxes et frais.
- **Petit-déjeuner gratuit sur certaines options**
  Dégustez un petit-déjeuner gratuit lors de vos séjours Genius.
- **Surclassement gratuit sur certaines options**
  Profitez pleinement de votre séjour avec le surclassement gratuit.

DOCUMENT 3 Résultat d'une recherche d'hôtel sur Booking.com

Nos préférés	Logements entiers	Tarif (le - cher en premier)	Note des commentaires et tarif	Genius	•••

Le montant de la commission payée et d'autres facteurs peuvent affecter le classement d'un hébergement. En savoir plus. ✕

The Originals Boutique, Hôtel Maison Montmartre, Paris Genius

Très bien 8,1
1 889 expériences vécues

18e arr., Paris • Indiquer sur la carte • 5 km du centre

Chambre Deluxe Double ou Lits Jumeaux –
Chambre d'hôtel
Types de lits : 1 lit double ou 2 lits simples
Annulation GRATUITE • Aucun prépaiement requis
Vous pourrez annuler plus tard. N'attendez donc pas pour vous garantir ce super tarif aujourd'hui.

1 nuit, 2 adultes
~~€ 90~~ € 82
taxes et frais compris

Voir les disponibilités ›

Hotel de L'Empereur ★★★

Superbe 8,6
853 expériences vécues
Situation géographique 9,3

7e arr., Paris • Indiquer sur la carte • 3,1 km du centre
• Proche du métro

2 autres personnes ont recherché un hébergement aux mêmes dates que vous au cours des 10 dernières minutes

Dernière réservation à vos dates il y a 4 heures sur notre site

Offre à durée limitée

Chambre Double Classique –
Chambre d'hôtel
1 grand lit double
Annulation GRATUITE • Aucun prépaiement requis
Vous pourrez annuler plus tard. N'attendez donc pas pour vous garantir ce super tarif aujourd'hui.
Plus que 1 hébergement à ce prix sur notre site

1 nuit, 2 adultes
~~€ 103~~ € 68
taxes et frais compris

Voir les disponibilités ›

Type de logement	Pour	Tarif du jour	Vos options	Sélectionner des chambres	
Chambre Deluxe Double ou Lits Jumeaux **Choisissez votre lit (sous réserve de disponibilité)** ○ 1 grand lit double ○ 2 lits simples 20 m² Vue sur la ville Climatisation Salle de bains privative Télévision à écran plat Insonorisation Machine à café Wi-Fi Gratuit ✓ Articles de toilette gratuits ✓ Douche ✓ Coffre-fort ✓ Toilettes ✓ Serviettes ✓ Prise près du lit ✓ Bureau ✓ Presse à pantalons ✓ Télévision ✓ Téléphone ✓ Matériel de repassage ✓ Chaînes satellite ✓ Fer à repasser ✓ Radio ✓ Chauffage ✓ Sèche-cheveux	2 personnes	~~€ 90~~ € 82 taxes et frais compris Genius	Petit-déjeuner à € 10 - Bien ✓ **Annulation GRATUITE avant 23:59 le 14 février 2021** ✓ **AUCUN PRÉPAIEMENT REQUIS - Payez sur place** ✓ **10 % de réduction Genius compris dans le tarif**	0	Je réserve • En seulement 2 minutes • La confirmation par e-mail est immédiate ! • Aucun frais de réservation ou de carte de crédit !
	2 personnes	~~€ 100~~ € 90 taxes et frais compris Genius	Petit-déjeuner à € 10 - Bien ✓ **Annulation GRATUITE avant 18:00 le 18 février 2021** ✓ **AUCUN PRÉPAIEMENT REQUIS - Payez sur place** ✓ **10 % de réduction Genius compris dans le tarif**	0	

6 Analyser les résultats d'une enquête en ligne

Facebook a commandé en 2019 une étude sur la fidélisation des voyageurs auprès de la société Accenture, afin de déterminer les raisons pour lesquelles les Français sont fidèles à une marque.
Ce sondage a été mené en ligne auprès de 1 013 personnes âgées de 18 ans et plus en France, de novembre 2018 à février 2019.

1. **Rédigez une synthèse structurée des résultats de l'étude (document).**

2. **Formulez des recommandations marketing afin de fidéliser les voyageurs.**

DOCUMENT **Infographie présentant les résultats de l'étude**

LE GOÛT DE LA SIMPLICITÉ

Les jeunes voyageurs sont plus susceptibles d'être fidèles aux marques qui leur offrent une expérience de réservation simple

54 %
des voyageurs âgés de 18 à 34 ans interrogés en France indiquent être plus susceptibles de rester fidèles à une marque de voyages dont le site web ou l'application est facile à utiliser

49 %
des voyageurs âgés de 18 à 34 ans interrogés en France aimeraient pouvoir naviguer de façon plus homogène sur les sites web et dans les applications des marques de voyages, notamment afin d'éviter d'avoir à planifier leur voyage à chaque fois

43 %
des voyageurs âgés de 18 à 34 ans interrogés en France qui réservent des voyages via des agences spécialisées en ligne disent trouver cela pratique

DES VOYAGEURS PRAGMATIQUES

Sur le long terme, la fidélité des clients repose toujours principalement sur le rapport qualité/prix

94 %
des voyageurs interrogés en France considèrent que la qualité du logement est un facteur important pour rester fidèle à une marque de voyages

88 %
des voyageurs interrogés en France considèrent que la fiabilité du service est essentielle pour rester fidèle à une marque de voyages

51 %
des voyageurs interrogés en France déclarent avoir déjà changé de marque de voyages de prédilection en raison du prix

Facebook.com/iq

CHAPITRE

VERS PIX 1.1 Mener une recherche et une veille d'information

10 Préparer une mission d'accompagnement pour un groupe de touristes

TÂCHES

- Assurer l'accompagnement en présentant le contexte géographique, historique et culturel
- Installer une signalétique et proposer des supports d'information adaptés
- Gérer les formalités d'accompagnement

COMPÉTENCE

- C11. Prendre en charge un groupe de touristes

SITUATION PROFESSIONNELLE

L'association culturelle Arts et Vie est n° 1 du voyage culturel en France. Elle promeut un voyage intelligent, convivial et respectueux de la diversité des civilisations, avec le concours d'accompagnateurs bénévoles. Elle propose des circuits, des escapades, des résidences ainsi que des voyages groupes sur mesure.
Les voyages Arts et Vie sont animés et conduits par des accompagnateurs bénévoles passionnés, formés par l'association et soucieux de faire partager leur enthousiasme aux adhérents voyageurs. L'engagement d'environ 500 accompagnateurs, issus de la France entière, contribue au succès des voyages et à la satisfaction des 50 000 touristes qui partent avec Arts et Vie chaque année, en France et à l'étranger.

VOTRE MISSION

Suite à l'obtention de votre diplôme BTS Tourisme, vous postulez auprès de l'association Arts et Vie afin de devenir accompagnateur(-trice) bénévole.

TRAVAIL À FAIRE

I Découvrir le métier d'accompagnateur(-trice) de voyages

Afin de vous préparer à votre entretien d'embauche, vous vous renseignez sur le métier auprès d'une accompagnatrice de voyages et au centre d'information et d'orientation.

1. Distinguez le métier de guide-conférencier(-ière) de celui d'accompagnateur(-trice) de voyages.
2. Identifiez les différentes missions d'un(e) accompagnateur(-trice) de voyages, en distinguant les tâches d'ordre technique, culturel et relationnel.
3. Présentez les qualités que doit posséder un(e) accompagnateur(-trice) de voyages.

➲ Annexes 1 et 2
➲ Fiche ressource 1

II Préparer l'accompagnement de voyages

Suite à votre embauche, vous êtes chargé(e) d'accompagner un groupe de 20 personnes au mois de janvier dans le cadre du séjour « Escapade en Russie ». Vous prenez connaissance du programme du séjour afin de préparer votre accompagnement.

4. Déterminez les tâches que vous devez accomplir afin de préparer ce voyage.
5. Identifiez les différents prestataires avec lesquels vous serez en contact au cours de ce séjour.
6. Préparez la liste des documents nécessaires pour mener à bien votre prestation d'accompagnement.

➲ Annexe 3
➲ Fiche ressource 2

III Prendre en charge le groupe

Vous devez accueillir votre groupe sur le lieu du rendez-vous à l'aéroport de Paris-Charles de Gaulle, avant votre vol à destination de Saint-Pétersbourg.

7. Présentez les documents et supports que vous utiliserez pour accueillir le groupe à l'aéroport, ainsi que les tâches à accomplir.
8. En consultant la liste des participants, vous vous apercevez que l'un d'entre eux est absent. Présentez votre démarche.
9. Indiquez comment vous allez assister les passagers de votre groupe, de la procédure d'enregistrement jusqu'à leur embarquement.

➲ Annexe 4
➲ Fiche ressource 2

IV Gérer les dysfonctionnements

Vous venez d'atterrir à l'aéroport international Pulkovo de Saint-Pétersbourg. Lors de la récupération des bagages, un couple vous informe que ses valises ne se trouvent pas sur le tapis à bagages. Le mari est très énervé car son appareil photo se trouve dans sa valise.

10. Quelle attitude adoptez-vous vis-à-vis de ce couple ?

11. Expliquez de quelle manière vous allez gérer cet imprévu.

Annexe 5

12. Simulez cette situation de communication par un jeu de rôles : constituez un groupe de 3 étudiants et répartissez-vous les rôles (couple, accompagnateur). Filmez votre prestation orale à l'aide d'un smartphone afin d'analyser votre communication verbale et non verbale, ainsi que les techniques mises en œuvre.

VOTRE DOSSIER

ANNEXE 1 Extrait d'interview

Marion, du blog Mademoiselle voyage, vous livre son expérience du métier d'accompagnateur de voyages.

Comme son nom l'indique, j'accompagne des groupes de voyageurs francophones allant de 10 à 50 personnes, âgés de 22 ans à 60 ans et plus, lors de circuits touristiques en France et à l'étranger. Une semaine en Crète, l'autre à Malte, peu importe, c'est toujours la même mission : veiller à ce que tout se passe bien à l'aller comme au retour et sur place bien évidemment ! Je prends donc en charge mon groupe au départ d'une ville et reviens quelques semaines plus tard à ce même point. Je peux accompagner un groupe en bus ou en avion, en Europe ou dans le monde entier.

Je suis payée pour être au service des voyageurs et suis chargée des questions pratiques telles que le bien-être et le confort de mes clients en s'adaptant à leurs attentes. Les destinations, je ne les choisis pas et ne les connais jamais. C'est souvent une première pour moi. Après quelques années d'expériences dans ce métier, je retourne aussi dans ces destinations. Je reçois un planning que j'étudie à l'avance avec à l'intérieur le parcours, le programme des visites, et les prestataires sur place avec qui je collabore, comme le guide local. Un accompagnateur de voyages ne guide pas mais encadre un groupe et gère la logistique. Je prends en charge toutes les formalités dès l'aéroport, je veille au transfert et à l'installation du groupe à l'hôtel, et vérifie que le programme soit bien respecté. Je m'occupe de réserver les visites si besoin mais aussi les restaurants et autres prestations annexes. Je fais en sorte d'éviter au mieux les désagréments et les mauvaises surprises rencontrés lors d'un séjour… et dieu sait qu'il peut en avoir !

>>>

Mais ce n'est pas que ça ! Une fois sur place, je suis un peu comme une seconde maman. Je répète 10 fois la même chose, compte et recompte les clients, et encadre sans arrêt mon groupe pour le bon déroulement du séjour. Je ne suis jamais prise au dépourvu et trouve toujours une solution à un problème. En somme, un accompagnateur doit savoir tout faire sans montrer un signe de détresse ni d'énervement. « *Un problème cardiaque ou une blessure ?* » Pas de problème, je m'occupe de l'emmener à l'hôpital le plus proche ; « *une perte de passeport dans un bus ?* » OK, c'est tendu, mais on va trouver une solution !

Mon rôle ne se limite pas qu'à cela, bien entendu. Je fais en sorte de favoriser la cohésion de groupe ! Eh oui, je suis aussi un peu animatrice (mais cela ne me dérange pas) au bar, dans le bus, sur la piste de danse... Je peux être amenée à relayer les guides locaux à propos de l'histoire du pays, ou bien à traduire certaines informations culturelles ou autres services. Un accompagnateur de voyages, c'est donc une personne curieuse, loin d'être timide, qui se documente, qui s'informe et qui recherche sans cesse à s'améliorer. Je représente l'agence qui m'emploie, par conséquent, je me dois d'être professionnelle, polie et efficace afin de fidéliser la clientèle.

https://www.mademoiselle-voyage.fr/metiers-accompagnateur-de-voyages/

ANNEXE 2 Fiche métier du guide-conférencier

Le guide-conférencier permet aux visiteurs français et étrangers de découvrir et d'apprécier le patrimoine culturel et architectural français.
Pour exercer son activité, il doit avoir une bonne culture générale, des connaissances approfondies en histoire, histoire de l'art, ethnographie... et linguistiques !
Chaque visite nécessite une préparation assez poussée pour pouvoir répondre à des questions parfois très pointues. Cette préparation consiste dans la recherche et la lecture d'ouvrages sur le sujet, l'appropriation de plans et d'itinéraires... mais c'est aussi un travail de relations publiques avec les responsables ou propriétaires des sites pour obtenir les autorisations nécessaires.
Certaines excursions sont à élaborer de toutes pièces en fonction d'un public spécifique.
Pendant la visite elle-même, le guide-conférencier doit s'adapter aux centres d'intérêt de son public, respecter les contraintes de temps et parfois, à l'issue de la visite, animer un débat.
La fonction de guide peut s'exercer aussi bien dans le cadre d'entreprises de tourisme (agences de voyages, offices de tourisme...) que d'organismes culturels (musées, châteaux...) ou encore de façon indépendante.
Le guide-conférencier vit au rythme des saisons touristiques, sa disponibilité doit être totale et les rentrées financières ne sont pas toujours très régulières.
En plus de son sens du contact, il doit avoir l'esprit commercial pour démarcher les éventuels employeurs.

Études / Formation

Pour exercer ce métier, il faut être titulaire de la carte professionnelle de guide-conférencier. Cette carte est pérenne et nationale.
Pour l'obtenir, il faut avoir obtenu la licence professionnelle « Développement et protection du patrimoine culturel », spécialité ou mention guide-conférencier accessible aux candidats ayant validé un niveau bac+2.

D'après CIDJ

ANNEXE 3 Programme du séjour « Escapade en Russie »

Escapade 5 jours / 4 nuits
Du 04/01/N au 08/01/N

Avec une dizaine de jours de décalage par rapport à notre calendrier grégorien, les orthodoxes célèbrent Noël début janvier dans une ambiance joyeuse. À Saint-Pétersbourg, la féerie scintillante de la neige hivernale se trouve sublimée par les décors de fête. On découvre alors le fabuleux héritage du faste des tsars avec ses palais monumentaux et ses musées d'exception dans une ambiance toute particulière.

1er jour : Paris/Saint-Pétersbourg

2e jour : Saint-Pétersbourg

Le matin, tour de ville : quais de la Neva, perspective Nevski, palais d'Hiver, place des Décembristes, flèche dorée de l'Amirauté, île Vassilievski, couvent Smolny (dont la cathédrale de la Résurrection, pur chef-d'œuvre de l'Italien Rastrelli, maître incontesté du baroque), Saint-Nicolas-des-Marins aux cinq clochers turquoise et blanc coiffés de coupoles dorées. L'après-midi, première visite de l'Ermitage, l'un des plus grands musées au monde (près de 3 millions d'œuvres dans 6 départements). Outre des tableaux de Watteau, Boucher, Fragonard, Greuze, le musée renferme des toiles de maîtres hollandais et flamands (24 Rembrandt), l'œuvre de Rubens *Persée délivrant Andromède* et des chefs-d'œuvre de Léonard de Vinci, Botticelli, Raphaël...

3e jour : Saint-Pétersbourg – Excursion à Pouchkine

Le matin, visite du Musée russe situé dans l'ancien palais Michel (édifice néoclassique dû à Rossi). La collection, entièrement consacrée à l'art russe, offre un large panorama des écoles du XIIe au XVIIe siècle, en 300 000 peintures et icônes. Dans la section consacrée à l'art moderne, est exposée une partie fort méconnue de l'œuvre de Mikhaïl A. Vroubel, le Cézanne russe. L'après-midi, départ vers Pouchkine (ancienne Tsarskoïe Selo, le bourg du Tsar).

>>>

Visite de la résidence d'été de Catherine II, qui illustre le désir des souverains russes de rivaliser avec Versailles (façade de 300 m de long conjuguant colonnes blanches, murs bleus, frontons jaunes). À l'intérieur : escalier d'honneur à double volée, riche décor de moulures et d'acanthes, salle de bal de 846 m² se voulant encore plus éblouissante que la galerie des Glaces, cabinet d'Ambre. Dîner traditionnel russe « à la campagne » avec folklore au restaurant Podvorié dans un décor typique tout en bois, avant le retour à Saint-Pétersbourg.

4e jour : Saint-Pétersbourg

Le matin, écoute d'un office orthodoxe dans une église, puis visite de l'église du Sauveur-sur-le-Sang-Versé (ou église de la Résurrection), édifiée sur le lieu de l'assassinat d'Alexandre II, survenu le 1er mars 1881 (bulbes multicolores recouverts d'or et d'émail, profusion de mosaïques, d'icônes...). L'après-midi, continuation de la visite de l'Ermitage avec les tableaux d'art moderne situés dans le bâtiment de l'état-major, en particulier les collections de Sergueï Chtchoukine et des frères Morozov. Soirée-spectacle au théâtre selon programmation (ballet ou opéra). Dîner de Noël au restaurant.

5e jour : Saint-Pétersbourg/Paris

Matinée et déjeuner libres. Puis transfert à l'aéroport et vol pour Paris.

Votre escapade 5 jours / 4 nuits - 15 à 25 participants

Prestations incluses :

- Paris/Saint-Pétersbourg A/R sur vols réguliers Air France
- Les transferts
- Les taxes aériennes
- Le visa russe électronique demandé par nos soins
- L'hébergement en hôtel 4*NL, en chambre double (supplément chambre individuelle : double à usage individuel)
- La pension complète du dîner du 1er jour au petit-déjeuner du 5e jour, dont un dîner traditionnel et un dîner de Noël
- Les visites, entrées et excursions mentionnées
- 1 audiophone du 2e au 4e jour
- 1 spectacle au théâtre (ballet ou opéra selon programmation)
- L'assistance d'un accompagnateur Arts et Vie et les services d'un guide local parlant français

ANNEXE 4 Votre voyage, étape par étape, pour vous envoler en toute sérénité !

Ces informations sont fournies à titre indicatif et sont valables uniquement pour les vols effectués par Air France.

1. Je m'assure d'avoir ma carte d'embarquement

À l'aéroport, gardez votre carte d'embarquement à portée de main : vous devrez la présenter régulièrement et elle vous est nécessaire pour monter dans l'avion.
Vous préférez imprimer votre carte d'embarquement à l'aéroport ? Nos bornes Air France sont à votre service 24 h/24 !

2. J'attache mon étiquette bagage

Vous avez imprimé votre étiquette bagage avant de partir ?
Air France met des pochettes à votre disposition. Glissez-y votre étiquette bagage et attachez la pochette à votre bagage.
Pas encore d'étiquette bagage ? Vous pouvez l'imprimer à une borne Air France !
Une fois vos bagages étiquetés, rendez-vous à la dépose bagage.

3. Je dépose mon bagage

C'est le moment de vous rendre à la dépose bagage ! Consultez le mur d'affichage des vols pour connaître votre zone de dépose bagage.
Une fois votre bagage déposé, Air France s'assure de son acheminement jusqu'à votre destination finale.
Vous souhaitez transporter des liquides en cabine, voyager avec plus de bagages ou emporter un équipement de sport ? Nous vous expliquons tout dans l'espace Bagages, mode d'emploi !

4. Je passe les contrôles

Les agents de sûreté vérifient votre bagage cabine pour la sécurité de chacun : gagnez du temps en présentant séparément vos produits liquides, votre ordinateur, votre veste et vos objets métalliques.
Vous entrez ou sortez de l'espace Schengen ? Vous passerez également les formalités de police avant d'embarquer.

5. J'embarque

Vous allez bientôt être invité à monter à bord ! La porte d'embarquement se trouve après le contrôle de sûreté.
Gardez votre carte d'embarquement à portée de main et veillez à respecter l'heure de fin d'embarquement, entre 15 et 20 min avant le départ de l'avion.

www.airfrance.fr

ANNEXE 5 Bagage manquant ou endommagé, objet manquant

Votre bagage ne vous a pas été remis à votre arrivée à l'aéroport ? Nous vous prions de nous en excuser et vous assurons que nous mettons tout en œuvre pour vous aider. Vous trouverez ci-dessous les démarches à effectuer.

DÉCLARER UN BAGAGE MANQUANT
Selon votre aéroport d'arrivée, nous vous proposons 2 possibilités pour déclarer votre bagage manquant : en ligne dans les 48 h suivant votre arrivée ou auprès du service bagages Air France KLM avant de quitter l'aéroport.

DÉCLARER UN BAGAGE MANQUANT EN LIGNE
Vous pouvez déclarer un bagage manquant en complétant le formulaire en ligne, ou sur l'application Air France, dans les 48 h suivant l'arrivée de votre vol. Pour cela, munissez-vous de votre reçu de bagage.

DÉCLARER UN BAGAGE MANQUANT À L'AÉROPORT
Si vous n'avez pas encore quitté votre aéroport d'arrivée, veuillez vous rendre au service bagages d'Air France KLM *.
Avant de quitter l'aéroport, vous devez impérativement compléter un document appelé *Property Irregularity Report* (PIR). À la fin de votre déclaration, un numéro de dossier vous est communiqué. Conservez-le afin de pouvoir suivre l'évolution de la recherche de votre bagage.

* Ou son représentant.

FRAIS DE PREMIÈRE NÉCESSITÉ
Vous avez engagé des frais de première nécessité (achat de produits d'hygiène ou vêtements, par exemple) en raison de l'absence de votre bagage ? À compter de la date de réception effective du bagage, vous disposez de 21 jours pour faire une demande de remboursement en complétant le formulaire de réclamation en ligne. Veillez à conserver vos factures qui pourront vous être demandées ultérieurement.

QUE FAIRE SI VOTRE BAGAGE N'A PAS ÉTÉ RETROUVÉ ?
Si votre bagage n'a pas été localisé dans un délai de 72 h après la déclaration, nous vous invitons à compléter le formulaire d'inventaire et de réclamation disponible après identification dans l'outil de recherche de bagage en ligne. Dans ce document, décrivez le plus précisément possible le contenu de votre bagage manquant et déclarez la valeur de chaque vêtement, paire de chaussures, objet, etc. Le descriptif précis et complet du contenu de votre bagage est très important pour son identification.
Si votre bagage n'a pas été retrouvé 21 jours après la déclaration, les valeurs que vous avez déclarées serviront à établir une demande de dédommagement*. Le déclenchement de cette procédure est automatique.
Sur présentation de justificatifs (factures, preuves d'achat), le montant de votre indemnité peut s'élever jusqu'à 1 607 € environ (montant maximum fixé par la convention de Montréal).
À noter : lors de l'enregistrement d'un bagage, vous pouvez déclarer la valeur réelle de vos biens, si celle-ci est supérieure au dédommagement maximal prévu (1 607 €*). Vous acquittez alors un supplément qui augmente l'indemnisation de votre bagage selon sa valeur estimée.

* Le dédommagement est exprimé en droits de tirage spéciaux (DTS), l'unité de compte du Fonds monétaire international (FMI) : 1 288 DTS correspondent approximativement à 1 607 €.
Ce montant, sujet aux fluctuations monétaires, est variable.

www.airfrance.fr

FICHE RESSOURCE

1 Le métier d'accompagnateur de voyages

I Le rôle de l'accompagnateur de voyages

L'accompagnateur de voyages prend en charge, encadre et gère un groupe lors d'un voyage ou d'une excursion. Il accompagne et assiste les touristes tout au long de la prestation, s'occupe des relations avec les prestataires de services, délivre des commentaires de route ou lors des visites et fait en sorte que les passagers apprécient leur voyage.

Le rôle de l'accompagnateur de voyages se joue à plusieurs niveaux :

- **avant le voyage :** il prépare son voyage, élément essentiel dans la réussite de son accompagnement. Il vérifie l'itinéraire ainsi que la faisabilité du programme. Il doit être en mesure de trouver tous les prestataires (hôtels, restaurants, guides locaux...). Il prépare les commentaires qu'il délivrera durant le trajet ou à destination, en les adaptant aux spécificités du groupe dont il a la charge;
- **pendant le voyage :** il vérifie le bon déroulement du programme et est l'interface unique entre le groupe, son employeur et les différents prestataires. Il doit s'assurer du confort et de la satisfaction du groupe;
- **après le voyage :** la mission de l'accompagnateur se termine avec la rédaction d'un rapport d'accompagnement, synthétique, qui permet de faire un compte rendu sur le déroulement du programme et dont les informations serviront à améliorer les voyages futurs.

La profession d'accompagnateur de voyages est non réglementée, et est donc accessible à tous les passionnés de voyages, sans exigence de diplôme.

En ce sens, l'accompagnateur se distingue du guide-conférencier, dont la profession est réglementée et soumise à l'obtention d'une licence professionnelle. Un guide-conférencier possède une carte professionnelle qui lui permet de délivrer des commentaires de visites dans des musées nationaux et des sites historiques. Il partage ses connaissances pour faire découvrir le patrimoine historique d'un lieu, et a un rôle de transmission de son savoir historique, culturel...

II Les compétences de l'accompagnateur de voyages

1 Compétences techniques

Le guide-accompagnateur a principalement une fonction logistique. Il doit organiser l'accueil et l'accompagnement de touristes dans tout type de situation d'accueil, en France ou à l'étranger, et gérer les éventuels dysfonctionnements pouvant apparaître lors du voyage.

Il suit le groupe pendant le voyage, s'assure du bon déroulement du circuit ou séjour dans ses aspects techniques : respect du programme et de la qualité des prestations prévues au programme, gestion des modifications d'itinéraires et des réservations avec les prestataires, pilotage de l'équipe... Il gère les dysfonctionnements éventuels (accidents, pertes de bagages, vols, rapatriement...). Il est chargé du passage des frontières et des formalités de voyages obligatoires pour le groupe. Il doit respecter la réglementation en matière de sécurité.

2 Compétences relationnelles et en communication

Être accompagnateur de voyages nécessite d'avoir la passion du voyage, un goût certain pour les relations humaines, une vive envie de partager ses connaissances sur des destinations... Dans l'autocar, l'accompagnateur assure les commentaires de la région visitée, ce qui nécessite de bonnes connaissances et des capacités en communication pour présenter et adapter des commentaires aux particularités du public. La maîtrise d'une langue étrangère est également un critère indispensable pour accompagner les voyages dans le monde entier.

À la fois médiateur, fédérateur et animateur du groupe, la présence de l'accompagnateur de voyages est sécurisante pour les participants. Il veille à maintenir une bonne ambiance au sein du groupe, et à gérer les conflits pouvant apparaître. Avant tout, il est à l'écoute des membres du groupe qu'il accompagne. L'accompagnateur s'assure en permanence de la satisfaction des participants, et peut être amené à leur remettre un questionnaire de satisfaction en fin de prestation.

FICHE RESSOURCE

2 L'organisation de l'accompagnement

Un accompagnement doit être soigneusement préparé afin d'assurer le déroulement du programme et la parfaite exécution des prestations prévues, mais également pour anticiper les situations délicates.

I La préparation de l'accompagnement

- **Étude de la destination et du programme :** il est nécessaire d'avoir des connaissances générales, historiques et culturelles sur la destination et les lieux visités afin de répondre aux questions des touristes, de mettre en valeur les propos du guide, de prolonger un débat ou encore d'animer des discussions avec les membres du groupe.
- **Rédaction de fiches techniques :** des mémos ou fiches de synthèse sur un ou plusieurs aspects de la destination (historique, géographique, culturel...) doivent permettre à l'accompagnateur de préparer ses commentaires de visite et de répondre aux questions qui lui seront posées.
- **Préparation des discours :** afin de fournir des informations claires et compréhensibles par tous, et de capter l'attention du groupe.
- **Étude de la clientèle :** afin d'adapter son accompagnement (rythme, activités...) et sa communication aux spécificités du groupe, dans le but de satisfaire au maximum les participants.
- **Analyse de l'itinéraire :** pour déterminer sa faisabilité et sa cohérence, mais également pour repérer les aires de repos, les possibilités d'accès en autocar, les zones de stationnement...
- **Réservation auprès des prestataires :** confirmation ou modification des réservations effectuées, réalisation de nouvelles réservations auprès des prestataires en cas d'activités ou de prestations non prévues dans le programme initial (prestations optionnelles).
- **Vérification du carnet de route :** afin de s'assurer que le dossier regroupe bien l'ensemble des documents nécessaires à la prestation d'accompagnement (liste des participants, programme journalier détaillé, bons d'échange – vouchers* –, *rooming list*, billets de transport ou d'entrée, confirmations de réservation, liste des contacts, plans et cartes...).

* Un voucher est un bon d'échange et de paiement émis par une agence, par lequel elle s'engage à payer le prestataire de services (hôtelier, restaurateur..) pour les prestations fournies et mentionnées sur le bon.

II La prise de contact avec le groupe

- Lors de la procédure d'accueil, il convient de recevoir le groupe sur le lieu de rendez-vous avec un panneau bien lisible, ou une pancarte avec son nom.
- Après s'être présenté, l'accompagnateur doit vérifier le nombre des inscrits selon la liste fournie, afin de savoir si le groupe est complet. En cas de participant absent (« *no-show* »), il doit chercher à le joindre à l'aide des coordonnées de contact fournies, et informer son employeur ou son responsable si besoin.
- L'accompagnateur participe aux opérations d'embarquement et/ou de débarquement aérien. Il aide à l'enregistrement, gère les bagages et les transferts, se charge du passage des frontières et des formalités obligatoires pour le groupe.

III La gestion des dysfonctionnements

L'accompagnateur doit régler les problèmes et litiges pouvant apparaître sur le terrain (retard de vol ou modification d'itinéraire dû à de mauvaises conditions climatiques, annulation suite à un mouvement de grève, surbooking hôtelier, erreur sur une réservation, perte de bagages, panne d'autocar...).
Il doit être réactif et apporter des solutions. Si nécessaire, il doit ajuster le programme des activités prévues. Tout changement de programme devra être soumis à l'autorisation préalable de son employeur (autocariste, TO ou réceptif). En cas d'accident, il devra immédiatement informer la structure touristique qui l'emploie et/ou effectuer une déclaration auprès de la compagnie d'assurances.

1 Préparer une prestation d'accompagnement

Vous êtes chargé(e) d'accompagner un groupe de 45 personnes lors d'un week-end à l'occasion du Carnaval de Nice et de la fête du Citron de Menton. Vous disposez du programme du séjour (document).

1. **À la lecture du programme (document), relevez les informations manquantes pour pouvoir assurer au mieux votre prestation.**

2. **Listez les prestataires avec lesquels vous serez amené(e) à être en contact.**

3. **Indiquez les documents nécessaires à l'exécution des prestations prévues au programme.**

4. **Rédigez le commentaire d'accueil que vous délivrerez dans l'autocar, au départ d'Avignon.**

DOCUMENT Programme du séjour

CARNAVAL DE NICE ET FÊTE DU CITRON À MENTON
POUR LE WEEK-END DU 13 AU 14 FÉVRIER N

Venez participer à deux événements parmi les plus réputés de la Côte d'Azur : le Carnaval de Nice avec son célèbre défilé de chars et la fête du Citron à Menton, événement unique et incontournable.

JOUR 1 : AVIGNON / CARNAVAL DE NICE

Départ en autocar grand tourisme le matin d'Avignon en direction de Nice pour le 60e Carnaval. Située entre mer et montagne, Nice bénéficie d'un patrimoine culturel très riche, de paysages magnifiques et de sites naturels et authentiques. Arrivée en fin de matinée. Déjeuner libre.
14 h 30 : place aux élégantes Batailles de Fleurs (entrée en tribune incluse). 18 chars décorés de belles compositions florales, des costumes époustouflants... Un événement unique et féerique qui, cette année, a pour thème « Le Roi de la Gastronomie ». Une façon de mieux connaître et rencontrer un peuple en s'invitant à sa table.
En fin de journée, dîner au restaurant et nuit dans un hôtel 4* au cœur de Nice : Le Mercure Nice centre Notre-Dame est situé en face de l'église Notre-Dame, tout près de la place Masséna et du vieux Nice ainsi qu'à 10 min de la célèbre Promenade des Anglais. Les chambres sont équipées d'un téléviseur, de la climatisation et d'une connexion Internet. Les salles de bains sont avec baignoire et sèche-cheveux... L'hôtel est situé à 300 m de la gare SNCF et près du tramway.

JOUR 2 : NICE / FÊTE DU CITRON À MENTON

Départ en direction de Menton pour la 82e fête du Citron. Matinée consacrée à la découverte des Jardins de Biovès (entrée incluse). Situés au cœur de la ville, ces jardins s'habillent aux couleurs du soleil, dans des teintes jaunes et orange éblouissantes. Des décors incroyables dont certains nécessitent près de 15 tonnes d'agrumes. L'après-midi, vous assisterez au grand corso avec des sculptures géantes et des chars aux fruits d'or riches d'une tradition entretenue depuis le début du siècle dernier. Le corso aura pour thème « 20 000 lieues sous les mers ». Retour vers Avignon en fin de journée, arrivée prévue en soirée.

2 Gérer les formalités liées à l'accompagnement

Vous travaillez pour l'autocariste Évasion, situé en région parisienne. Vous allez accompagner un groupe de 25 musiciens dans le cadre d'un concert qui se déroulera à Vienne, considérée autrefois comme la capitale mondiale de la musique. Durant ce séjour, votre groupe et vous-même logerez à l'hôtel Hadrigan pour 2 nuits en formule petit-déjeuner, du 1er au 3 mars N.

1. **Expliquez ce qu'est un voucher, ainsi que l'utilisation que vous allez en faire.**

2. **Contrôlez les informations contenues dans le voucher (document 2), en vous appuyant sur la mise en situation et la réservation qui a été faite (document 1). Que remarquez-vous ?**

3. **Concluez sur l'intérêt de la préparation de l'accompagnement en amont de la prestation.**

DOCUMENT 1 Réservation de l'hôtel

Hôtel Hadrigan ★★★

Arrivée : samedi 1er mars N
Départ : lundi 3 mars N
Durée totale du séjour : 2 nuits

Vous avez réservé :

2 × Chambre simple
2 lits simples

3 × Chambre lits jumeaux
6 lits simples

9 × Chambre double ou lits jumeaux
Au choix : grands lits doubles ou lits simples

Pour :
26 adultes

DOCUMENT 2 **Voucher**

Hôtel Voucher	
Autocar Évasion	**À/To :** Hotel Hadrigan 16e Ottaking Wien

Veuillez fournir en échange de ce bon
Please provide in exchange of this voucher

À/To : ÉVASION CLIENTS
25 ADULTS
+ 1 TOUR LEADER

2 SINGLE ROOMS (single beds)
3 TWIN ROOM (single beds)
9 DOUBLE ROOM (large doubles)

FULL BOARD

Arrivée/Arrival : 02/03/N **Départ/Departure :** 03/03/N 1 Nuit/Night

Paris, le/on 15/02/N

Cachet et signature autorisée
Stamp and authorized signature

APPROVED

3 Accompagner un transfert lors d'une excursion de croisière

Vous avez été choisi(e) pour effectuer une mission professionnelle pour une agence réceptive qui propose des excursions à la journée dans plusieurs villes de Provence. Cette agence travaille notamment avec les compagnies de croisière pour les excursions des passagers en escale sur le port de croisière de Marseille.
Vous êtes chargé(e) d'accompagner, durant une journée, des croisiéristes francophones d'un navire Costa lors de leur transfert en autocar vers Arles et Saint-Rémy. Un guide local vous attendra à destination.

1. **Relevez les éléments de la signalétique (document 2) qui permettront aux croisiéristes de repérer l'autocar ainsi que votre présence en tant qu'accompagnateur(-trice).**

2. **Indiquez les différentes tâches que vous devrez accomplir avant de partir vers Arles.**

3. **À l'aide des documents 1 et 2, et de recherches sur Internet, collectez les différentes informations pratiques et logistiques à transmettre aux passagers.**

>>>

DOCUMENT 1 Excursion « Arles et Saint-Rémy » proposée par Costa Croisières

ARLES ET SAINT-RÉMY : UNE JOURNÉE AU CŒUR DE LA PROVENCE

Port	Niveau de difficulté	Type	Prix Adultes	Durée en heures	Code excursion
Marseille	Moyen	Culture, Pique-nique	79,00 €	7	0450

Ce que nous allons voir

- Arles : vieille ville, amphithéâtre romain (extérieur), cathédrale Saint-Trophime
- Saint-Rémy : maison de Nostradamus (extérieur), église Saint-Martin et palais Renaissance

Ce que nous allons vivre

- Nous quittons le port de Marseille et rallions par autoroute le cœur de la Provence, l'une des plus belles régions françaises, mais aussi l'une des plus riches sur le plan historique. Nous arrivons tout d'abord à Arles, cité qui nous enchante par les nombreux témoignages de son riche passé.

- Pour découvrir Arles, rien de tel qu'une agréable promenade dans la vieille ville, où nous admirons les principaux monuments.
- Ensuite, nous avons un peu de temps libre pour déguster quelques spécialités gastronomiques et flâner librement dans le centre, sur les traces de Van Gogh.
- Nous quittons Arles pour le ravissant village de Saint-Rémy, seconde étape de notre excursion. Notre guide nous accompagne à la découverte de ce bourg pittoresque où nous visitons l'église Saint-Martin et admirons les élégantes maisons Renaissance, dont celle où naquit Nostradamus.
- Avant de reprendre le car en direction du port de Marseille, nous profitons d'un moment de temps libre pour ramener quelques souvenirs de Provence.

Adapté du site Internet Costacroisieres.fr

DOCUMENT 2 Consignes pour les accompagnateurs et accompagnatrices

Avant votre départ d'excursion

– Présentez-vous 30 minutes avant le début de votre mission : vous devez porter l'uniforme souhaité pour la mission (pantalon noir ou bleu marine, chemise ou chemisier blanc, pas de baskets, pas de sandales ni tongs). Munissez-vous d'une pancarte sur laquelle figurera la destination de l'excursion.

– Vérifiez les équipements de l'autocar : propreté, air conditionné, présence d'une trousse de secours ; mettez une affiche dans le bus afin que le véhicule soit clairement identifiable.

– Munissez-vous de votre pochette comportant toutes les informations pour assurer votre mission. Gardez votre téléphone portable avec vous afin d'être joignable pendant toute la durée de votre mission.

– Vérifiez et recomptez le nombre de personnes présentes dans votre car. Ce nombre doit correspondre au nombre de tickets que vous avez collectés à la montée des passagers. Distinguez bien les adultes des enfants.

Accompagnement

Donnez les informations pratiques/logistiques aux passagers : consignes de sécurité dans le bus (ceinture de sécurité attachée, rester assis), temps de route, temps sur place, lieu de rendez-vous (adresse du lieu de dépose et reprise minute des autocars), localisation de l'office de tourisme.

CHAPITRE

VERS PIX 1.1 Mener une recherche et une veille d'information

11 Appliquer les règles de sécurité dans l'accompagnement des touristes

TÂCHES

- → Assurer l'accompagnement en présentant le contexte géographique, historique et culturel
- → Gérer les flux de touristes en respectant les règles de sécurité
- → Gérer les formalités d'accompagnement

COMPÉTENCE

- → C11. Prendre en charge un groupe de touristes

SITUATION PROFESSIONNELLE

Créé en 2012, le Parc national des Calanques est un espace naturel à la fois terrestre, marin et périurbain, qui s'étend sur 2 600 hectares entre Marseille et Cassis, dans les Bouches-du-Rhône. Classé 10e parc national français, il bénéficie d'une protection renforcée *via* une réglementation spécifique. En plus du cœur terrestre, le Parc national des Calanques a la particularité de posséder un cœur marin couvrant 90 % du cœur total, comme les parcs nationaux de Port-Cros et de la Guadeloupe.

VOTRE MISSION

Vous êtes nouvellement recruté(e) en tant que guide-accompagnateur(-trice) par une agence réceptive située dans la région Sud. Vous êtes chargé(e) d'accompagner un groupe de collégiens lyonnais dans le cadre d'un séjour pédagogique de 4 jours ayant pour thème la découverte des paysages méditerranéens. La visite du Parc national des Calanques est programmée pour le deuxième jour.
S'agissant de votre première mission d'accompagnement avec un public jeune, vous décidez de vous y préparer afin de connaître les règles de sécurité à respecter.

TRAVAIL À FAIRE

I Accompagner lors d'un déplacement en autocar

Le groupe est constitué de 32 collégiens âgés de 11 à 13 ans et de 3 enseignants. Vous devrez le prendre en charge en début de matinée du deuxième jour à la gare routière d'Aix-en-Provence, où un autocar vous attendra. Vous prendrez ensuite la route en direction du Parc national des Calanques afin d'y effectuer une visite à la journée.

1. Indiquez les différentes tâches à réaliser lors de la prise en charge du groupe à la gare routière, en indiquant, à chaque étape, les documents nécessaires à l'exécution de votre mission ainsi que les règles de sécurité à respecter.
2. Lors du placement dans l'autocar, indiquez où vous devrez vous installer, ainsi que les places qui seront occupées par les enseignants.
3. Rédigez le discours d'accueil que vous ferez dans l'autocar avant de partir pour le Parc national des Calanques.

➲ Annexes 1 à 3
➲ Fiches ressources 1 et 2

II Veiller au respect des règles de sécurité lors de la visite du Parc national des Calanques

Le site est un espace fragile et protégé qui demande soin et respect : à ce titre, il est soumis à une réglementation spéciale régie par les décrets de création du Parc national des Calanques. À cette réglementation spéciale, s'ajoutent la réglementation générale et celles des propriétaires fonciers du Parc.
Vous devez sensibiliser les collégiens aux règles à observer durant leur journée de visite.

4. Sélectionnez les informations pertinentes à transmettre aux collégiens afin de les sensibiliser au respect de l'environnement qu'ils vont visiter.
5. Quelles recommandations allez-vous formuler afin de prévenir tout risque de blessure ou d'accident ?

➲ Annexes 4 à 6
➲ Fiche ressource 2

VOTRE DOSSIER

ANNEXE 1 Consignes pour les déplacements en car/bus avec des mineurs

Lors d'un déplacement en car ou en bus avec des mineurs, il est impératif de respecter le taux d'encadrement exigé dans le cadre des Accueils Collectifs de Mineurs (ACM). Le chauffeur n'est – en aucun cas – pris en compte dans ce taux d'encadrement.
L'organisateur – ou bien le directeur – est tenu de désigner un chef de convoi, d'établir une liste nominative des passagers et de placer un accompagnateur à proximité de chaque porte et issue de secours. En cas de voyage de nuit, une veille permanente doit être assurée par au moins un des accompagnateurs.
Avant chaque trajet, le ou les accompagnateurs doivent impérativement rappeler les consignes de sécurité et veiller à ce que les enfants soient correctement assis (l'utilisation de strapontins est interdite) et portent leur ceinture de sécurité (si le car en est équipé).

À noter : le temps du trajet est un temps de travail à part entière pendant lequel les accompagnateurs sont tenus à une obligation générale et permanente de surveillance, de prudence et de sécurité s'agissant des jeunes qui sont sous leur responsabilité.

RÔLE ET RESPONSABILITÉS DU CHEF DE CONVOI

Le chef de convoi est désigné par l'organisateur ou le directeur du séjour, il est responsable – par délégation – du convoyage. À ce titre, il doit s'assurer de la conformité du transport et veiller à son bon déroulement.
Il communique régulièrement avec le chauffeur et doit – si nécessaire – prévenir l'organisateur, voire les autorités compétentes (police, gendarmerie ou DREAL [direction régionale de l'Environnement, de l'Aménagement et du Logement]), en cas de doute sur l'état du véhicule (état des pneus, etc.), sur le comportement du chauffeur (alcoolémie, fatigue du conducteur, etc.) ou bien sur sa conduite (respect du Code de la route, vitesse maximale, heure et amplitude de conduite, etc.).

AVANT LE DÉPART

- Avoir pris connaissance de la législation relative à l'accompagnement des groupes d'enfants en ACM.
- Avoir pris connaissance du contrat organisateur / transporteur.
- Être en possession de la liste nominative des passagers (en double exemplaire, dont l'un est à remettre à l'organisateur ou au directeur) et de la législation relative au voyage (confiée par l'organisateur).
- Pointer les enfants présents au départ / après chaque arrêt du car.
- Informer l'équipe du nombre d'enfants et des règles à respecter.

PENDANT LE TRANSPORT

Rappeler les consignes en cas d'accident ou d'incendie ainsi que les recommandations aux enfants pour le bon déroulement du voyage.
- Veiller à ce que les enfants soient correctement assis durant le trajet et portent leur ceinture de sécurité si le car en est équipé.
- Veiller à ce qu'aucun sac n'encombre l'allée centrale du car.
- Veiller à placer un accompagnateur près de chaque porte (avant, milieu et arrière) de l'autocar.
- Établir un tour de veille des accompagnateurs pendant les voyages de nuit (référence : circulaire n° 83-20 b du 25 janvier 1983).

>>>

CONDITIONS DE SÉCURITÉ DANS LE VÉHICULE

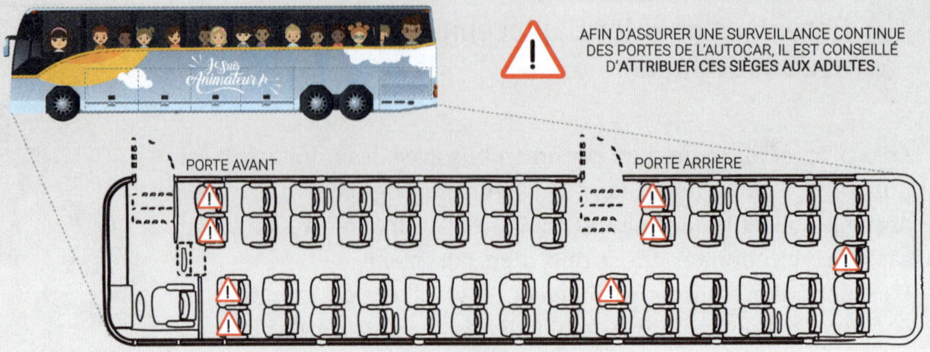

Les portes situées à l'arrière doivent rester fermées pour embarquer et débarquer afin de mieux contrôler les effectifs. Un accompagnateur doit être présent au niveau de chaque porte de l'autocar (avant, milieu et arrière). Tout au long du trajet, veillez à ce que les enfants soient correctement assis et portent leur ceinture de sécurité (si le car en est équipé).

CONDITIONS DE CONDUITE

- Le conducteur du car doit être titulaire du permis D.
- Durée maximale de conduite sans interruption : 4 h 30.
- Interruption(s) de conduite : 45 minutes ou remplacée par une pause d'au moins 15 minutes suivie d'une pause d'au moins 30 minutes.
- Durée maximale de conduite journalière : 9 h ou, lorsqu'il y a 2 conducteurs, 18 h consécutives par période de 30 h.

Jesuisanimateur.fr

ANNEXE 2 Être passager dans un transport collectif

Monter dans l'autocar

Les règles pour la montée dans l'autocar sont identiques à celle d'un autobus. Il n'y a pas souvent d'arrêt, sauf pour les autocars de ramassage scolaire. Il faut veiller à ne pas se positionner à l'arrière de l'autocar, ni de courir dans sa direction car le conducteur a de nombreux angles morts et il ne peut pas voir tous les passagers qui se dirigent vers le car durant sa manœuvre.

Les « devoirs » du passager

Le passager doit monter dans le bus ou le car dans le calme, en veillant aux autres, notamment en attendant la descente des autres passagers avant de monter ou en laissant passer les personnes âgées, les femmes enceintes, les familles avec de jeunes enfants ou encore les personnes handicapées.

Les sacs ne doivent pas être posés dans l'allée centrale pour laisser le passage et permettre une éventuelle évacuation rapide. Les sacs doivent être disposés sous le siège, à ses pieds.

Dans les autocars, la ceinture de sécurité doit être bouclée par le conducteur et tous les passagers.

Il ne faut pas non plus crier, gesticuler, lancer des objets dans le car, qui n'est pas une aire de jeux. Le conducteur doit pouvoir conduire calmement.

Descendre

Il existe aussi des règles pour descendre d'un bus ou d'un car… Il ne faut pas descendre avant l'arrêt complet du véhicule afin d'éviter toute chute. Il faut descendre calmement afin de ne pas provoquer de bousculades.

Après la sortie du véhicule, il faut attendre son départ avant de traverser la rue : si le piéton traverse devant le car, les véhicules qui doublent le car ne verront pas le piéton. De plus, le conducteur peut être surpris de voir des piétons devant son véhicule en redémarrant.

Traverser derrière l'autocar ou l'autobus est aussi dangereux car le bus est un obstacle cachant les piétons pour les véhicules arrivant en sens inverse et le conducteur du bus ne voit pas les piétons derrière son véhicule s'il faisait une manœuvre de recul.

Educscol

ANNEXE 3 Procédure lors d'un accompagnement en autocar

Phases	Tâches à réaliser	Supports et documents	Règles de sécurité à respecter
Préparation de la mission			
Accueil à la gare routière			
Montée dans l'autocar			
Trajet en direction du Parc national des Calanques			
Descente de l'autocar			

ANNEXE 4 Panneau informatif du Parc des Calanques

ANNEXE 5 Principales réglementations à terre du Parc des Calanques

Les règles de conduite sont simples et dictées par le bon sens. Elles permettent à chacun de mieux jouir de ce site grandiose. À terre, il est interdit, de façon permanente, de :
- fumer ou d'allumer du feu,
- circuler en dehors des pistes et des sentiers balisés à cet effet,
- créer des nuisances sonores,
- jeter des déchets (emportez un sac avec vous pour ramener vos déchets),
- dégrader le site (graffitis, détérioration des équipements, dépôt de déchets),
- promener un chien non tenu en laisse,
- cueillir des fleurs, blesser des arbres et prélever des espèces, en dehors de la cueillette autorisée pour un usage domestique, culinaire ou médicinal hors espèces protégées spécifiées dans la charte du Parc national et dans l'application mobile Mes Calanques,
- perturber et nourrir les animaux terrestres,
- pratiquer le vélo dans certaines sections du Parc national, notamment dans le domaine de Luminy,
- circuler en véhicule motorisé en dehors des voies ouvertes à la circulation publique,
- stationner son véhicule motorisé en espace naturel,
- faire du camping, du bivouac ou du caravaning,
- chasser en dehors des zones et des périodes autorisées,
- survoler le Parc national à l'aide de drones ou d'engins d'aéromodélisme.

Parc des Calanques

ANNEXE 6 Recommandations pour les balades et randonnées dans le Parc des Calanques

Arpenter les chemins est le meilleur moyen de découvrir les multiples facettes du Parc national des Calanques côté terre. Si pour beaucoup l'accès à la plage constitue le point d'orgue de la balade, il faut garder en tête que marcher dans les Calanques se prépare. Soleil de plomb, roches glissantes ou coupantes, passages délicats... On troque donc tongs et maillots de bain contre une bonne paire de chaussures et un équipement adapté !

Avant de partir
Avant toute sortie au Parc national, je prépare ma visite : je me renseigne sur les conditions d'accès, j'étudie mon parcours et je m'équipe (bonnes chaussures de marche, eau en abondance, protection contre le soleil...).

Bonnes pratiques
- Je reste sur les sentiers balisés pour éviter de piétiner la flore.
- Je respecte la faune : je ne la nourris pas et ne la dérange pas.
- Je respecte la flore : je ne la cueille pas.

Réglementation
- Je protège les Calanques contre le risque incendie, je ne fume pas lors de mes sorties dans le Parc national.

- Je garde mes déchets et les trie quand je rentre de rando.

Sécurité
- J'étudie mon parcours avant de partir.
- Je choisis mon parcours en fonction de mon expérience.
- J'ai avec moi une carte IGN.
- Je vérifie les conditions météo.
- Je porte des chaussures adaptées à la randonnée.
- Je prévois chapeau, lunettes de soleil et crème solaire.
- Je prévois au moins 1,5 litre d'eau par ½ journée et de la nourriture.
- Je reste sur les chemins balisés pour éviter toute chute.
- En cas d'urgence : j'appelle le 112.

FICHE RESSOURCE

1 Le rôle de l'accompagnateur en matière de sécurité

I Les règles en matière de sécurité

L'accompagnateur doit assurer la sécurité des biens et des personnes dont il a la charge, en appliquant les règles de sécurité qui émanent de textes divers (Code de la route, Code du tourisme). Les règles applicables varient en fonction de la constitution du groupe (présence de mineurs au sein du groupe), de la nature de l'activité (visite de ville, randonnée de moyenne ou de haute montagne...) et du milieu visité (montagne, littoral protégé, parc naturel...).

L'accompagnateur doit connaître les règles de sécurité spécifiques à sa mission d'accompagnement afin de les appliquer et de les faire respecter par le groupe. Il doit également se tenir informé de la législation douanière applicable lors du franchissement des frontières, des formalités administratives requises, de la législation locale... Ces règles sont évolutives, l'accompagnateur est tenu d'effectuer une veille juridique afin de disposer des textes ou des règles en vigueur.

Exemple : le contexte sanitaire lié à la Covid-19 impose aux voyageurs certaines restrictions (obligation de présenter un test PCR négatif à l'embarquement ou à l'arrivée et/ou période d'isolement imposée) variables selon les destinations et le pays de départ des voyageurs.

II Les tâches à accomplir par l'accompagnateur

De façon générale, l'accompagnateur doit :
- vérifier l'état des locaux et des véhicules ;
- assurer la sécurité durant le trajet et lors des excursions et activités (sorties, sports) ;
- assurer la sécurité des personnes, et prévoir les secours nécessaires et les urgences (numéros d'urgence, consignes de sécurité...). Des notions de secourisme sont toujours bienvenues.

Les tâches spécifiques qu'il devra accomplir sont les suivantes :

- déterminer les dangers potentiels, par exemple :
  - dans le véhicule (ex. : sortir du véhicule en pleine circulation),
  - dans l'environnement immédiat (ex. : trottoir endommagé, traversée de voies de circulation),
  - autres personnes (ex. : vol) ;
- déterminer la stratégie à adopter pour faire face aux dangers repérés (ex. : évitement, protection accrue) ;
- prendre des mesures de sécurité et demander aux visiteurs d'en faire autant, notamment :
  - repérer les sorties d'urgence et/ou les voies de secours, le cas échéant,
  - se familiariser avec les procédures en cas d'incendie,
  - porter des vêtements adaptés aux activités (ex. : des chaussures de marche, des parkas ou des vestes par temps froid),
  - être attentif à la circulation au moment de descendre du véhicule,
  - signaler les dangers potentiels (ex. : sol instable, faune dangereuse, hautes falaises) ;
- connaître l'emplacement des installations d'urgence (ex. : hôpital/clinique médicale) ;
- connaître les numéros ou les procédures d'urgence de la région ainsi que son rôle dans le cadre des procédures d'urgence du site (les numéros d'urgence en France sont 112 : numéro d'urgence européen ; 15 : SAMU ; 17 : police secours ; 18 : sapeurs-pompiers) ;
- si on se trouve à l'étranger pendant un conflit politique, une catastrophe naturelle ou une autre situation d'urgence : prendre contact avec les autorités compétentes (consulat ou ambassade), être prêt à fournir le manifeste des visiteurs et demander des instructions ;
- en cas de déplacement à l'étranger, inciter les participants à s'inscrire sur le site Internet Ariane du ministère des Affaires étrangères, service gratuit qui permet aux ressortissants français de recenser leurs voyages ou missions ponctuelles à l'étranger.

FICHE RESSOURCE

2 Les règles spécifiques en matière de sécurité

I Le transport en commun

Il désigne le transport dans un véhicule à moteur de plus de 9 places des passagers de moins de 18 ans. Le transport en commun d'enfants est régi par l'arrêté du 2 juillet 1982 modifié en 2007. Il s'effectue généralement en autocar, véhicule conçu et aménagé pour le transport en commun de personnes assises. Selon la capacité, on distingue le minibus (pouvant accueillir de 9 à 30 passagers) et l'autocar standard (jusqu'à 70 passagers, voire 90 passagers pour les autocars à étage). Selon le niveau de confort, on distingue les autocars « économique », « luxe » ou « grand tourisme » (qui disposent d'équipements et d'un niveau de confort permettant d'effectuer des trajets de longue distance).

II Le transport en commun d'enfants (moins de 18 ans)

Durant les voyages en autocar, les taux d'encadrement des ACM (accueils collectifs de mineurs) s'appliquent (chauffeur non compris dans le décompte), soit :
- 2 accompagnateurs au minimum, quelle que soit la taille du groupe ;
- enfants de moins de 6 ans : 1 accompagnateur pour 8 enfants ;
- enfants de plus de 6 ans : 1 accompagnateur pour 12 enfants.

Avant le départ, si la destination se situe hors du département de départ ou des départements limitrophes, le responsable du groupe doit établir une liste des personnes transportées (noms et prénoms, coordonnées téléphoniques d'une personne à contacter pour chaque mineur).
Il est tenu de s'assurer des conditions de sécurité : contrôle de l'état du véhicule avant le départ (ceintures de sécurité, extincteur, boîte de premiers secours...), du comportement du chauffeur (alcoolémie, par exemple). En cas de doute, il doit en informer les autorités compétentes.
L'accompagnateur doit rappeler les consignes de sécurité à respecter, les règles lors des montées/descentes, ainsi que les consignes d'évacuation : rester assis durant tout le trajet, attacher les ceintures de sécurité, laisser les allées dégagées, ne pas distraire le chauffeur...

Pendant le voyage, les accompagnateurs doivent être disposés à proximité des issues de secours ainsi qu'aux places exposées du véhicule (places avant et place arrière centrale). Ils doivent veiller à ce que les règles de sécurité soient observées. Ils ne doivent jamais laisser les mineurs sans surveillance, et doivent faire l'appel lors de chaque arrêt. Si le trajet se déroule de nuit, il est prudent qu'un accompagnateur, placé à l'avant du car, reste éveillé.

III L'accompagnement dans des milieux spécifiques

Dans l'exercice de sa profession, l'accompagnateur est redevable d'une obligation générale de prudence et de diligence ; il doit tout particulièrement veiller à la sécurité de ses clients et leur porter l'assistance nécessaire. Il doit avoir une parfaite connaissance des parcours et des conditions techniques prévues pour l'activité, assurer la sécurité des matériels, évaluer les capacités des personnes présentes et vérifier la détention des moyens de protection prescrits. Il doit disposer d'un moyen d'alerte extérieur (mobile).
Selon la nature de l'activité et le milieu, le métier d'accompagnateur est soumis à des conditions de diplôme attestant de ses compétences : brevet fédéral d'accompagnateur de randonnée pédestre, diplôme d'État AMM (accompagnateur de moyenne montagne).
L'accompagnateur doit sensibiliser les clients au respect des règles de sécurité, mais également au respect de l'environnement afin d'assurer la protection des ressources sur les lieux de visite. Les règles sont issues du Code de l'environnement.
Par exemple, dans tous les parcs nationaux, les décrets pris conformément à l'article 31 de la loi du 14 avril 2006 imposent plusieurs interdictions ou restrictions : interdiction de porter ou d'allumer du feu ; de déposer, d'abandonner ou de jeter des ordures ou des déchets en dehors des lieux prévus ; d'utiliser tout éclairage artificiel ; d'effectuer tout bruit de nature à déranger les animaux ; de camper ou bivouaquer...

1 Accompagner un groupe d'adultes à l'étranger

Une mission d'accompagnement vous a été proposée par un tour-opérateur spécialisé dans l'organisation de séjours trekking. Vous souhaitez préparer un départ pour le Sénégal, à destination d'un groupe de 20 adultes. Vous consultez les « Conseils aux Voyageurs » du site du ministère des Affaires étrangères afin de vous informer sur les conditions de sécurité à destination :

Sénégal : conseils aux voyageurs
liennathan.fr/2t4kt9

Vous devez inciter les participants à faire preuve de vigilance pour assurer leur sécurité ainsi que celle de leurs biens. Vous devez également les sensibiliser au respect de la culture et de la législation du pays d'accueil.

1. **Indiquez les zones géographiques à éviter lors des déplacements à destination. Justifiez.**
2. **Formulez les principales recommandations en matière de sécurité à transmettre au groupe.**
3. **Quelles informations doivent être communiquées pour sensibiliser les participants au respect de la loi et des populations locales ?**
4. **Un des participants tient avec vous des propos troublants sur sa messagerie électronique : « Je suis excité à l'idée d'aller au Sénégal... Aller dans des bars avec de jeunes Sénégalaises... J'adore le contact avec les enfants... » Comment réagissez-vous ?**

2 Faciliter le passage aux contrôles de sécurité

Vous accueillez un groupe de 15 jeunes adultes sportifs à l'aéroport de Toulon-Hyères afin de vous envoler à destination de la Nouvelle-Zélande, pour un séjour de 3 semaines. Afin de faciliter le passage aux contrôles de sécurité et de douane, vous les renseignez sur le contenu autorisé de leurs bagages.
Un des participants vous fait part de quelques-uns des produits qu'il a emportés.

1. **Parmi les produits listés (document 1) et à l'aide du document 4, déterminez ce que le voyageur pourra emporter, en complétant le tableau.**
2. **Parmi les produits autorisés, quels sont ceux qui devront être obligatoirement déclarés à l'arrivée (document 2) ?**
3. **Quels sont les risques encourus en cas d'infraction ou de fraude (document 3) ?**
4. **Indiquez les objectifs poursuivis par ces diverses réglementations.**

DOCUMENT 1 Liste des produits

Produits	Autorisés		Interdits	
	En cabine	En soute	En avion	En Nouvelle-Zélande
Des chaussures de trekking				
Un pull en coton				
Un briquet				
Un sandwich au poulet				
Une doudoune en duvet d'oie				
Une batterie lithium				
Un flacon de parfum 150 ml				
Une boîte d'aspirine				

DOCUMENT 2 Réglementation douanière en Nouvelle-Zélande

RÉGLEMENTATION DOUANIÈRE

Certaines précautions et gestes simples permettent d'éviter des complications douanières.
La loi néo-zélandaise en matière de règles douanières et bio sanitaires est intransigeante. L'introduction dans le pays de produits prohibés est étroitement contrôlée. Il est donc recommandé de se conformer strictement à la réglementation en vigueur. Tout manquement peut être sévèrement sanctionné, à commencer par un refus d'entrée sur le territoire.

Contrôle bio sanitaire

Une attention scrupuleuse est accordée aux menaces extérieures pouvant affecter l'écosystème (bactéries, insectes ou autres petits animaux) par les services de contrôle aux frontières. L'approche « biosécurité » est d'une extrême rigueur lors des contrôles effectués à l'aéroport, une amende

de 400 dollars néo-zélandais pouvant être infligée sur-le-champ en cas d'infraction (même pour un fruit), voire beaucoup plus si l'intention de frauder est établie.
Des déclarations frauduleuses ou incorrectes à la douane néo-zélandaise peuvent faire l'objet d'amendes immédiatement exigées (allant jusqu'à 400 dollars néo-zélandais).

Produits strictement interdits :

- viandes aviaires (poulet, dinde, canard) et dérivés (foie gras frais) ;
- œufs ;
- fruits frais, légumes et champignons ;
- miel et produits dérivés, pollens, cire et résine végétale ;
- animaux vivants (dont chiens et chats), animaux de compagnie, oiseaux, œufs d'oiseaux, poissons et insectes ;
- fleurs et feuillages, colliers de fleurs et assimilés ;
- emballage en paille ou autres herbes ;
- corail, ivoire, peau de serpent, produits à base de cuir de crocodile ou d'os de baleine (dont colliers, bijoux, artefacts ou ornements) ;
- coquillages et carapaces de tortues.

Produits devant être obligatoirement déclarés à l'arrivée :

- viandes (autres qu'aviaires), poissons et crustacés ;
- produits à base d'œufs (pâtes, pâtisseries) ;
- fruits et légumes secs ;
- pâtes et riz ;
- noix, graines, céréales, herbes et épices ;
- tous produits végétaux ou à base de plantes ;
- produits à base de fleurs séchées ;
- produits rembourrés avec des graines/céréales, de la paille ;
- produits à base de bambou, canne à sucre, noix de coco, paille ;
- tous produits contenant du bois ou à base de bois (incluant les instruments de musique) ;
- tous produits contenant ou à base de plumes, pelage, poils, peaux et os ;
- tous trophées de chasse ou animaux empaillés ;
- vêtements et chaussures ayant été en contact avec des animaux (dont animaux dits « de la ferme »), du matériel pour animaux, du matériel vétérinaire ou des cages à animaux ;
- tous matériels et vêtements de camping, de trekking et de marche ayant déjà été utilisés à la campagne ou à la montagne.

Ministère de l'Europe et des Affaires étrangères

DOCUMENT 3 Foire aux questions

Qu'est-ce que j'encours si je dissimule un article interdit, si je ne respecte pas les conditions d'emport fixées par la compagnie ou si je ne l'informe pas de la présence d'un article alors que cette information est requise ?

Au minimum, vous risquez de voir cet article (produit, équipement ou matériel) confisqué.
Vous pourriez aussi vous exposer à des poursuites pénales ou à des sanctions administratives si l'article transporté ne respecte pas les conditions légales et réglementaires. En effet, au-delà de votre propre personne, vous faites courir un risque aux autres passagers, aux membres d'équipage et aux personnels qui auront à assurer la manutention et le chargement de vos bagages, en cas d'incident ou d'accident.

Site du ministère de l'Écologie

DOCUMENT 4 Guide pratique du passager

TOULON HYÈRES AÉROPORT

OBJETS INTERDITS - FORBIDDEN ITEMS
IN THE CABIN AND IN THE HOLD

Liste non exhaustive / Non-exaustive list

APPAREILS AVEC BATTERIES AU LITHIUM / LITHIUM BATTERIES POWERED DEVICES

Batteries avec une énergie / with batteries > 160 Wh (Wh = V x Ah)

- Gyropodes / Gyropods
- Drones / Drones
- Hoverboard / Self balancing devices
- Gyroroues / Self balancing wheels
- Bagages motorisés / Motorized baggage
- Vélos électriques / Electric bikes
- Gros outillages / Major tools
- Cigarette électronique / Électronic cigarette
- Batteries / Batteries
- Bagages équipés d'une batterie (amovible ou non) / Baggage equipped with a battery (removable or not)

AUTRES OBJETS DANGEREUX / OTHER DANGEROUS ITEMS

- Munitions / Ammunition
- Substances qui dégagent des gaz inflammables au contact de l'eau / Substances which emit flammables gases in contact with water
- Substances infectieuses / Infectious substances
- Corrosifs / Corrosive
- Matériaux radioactifs / Radioactive material
- Substances sujettes à la combustion spontanée / Substances liables to spontaneous combustion
- Liquides inflammables / Flammable liquids
- Aérosols non inflammables, non toxiques / Non-flammable, non toxic aerosols
- Comburants et peroxydes organiques / Oxidizing substances and organic peroxides
- Solides inflammables / Flammable solio
- Explosifs / Explosives
- Substances toxiques, poisons / Toxic or poison substances
- Gaz, bouteilles et recharges / Gases, bottles and refills
- Flore protégée / Protected flora
- Faunes / Wildlife
- Appareils et aérosols à effet paralysant et neutralisant / Disabling and incapacitating devices and sprays

TOULON HYÈRES AÉROPORT

EN SOUTE OU EN CABINE ?
IN THE HOLD OR IN THE CABIN?

EN CABINE / IN CABIN

Autorisé :

- Appareils photo / Digital cameras
- Tablettes / Tablets
- Drones / Drones
- Batteries et recharges externes de secours / Spare and external power bank batteries
- Cigarettes électroniques / Électronic cigarettes — Uniquement sur soi, complètement éteints et individuellement protégés / On one's person completely switched-off and individually protected
- Liquides, aérosols et gels / Liquids, aerosols and gels — Les contenants sont ≤ 100 mL et placés dans un sac refermable transparent ≤ 1 L. Limité à 1 L par passager / Containers are ≤ 100 mL and placed in a transparent resealable bag ≤ 1 L. Limited to 1 L per passenger
- Boîte d'allumettes / Matchboxes
- Briquets / Lighters

Interdit :

- Gros outillages / Major tools
- Armes à feu et imitations / Firearms and imitations
- Liquides, aérosols et gel / Liquids, aerosols and gels > 100 mL
- Outils et objets contondants / Blunt instruments and tools
- Outils et objets tranchants / Sharp instruments and tools — Lames > 6 cm / Blades > 6 cm

EN SOUTE / IN CHECKED BAGGAGE

Autorisé :

- Ordinateurs / Laptops
- Bagages équipés d'une batterie amovible / Baggage equipped with a removable battery — Si la batterie est retirée / With battery removed
- Gros outillages / Major tools
- Outils et objets contondants / Blunt instruments and tools
- Armes à feu et imitations / Firearms and imitations
- Articles de toilette et aérosols / Toiletries and aerosols — Les contenants sont ≤ 500 mL. Limité à 2 L par passager / Containers are ≤ 500 mL. Limited to 2 L per passenger
- Outils et objets tranchants / Sharp instruments and tools

Interdit :

- Bagages équipés d'une batterie amovible / Baggage equipped with a removable battery — Si la batterie est laissée dans le bagage / With battery left in baggage
- Cigarettes électroniques / Électronic cigarettes — Uniquement sur soi, complètement éteints et individuellement protégés / On one's person completely switched-off and individually protected
- Batteries et recharges externes de secours / Spare and external power bank batteries
- Boîtes d'allumettes / Matchboxes
- Briquets / Lighters

Batteries avec une énergie / with batteries ≤ 160 Wh (Wh = V x Ah)

Liste non exhaustive / Non-exaustive list

CHAPITRE

VERS PIX 1.1 Mener une recherche et une veille d'information

12 Gérer l'accompagnement d'un groupe de touristes

TÂCHES

- Assurer l'accompagnement en présentant le contexte géographique, historique et culturel
- Gérer les flux de touristes en respectant les règles de sécurité
- Adapter la prestation en fonction des demandes des touristes et des aléas
- Gérer les formalités d'accompagnement

COMPÉTENCE

- C11. Prendre en charge un groupe de touristes

SITUATION PROFESSIONNELLE

Vous êtes employé(e) en tant que guide-accompagnateur(-trice) au sein de l'agence réceptive Discover Paris, située en région parisienne. Vous êtes chargé(e) d'accueillir et d'accompagner un groupe de 35 touristes chinois qui séjourneront à Paris durant 3 jours, avant leur retour à Shanghai. Ce groupe, composé d'actifs employés par une société internationale, effectue un circuit de découverte de 10 jours en autocar à travers la France. Ces touristes sont accompagnés de leur guide-interprète et la majorité d'entre eux parlent quelques mots d'anglais.

VOTRE MISSION

Afin de préparer au mieux votre prestation d'accueil et d'accompagnement, vous décidez d'en savoir plus sur les spécificités de la clientèle chinoise et vous étudiez le dossier que votre agence réceptive vous a remis.

TRAVAIL À FAIRE

I Adapter le programme aux spécificités culturelles du groupe

Vous prenez connaissance des caractéristiques de la clientèle chinoise et du programme de visite élaboré par votre agence.

1. Relevez les principales caractéristiques du groupe dont vous devrez tenir compte pour assurer votre mission. → Annexe 1 → Fiche ressource 1
2. Faites une analyse critique du programme et apportez les corrections que vous jugez nécessaires pour mieux satisfaire votre groupe. → Annexe 2
3. Formulez, à l'aide de recherches sur Internet, des propositions de visites ou d'activités non prévues au programme et adaptées aux attentes de la clientèle visée.
4. Identifiez les pratiques alimentaires du groupe, puis analysez le menu proposé. → Annexes 3 et 4
5. Présentez les risques liés à la méconnaissance des codes culturels de vos clients.

II Prendre en charge le groupe

Vous devez prendre en charge le groupe à son arrivée et faciliter sa procédure d'installation à l'hôtel. L'autocar vient de se garer sur le parking de l'hôtel. Vous accueillez les touristes.

6. Expliquez de quelle façon vous adaptez vos techniques d'accueil et de communication au groupe. → Annexe 5 → Fiches ressources 2 et 3
7. Rédigez le discours de bienvenue que vous prononcez lors de la prise en charge du groupe.

Vous remettez le voucher au réceptionniste de l'hôtel et prenez connaissance de la rooming list qui vous est fournie.

8. Indiquez l'intérêt de ces documents, puis précisez les prestations devant être délivrées par l'hôtel. → Annexe 6
9. Vérifiez les informations de la rooming list. D'après vous, cela correspond-il aux attentes de votre groupe ? → Annexe 3

III Assurer la gestion et l'animation du groupe

La matinée du jour 2 est consacrée à une visite pédestre du quartier Montmartre. Vous avez préparé quelques commentaires.

10. Présentez les techniques à mettre en œuvre pour gérer le cheminement du groupe en respectant les règles de sécurité.

11. Listez les informations à sélectionner pour effectuer vos commentaires de visite, ainsi que les sources d'information pertinentes.

Fiche ressource 4

12. Sélectionnez un lieu ou un monument du quartier Montmartre, puis rédigez votre fiche de commentaires sur une demi-page maximum. Vous simulerez votre présentation orale devant la classe.

Après la visite commentée, le groupe dispose d'un temps libre jusqu'au déjeuner. La clientèle chinoise étant très attachée à la sécurité, certains touristes vous font part de leurs craintes et sont réticents à rester seuls.

13. Expliquez comment vous allez gérer cette situation.

Annexe 7

14. Sélectionnez les informations à communiquer au groupe afin de prévenir les risques pouvant survenir.

VOTRE DOSSIER

ANNEXE 1 Caractéristiques des clients chinois

LEURS HABITUDES

- Exigeants et très attentifs à la qualité de l'accueil.
- Aiment que les difficultés ou problèmes soient rapidement résolus.

GASTRONOMIE

- Recherchent des lieux typiques et/ou très connus.
- Apprécient particulièrement vin et alcool.
- Seraient prêts à suivre des cours de dégustation.
- Souhaitent souvent quitter le restaurant dès la dernière bouchée (anticiper l'addition qu'ils préfèrent souvent régler au bar avant la fin du repas).

ACCESSIBILITÉ ET TRANSPORT

- Prennent volontiers le taxi pour quitter et rejoindre l'aéroport, ainsi que pour se rendre dans des lieux touristiques.
- Considèrent le taxi comme pratique et apprécient que le chauffeur évite les bouchons et donne quelques explications sur les monuments et sites.
- Voient la barrière de la langue comme une problématique d'accessibilité.
- Apprécieraient plus de facilité pour accéder aux transports en commun avec des badges.

SHOPPING

- Considèrent le shopping comme un incontournable d'un séjour à Paris Île-de-France.
- Apprécient particulièrement les marques de luxe, mais aussi les marques *middle luxury*.
- Recherchent des bonnes affaires, à l'aéroport ou dans les magasins de luxe.
- Aiment la certitude d'avoir un modèle authentique et de la collection en cours.

GESTION DE L'ATTENTE

- Apprécieraient plus de confort dans les files (abris, zones d'assise...).
- Attendent une information en temps réel.
- Aimeraient plus d'animation dans les files (connexion Internet, distribution de brochures, spectacles...).
- Recherchent des possibilités de pré-réservation sur Internet.

LES + (SPÉCIFICITÉS)

- Sensibles aux images et photos, notamment au moment de réserver.
- Particulièrement rassurés par un accueil en chinois.
- Apprécient les informations revêtant un caractère officiel.

QUALITÉ / PRIX

- Clients « haut de gamme » et exigeants.
- Tout est beaucoup plus cher qu'en Chine dans l'absolu.

Do you speak Tourist – CCI Paris Île-de-France

ANNEXE 2 Programme du séjour

Jour 1 (mercredi)	10 h 00	Prise en charge du groupe à son arrivée en autocar devant l'hôtel *Relais de Paris*, et aide à l'installation
	11 h 00	Départ de l'hôtel, visite guidée de l'opéra Garnier
	13 h 00	Déjeuner au restaurant *La Belle Époque*
	15 h 00	Visite libre du musée du Louvre
	19 h 00	Départ du musée et retour en autocar à l'hôtel
	20 h 00	Dîner à l'hôtel
	21 h 00	Concert de musique classique dans l'église Notre-Dame de la Trinité
	22 h 30	Nuit à l'hôtel *Relais de Paris*
Jour 2 (jeudi)	7 h 30	Départ de l'hôtel
	8 h 00	Visite guidée du quartier Montmartre, puis temps libre
	12 h 00	Déjeuner dans un restaurant typique, *Au petit Montmartre*
	13 h 00	Départ en autocar pour la visite guidée du château de Versailles et de ses jardins
	18 h 00	Retour à l'hôtel
	21 h 00	Dîner-spectacle dans un cabaret du quartier Latin
	23 h 00	Nuit à l'hôtel *Relais de Paris*
Jour 3 (vendredi)	10 h 00	Départ de l'hôtel
	10 h 30	Balade pédestre libre dans le quartier du Marais
	12 h 00	Déjeuner à la brasserie *Chez Fonfon*
	13 h 30	Visite guidée du musée d'Orsay
	15 h 00	Retour à l'autocar et départ pour l'aéroport d'Orly
	Fin de nos services	

ANNEXE 3 Les attentes de la clientèle chinoise en matière de restauration

LES HABITUDES ALIMENTAIRES

- **Petit-déjeuner : 7 h à 8 h**

Plutôt salé, pains, café léger, lait chaud et fruits.

- **Déjeuner : 12 h à 13 h**

Plat chaud avec du riz si possible et des desserts pas trop sucrés ou des glaces.

- **Dîner : 18 h 30 à 20 h**

Plats chauds et fruits. Les Chinois sont curieux de goûter les aliments qu'ils ne connaissent pas ou peu (fromage, par exemple). Quand ils voyagent en groupe, ils préfèrent manger tôt ensemble et rapidement, autour de grandes tables. Ils apprécient de prendre leur repas chaud et n'aiment pas commencer par des entrées froides.

BOISSONS

Thé tout au long du repas, eau chaude dans la journée. Le vin français est très connu en Chine. Boire du vin n'est pas dans leurs traditions, un ou deux verres leur suffisent pendant le repas.

RÉTICENCES ET INTERDITS ALIMENTAIRES

Les produits crus (viandes, fruits de mer mais aussi légumes) sont rarement consommés en Chine.

Bonjour	Ni Hao
Bienvenue	Huan Ying
Bon séjour	Jia Qi Yu Kuai
Merci	Xie Xie (*se prononce Sié Sié*)
Au revoir	Zai Jian
À bientôt	Yi Hui Jian
	Xia Ci Jian

ILS AIMENT

- Les marques de respect
- Les légumes variés et abondants
- Les potages légers, bouillons, consommés en fin de repas
- Le piment et la sauce soja disponibles à table
- Les poissons bouillis, en court-bouillon, à la nage
- Les boissons chaudes pendant le repas (thé vert, eau chaude)

ILS N'AIMENT PAS

- Devoir attendre à la réception
- Le chiffre 4 (table 4, chambre 4, 4e étage, les objets présentés par 4)
- Devoir marcher pieds nus
- Les boissons trop froides à table
- Les fromages trop forts
- Les desserts, souvent trop sucrés pour eux
- La pluie
- Les insectes piqueurs

Les Chinois, comme beaucoup d'Asiatiques, sont friands de pain français mais le trouvent généralement trop dur. Pensez à élargir la variété des pains proposés : pains de mie, briochés...

ANNEXE 4 Proposition de menu pour le dîner à l'hôtel – Jour 1

MENU

Entrée

Assortiment de crudités

OU

Terrine de sanglier

★ ★ ★

Plat

Magret de canard et son gratin dauphinois

OU

Saumon en papillote et riz pilaf

★ ★ ★

Plateau de fromages

Brie, roquefort, reblochon

★ ★ ★

Dessert

Bavarois au chocolat

+ Une bouteille de vin pour 4 - Café

ANNEXE 5 Connaître votre clientèle étrangère pour mieux l'accueillir

Satisfaire et fidéliser la clientèle chinoise n'est pas bien compliqué : comme beaucoup de touristes étrangers, il suffit de bien connaître leurs attentes et de leur faire plaisir en leur montrant que vous êtes un professionnel bien informé de leurs spécificités. C'est stratégique, car les Chinois sont souvent des clients très fidèles et qui communiquent énormément (téléphone, blogs, réseaux sociaux) : quand ils sont satisfaits, ils le font savoir autour d'eux.

L'accueil est très important pour les clients chinois qui aiment être accueillis et pris en charge très rapidement. Un simple bonjour dans leur langue (prononcez « *Ni Hao* ») et quelques marques de respect (sourire) suffisent à leur faire plaisir.

Les Chinois sont très attachés à leur nationalité ainsi qu'à la prospérité économique et politique de leur pays. Ils sont particulièrement fiers de leur histoire, ils sont favorablement impressionnés et directement touchés lorsqu'on connaît leur histoire et les quatre grandes inventions de la Chine antique (la boussole, le papier, la poudre à canon et l'imprimante). N'oubliez pas que rares sont les touristes chinois qui ont déjà visité l'Europe et la France, leurs attentes sont donc très élevées. Sachez faire preuve de flexibilité et prenez leurs désirs en considération. Très sensibles à la notion d'insécurité, ils aimeront être rassurés en la matière.

Adapté du *Guide d'accueil CCI Lorraine et CCI Moselle*.

ANNEXE 6 Documents du dossier accompagnateur

Voucher	
DISCOVER Agence réceptive Paris	**À/To :** Hôtel Relais de Paris*** Paris, France **Tél. :** 01 02 02 01 XX
Veuillez fournir en échange de ce bon **Please provide in exchange of this voucher** **À/To :** Shanghai Tourists Group 35 PERSONS + 1 TOUR LEADER + 1 DRIVER 17 TWIN ROOMS – 3 SINGLE ROOMS – BREAKFAST INCLUDED **Arrivée/Arrival :** 17/02/N **Départ/Departure :** 19/02/N 2 Nuits/Nights	
Paris, le/on 01/02/N **Cachet et signature autorisée** **Stamp and authorized signature**	APPROVED

Rooming list Hôtel Relais de Paris* **	**Shanghai Group 36 pax**	**Date arrivée : 17/02/N**	**Date départ : 19/02/N**
Noms	**Type de chambre**	**N° de chambre**	
M. et Mme X	Twin room	401	
M. et Mme Y	Twin room	402	
M. et Mme Z	Double room	403	
M. A	Single room	404	
[...]			

ANNEXE 7 Paris en toute sécurité

POUR NE PAS ÊTRE VICTIME, SUIVEZ CES QUELQUES CONSEILS

SOYEZ VIGILANT DANS LA RUE

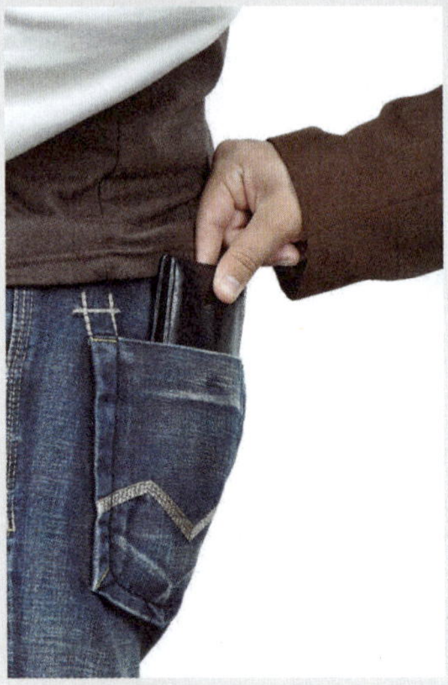

- préférez un sac porté en bandoulière de petite taille ou une banane plutôt qu'un sac à dos et orientez son ouverture vers vous ;
- prenez le minimum d'argent liquide avec vous, préférez les billets de petite et moyenne coupure ;
- ne rangez pas votre portefeuille dans vos poches arrière ;
- si un agresseur tente de vous arracher votre sac, ne résistez pas ;
- méfiez-vous des individus qui peuvent détourner votre attention pour vous voler vos effets personnels, notamment à la terrasse des cafés, lors de retrait d'argent au distributeur ou lors de la signature de pétitions.

DANS LES LIEUX PUBLICS

- ne manipulez pas d'argent liquide en public et ne changez jamais de devises dans la rue, préférez les bureaux de change ;
- au distributeur automatique de billets, cachez votre code en masquant le clavier, ne vous laissez pas distraire par des individus, vous pourriez être victime de vol ;
- réglez vos achats par petites coupures ou carte bancaire ;
- ne portez pas de bijoux de trop grande valeur de manière ostentatoire ;
- ne laissez pas vos moyens de paiement dans les vestiaires ou dans votre manteau posé sur une chaise (au restaurant ou dans les cafés, par exemple), un pickpocket pourrait s'asseoir derrière vous et vous subtiliser vos effets ;
- ne posez jamais votre sac à vos pieds et ne laissez pas sur la table de café ou de restaurant votre téléphone portable ou votre portefeuille ;
- soyez vigilant lorsque vous prenez des selfies afin de ne pas vous faire arracher votre téléphone portable.

www.prefecturedepolice.paris

FICHE RESSOURCE

1 Les caractéristiques des groupes de touristes

Dans des situations d'accompagnement (excursions, circuits, transferts...), l'accompagnateur doit identifier la composition des groupes afin d'adapter ses techniques de communication et ses commentaires aux spécificités repérées. Il lui faut également analyser les interactions entre ses membres afin de procéder aux régulations permettant la participation orale de chacun. Enfin, il doit garder la maîtrise de son groupe et maintenir son attention lorsqu'il transmet des informations.

I Le tourisme de groupe

1 Les différents groupes de touristes

Un groupe est un ensemble de touristes de plus de 9 personnes effectuant une excursion à la journée ou un voyage (comprenant une nuitée) et voyageant ensemble dans un but de découverte touristique, en France ou à l'étranger. On distingue :

– le **groupe d'individuels regroupés (GIR)** : le groupe est constitué par le voyagiste au moment des inscriptions. Il n'y a aucun lien entre les personnes le composant avant le départ ;

– le **groupe constitué** : constitué et identifié avant le départ en voyage (association, club de sport, comité économique et social, groupe scolaire, club de seniors...), il comporte au minimum 10 personnes. Il s'agit principalement de personnes qui voyagent en autocar, dans le cadre d'un séjour ou d'une excursion packagée ou sur mesure.

2 La diversité des groupes

L'accompagnateur de tourisme doit prendre en charge des groupes de touristes variés : scolaires, seniors, clientèle d'affaires, personnes en situation de handicap... Il doit identifier les caractéristiques des groupes dont il a la charge afin de s'y adapter et de répondre au mieux aux besoins et demandes spécifiques des clients. Ses techniques de communication et d'accompagnement sont liées :

– au type de clientèle : âge, nationalité, centres d'intérêt, condition physique... ;

– à la taille du groupe, c'est-à-dire au nombre de participants : l'accompagnateur peut avoir des groupes plus ou moins importants à sa charge, en fonction de l'âge des participants ou de ses besoins spécifiques (clientèle en situation de handicap, par exemple).

3 La clientèle de groupe

Types de clientèle	Caractéristiques
Les seniors	Ils forment l'essentiel de la clientèle du tourisme de groupe (80 % du total). – Les 50-64 ans : ces « seniors » sont encore jeunes et en pleine forme. Ce sont les plus aisés parmi les seniors et les plus disposés à dépenser, mais ils représentent souvent des consommateurs exigeants. – Les 65-75 ans : retraités actifs, ils profitent de leur temps libre pour voyager. Ils se comportent avec autonomie et aisance. – Les plus de 75 ans voyagent encore, mais sont conscients de leurs limites physiques et explicitement demandeurs de services appropriés. Ils souhaitent une prise en charge complète et une prise en compte de leurs difficultés. Ils préfèrent limiter le nombre de visites plutôt que de « courir après un horaire ».
Les actifs	On distingue les actifs en séquence de loisirs des actifs en séquence professionnelle (clientèle MICE – *Meetings, Incentives, Conferencing, Exhibitions*). Il s'agit très souvent de groupes constitués et donc homogènes (rassemblés *via* un CES ou une association sportive ou culturelle) ou des GIR regroupés *via* un tour-opérateur. Les besoins diffèrent selon la destination et la thématique du circuit : découverte culturelle, sport, nature...

>>>

Types de clientèle	Caractéristiques
Les scolaires	Il s'agit d'enfants ou d'adolescents en sortie récréative ou pédagogique : – visite pédagogique ou au travers de la découverte d'un site, d'un voyage d'études, d'une classe transplantée ou d'un séjour linguistique ; – sortie de détente au travers une excursion récréative : sortie de fin d'année, journée au ski...

II Les modes de fonctionnement du groupe

L'objectif principal reste de favoriser les échanges au sein du groupe, en tenant compte de l'influence de celui-ci sur les comportements de communication.

1 Les interactions au sein du groupe

L'accompagnateur doit s'efforcer de favoriser la cohésion et les échanges ou interactions au sein du groupe. Ces derniers sont conditionnés par :
– la taille du groupe : un groupe de taille réduite ou groupe restreint (3 à 12 personnes) a plus de facilité d'être uni qu'un groupe dont l'effectif est plus élevé, car il permet à chacun de rentrer en contact avec l'autre. Les relations de proximité sont favorisées, ainsi qu'une connaissance de chaque membre. Plus le groupe est important, plus le risque de conflit peut apparaître et plus les relations deviennent impersonnelles ;
– son homogénéité : plus le groupe est homogène, c'est-à-dire plus ses membres ont des caractéristiques communes, plus les échanges seront favorisés.
La cohésion du groupe dépend également du statut (position occupée par un individu dans la société) et du rôle des membres (ensemble des comportements et des attitudes attendus) en son sein.

2 L'influence du groupe sur les comportements de communication

Les participants au voyage développent un sentiment d'appartenance plus ou moins fort envers le groupe. L'ensemble des relations formelles ou informelles qui s'établissent et s'entretiennent entre les individus, appelé en sociologie « réseau social », donne lieu à des liens entre les individus pendant et après le voyage (réseaux sociaux sur Internet).
Les comportements de communication de l'accompagnateur envers le groupe ainsi que les relations intragroupes seront influencés par plusieurs facteurs.

Facteurs d'influence	Définitions	Exemples
La culture sociale	Ensemble des usages, valeurs, modes de vie conduisant à des comportements homogènes.	La culture de la clientèle chinoise induit des attentes spécifiques en matière d'accueil, d'hébergement et de restauration.
Les normes sociales	Règles de comportements établies et partagées par le groupe. Elles déterminent un ensemble de comportements et d'usages attendus par les autres membres du groupe.	Un participant qui ne respecte pas les horaires ou qui ne participe pas aux activités peut se voir rejeté ou exclu du groupe.
Les stéréotypes	Croyances partagées sur une personne ou un groupe, qui en donnent une image simplifiée, en dehors de toute expérience personnelle.	Stéréotypes à l'égard des populations locales, pouvant conduire à des attitudes négatives : les Français sont prétentieux et paresseux, les Allemands n'ont pas d'humour...

3 Le rôle de l'accompagnateur au sein du groupe

L'accompagnateur doit favoriser la cohésion de son groupe et réguler les échanges entre les participants, garder la maîtrise du groupe et gérer les conflits pouvant apparaître. Son statut fixe les attentes du groupe : compétence dans l'encadrement, autorité, charisme, bienveillance... qu'il doit satisfaire.
Il doit s'efforcer de maintenir une dynamique de groupe positive en animant le groupe, en éliminant les blocages ou les conflits qui empêchent le groupe de fonctionner et de progresser. Le groupe vit en effet un ensemble de situations qui influent sur sa cohésion et la satisfaction des membres, et donc sur l'ambiance générale. L'absence de cohésion au sein d'un groupe peut engendrer des difficultés de commandement, de discipline, de motivation. L'accompagnateur doit anticiper les problèmes pouvant survenir, par une parfaite connaissance des caractéristiques du groupe et de son mode de fonctionnement.

FICHE RESSOURCE

2 La gestion d'un groupe de touristes

Gérer un groupe de touristes consiste à le prendre en charge tout au long de la prestation d'accompagnement afin de garantir le bon déroulement du voyage.

I L'information durant le voyage

- **Lors de la prise de contact :** l'accompagnateur doit dire un mot d'accueil pour se présenter et souhaiter la bienvenue. Il présente ensuite la destination, donne les informations pratiques sur le voyage et son déroulement.
- **Au début de chaque journée :** l'accompagnateur salue le groupe et prend de ses nouvelles, annonce le programme de la journée et apporte des informations pratiques précises (horaires, lieux de rendez-vous, temps de pause, temps de visite...) qui ne portent pas à confusion. Il distribue la documentation touristique (plans, dépliants...).
- **Lors d'une visite de ville ou lors du trajet :** l'accompagnateur doit effectuer des commentaires touristiques et répondre aux questions du groupe. Il introduit chaque visite avant de laisser le relais au guide-conférencier qui assurera la visite guidée. L'accompagnateur a également un rôle d'information et de sensibilisation : il doit inciter les touristes à adopter un comportement respectueux de l'environnement et des populations locales.
- **En fin de journée :** l'accompagnateur fait un bilan de la journée, annonce le programme de la soirée (lieu de rendez-vous, horaire de repas, code vestimentaire...) ainsi que les horaires du lendemain matin, et donne des informations pratiques (météo annoncée, chaussures à prévoir...).

II Le déroulement du programme

L'accompagnateur doit s'assurer du bon déroulement du programme en qualité et en quantité, tout en veillant au bien-être du groupe. Il doit donc l'adapter au groupe si nécessaire.

- **Respect des horaires :** il assure une bonne gestion du temps et veille à la ponctualité du groupe pour chaque prestation (rappel du programme, de l'heure de départ, des lieux et horaires de rendez-vous). Il modifie l'horaire au besoin en écourtant les arrêts et prévient les prestataires en cas de retard.
- **Respect des prestations :** il veille à l'exécution des prestations prévues au programme et s'assure de leur conformité par rapport aux réservations effectuées.
- **Gestion des relations avec les prestataires locaux :** il remet les bons d'échange (vouchers) aux prestataires (hébergement, restauration...) et collecte les pièces justificatives des opérations réalisées (billets d'entrée, factures...).
- **Modification des réservations :** en cas de changement de programme, ou à la demande des participants pour les prestations optionnelles.
- **Pilotage de l'équipe :** l'accompagnateur doit coordonner l'action des intervenants et créer des relations de coopération au sein de l'équipe (avec le chauffeur, les guides locaux, notamment).
- **Maintien de la sécurité :**
  - sécurité des personnes : lors du cheminement, l'accompagnateur doit sécuriser les passages piétons, adapter le circuit en fonction des capacités physiques du groupe, rappeler les consignes de sécurité dans l'autocar (attacher sa ceinture, rester assis, ne pas parler au conducteur, ne pas fumer) ;
  - sécurité des biens : il doit demander aux participants d'être vigilants (pickpocket), de ne pas exhiber d'objets de valeur, de surveiller leurs effets personnels, de ne rien oublier dans l'autocar...

>>>

III La prise de congé

Au terme du circuit, l'accompagnateur doit laisser une dernière bonne impression et :
- effectuer le bilan du séjour en remémorant ses moments forts ;
- mesurer la satisfaction des passagers sur le séjour (recueil des questionnaires) ;
- fidéliser la clientèle en annonçant les circuits futurs (distribution de la documentation) ;
- remercier le chauffeur et les passagers, et leur souhaiter un bon voyage/retour.

FICHE RESSOURCE

3 Les techniques d'animation d'un groupe de touristes

Les techniques d'animation permettent de fédérer le groupe et de maintenir une ambiance conviviale tout au long du séjour.

Techniques	Illustrations
Communiquer clairement : faire passer le message avec précision	S'assurer que les passagers comprennent les informations délivrées : – parler clairement : prononcer correctement en articulant, ne pas mâcher de chewing-gum en parlant, éviter les termes parasites ; – moduler le ton, adapter le volume et le débit de la voix ; – faire ressortir certains points ou informations essentiels en les répétant (horaires de départ et de retour, durée des trajets, nombre et durée des pauses ou des visites, lieu de rendez-vous...).
Adapter le commentaire au groupe	– Adopter un niveau de langue convenant au groupe : choisir un vocabulaire simple pour un groupe de jeunes scolaires, par exemple. – Sélectionner une information pertinente et adaptée, lors des commentaires de route ou lors des visites : références historiques avec un groupe de seniors, anecdotes ou légendes avec un public scolaire... – Faire des parallèles avec l'histoire du pays d'origine des clients ; comparer les données chiffrées avec celles de leur pays, utiliser les unités de mesure anglo-saxonnes avec des groupes britanniques...
S'assurer d'être vu et entendu par tous les touristes	– Se placer de façon à éviter que les touristes aient le soleil dans les yeux, les mettre à l'abri des intempéries. – Se mettre en hauteur par rapport au groupe et se placer de dos vis-à-vis du lieu à commenter. – Placer les touristes devant soi en arc de cercle. – Attendre que toutes les personnes du groupe soient arrivées avant de commencer le commentaire de visite. – Garder le contact oculaire avec les clients (pas de lunettes de soleil). – Projeter la voix de manière que tout le monde entende : ne pas faire ses commentaires dans une rue à forte circulation, une zone de chantier...
Maintenir l'attention du groupe	– Soigner sa communication verbale et non verbale : éviter de parler d'un ton monotone ou de lire ses fiches, n'utiliser ses notes que comme aide-mémoire ; maîtriser sa gestuelle (gestes ronds, posture droite) ; ménager sa voix : arrêter de parler plutôt que de hurler quand le bruit ambiant est trop élevé, boire de l'eau, prendre des pauses. – Varier les éléments utilisés : légendes, histoires, questions adressées au groupe, anecdotes personnelles. – Improviser : agrémenter le commentaire en fonction des observations réalisées au cours du séjour ou des circonstances. – S'adresser aux émotions : créer un suspense, raconter une anecdote humoristique, faire appel à la nostalgie ou aux souvenirs. – Interagir avec le groupe : faire participer les personnes en posant des questions, permettre aux participants de faire des commentaires, agrémenter le trajet d'activités variées (quiz, jeux, concours, dégustations...).
Créer une dynamique de groupe positive	– Créer une ambiance conviviale : être à l'écoute des personnes, faire preuve de bienveillance et favoriser les échanges au sein du groupe. – Entretenir des relations avec tous les passagers : traiter tous les passagers sur un pied d'égalité, ne pas permettre que les demandes d'un client nuisent à la qualité des services offerts aux autres. – Vérifier régulièrement la satisfaction des participants, afin de prévenir les litiges.
Procéder aux régulations nécessaires et gérer les conflits	Afin de garder la maîtrise du groupe, l'accompagnateur doit, dès les premières secondes, rester souverain. L'objectif est de maintenir une bonne cohésion du groupe, d'être attentif aux situations, de gérer les relations au sein du groupe de touristes, notamment les conflits. Il ne doit pas se laisser déstabiliser par des personnalités difficiles (bavard, introverti, dominateur...). La réactivité et la diplomatie sont indispensables.

FICHE RESSOURCE

4 L'élaboration de fiches techniques de commentaires

L'accompagnateur est amené à faire des commentaires dans l'autocar en fonction des régions traversées, mais également à destination lors des déplacements pour rejoindre un site, ou sur un site lorsqu'un guide local n'est pas prévu. En revanche, il n'effectue pas de commentaires lors des visites guidées dans les monuments et musées nationaux, puisqu'il est obligatoire de posséder une carte professionnelle de guide-conférencier pour cela.

I Les sources documentaires

La consultation de sources documentaires permet de relever les informations pertinentes qui seront délivrées, à sélectionner en fonction des caractéristiques du groupe de touristes. L'information synthétisée sera ensuite mise en forme sous forme de fiches.

Les sources officielles ou institutionnelles devront être privilégiées afin d'accéder à une information fiable et actuelle :

- site Internet des offices de tourisme, agences de développement touristique, comités régionaux du tourisme, parcs nationaux et régionaux... ;
- documentation touristique collectée dans les bureaux d'information touristique et offices de tourisme ; plaquettes d'informations et dépliants touristiques des prestataires locaux ;
- guides touristiques au format papier ou numérique : *Guides bleus Hachette, Guide vert Michelin, Petit Futé, Guide du Routard, Lonely Planet*... ;
- cartes touristiques, routières et topographiques : carte Michelin, carte IGN (Institut géographique national). Un fond cartographique est proposé à l'adresse www.geoportail.gouv.fr ;
- dossiers par destination proposés par la presse spécialisée, ouvrages d'histoire, atlas...

II La réalisation des fiches

1 Forme

La rédaction des fiches se fait de préférence sur un support rigide et résistant (fiche de type Bristol), d'un format facilement manipulable. L'utilisation de fiches de différentes couleurs permet un repérage facilité entre les différentes thématiques (géographie, histoire, gastronomie et tradition...). Il est recommandé de n'écrire que sur le recto et de numéroter les fiches. L'utilisation d'un style télégraphique, d'abréviations, de codes couleur... est préconisée : les fiches sont destinées à servir d'aide-mémoire, pas à être lues !

2 Fond

L'objectif est de réaliser une présentation générale, moins approfondie que celle faite par un guide touristique. Les sujets abordés doivent être variés afin d'aboutir à une présentation générale adaptée à son auditoire.

Le contenu s'articule généralement autour des points suivants :

- caractéristiques géographiques de la ville, de la région ou de la destination : localisation, superficie, relief, paysages, climat, approche démographique... ;
- activité économique : secteurs économiques, ressources, entreprises phares, commerce et artisanat... ;
- histoire : dates phares, personnages célèbres, anecdotes historiques ;
- principales villes ou centres d'intérêt ;
- culture et traditions ;
- gastronomie et spécialités locales ;
- informations pratiques : langue, monnaie, indicatif téléphonique...

1 Animer un groupe d'enfants lors d'une visite guidée

Vous êtes guide-conférencier(-ière) à l'office de tourisme de Conques, dans l'Aveyron. Une visite guidée du village à destination d'un groupe comportant une dizaine d'enfants âgés de 7 à 10 ans est prévue le lendemain matin. Vous êtes chargé(e) de conduire cette visite pour la première fois.

1. **Indiquez comment vous allez adapter votre discours aux caractéristiques du groupe.**

2. **À l'aide des documents 1 et 2, sélectionnez les supports qui vous paraissent utiles pour animer votre visite.**

3. **Suggérez des animations destinées à attirer un public jeune pour les visites guidées proposées par l'office de tourisme.**

DOCUMENT 1 Visite guidée du village médiéval

LE VILLAGE MÉDIÉVAL

Venez faire découvrir à votre groupe le village médiéval de Conques de façon pittoresque, son histoire, son architecture civile et ses activités humaines tout en cheminant de ruelle en ruelle. Votre guide vous dévoile les secrets de ce village, jadis ville médiévale fortifiée, et classé parmi les « Plus beaux villages de France ». Cette balade contée vous fera voyager à travers les siècles, du pan de bois à la toiture de *lauze*, du four à pain au *sécadou*... Venez partager avec votre guide les hauts faits de l'histoire de ce lieu, les anecdotes qui font la notoriété de ce village.

Tarif : 2,50 € enfant
Accessibilité : rues en pente, pavées. Livrets tactiles pour les déficients visuels.
Modalité : toute l'année sur réservation.
Mode de paiement : espèces, chèque, CB.
Langues : français, anglais, espagnol.

DOCUMENT 2 Extraits du site de l'office de tourisme de Conques

Livret « Les petits curieux » : ce livret ludique, à faire seul, en groupe ou en famille, permet de découvrir Conques tout en s'amusant. Le livret est téléchargeable ou disponible à la vente avec son feuillet de réponses à l'Office de Tourisme de Conques ou à la boutique du musée J. Fau (1 €).

2 Gérer et accompagner un groupe en situation de handicap

Vous êtes responsable de séjour au sein de Behandi, une agence de voyages dédiée aux personnes en situation de handicap qui a vu le jour en 2015. Son équipe de spécialistes organise l'intégralité du séjour des voyageurs en situation de handicap en France ou à l'étranger, en prenant en compte les souhaits, les besoins et la nature du handicap de sa clientèle afin d'organiser des vacances sur mesure. La présence d'un(e) accompagnateur(-trice) professionnel(le) est incluse durant tout le séjour.

1. **À l'aide des documents 1 et 2, repérez vos missions en tant que responsable de séjour, en distinguant les tâches techniques de celles de nature relationnelle.**

2. **Expliquez comment sont adaptés les séjours afin de répondre aux mieux aux besoins spécifiques des participants.**

Vous êtes chargé(e) d'encadrer un groupe de touristes ayant des besoins spécifiques lors d'un séjour en Alsace.

3. **Caractérisez le groupe que vous devrez prendre en charge (document 3) et indiquez quelles seront les spécificités de votre accompagnement.**

DOCUMENT 1 Missions du responsable de séjour

Les missions du responsable de séjour
Outre son rôle d'accompagnateur, le responsable de séjour a la charge de préparer le séjour avec son équipe (rédaction du projet de séjour) et de veiller à son bon déroulement, d'assurer le suivi des traitements médicaux ainsi que la gestion administrative et financière, de coordonner le travail de l'ensemble de l'équipe d'encadrement.

Les missions des accompagnateurs
Chaque vacancier est pris en charge par un accompagnateur référent qui assure son bien-être quotidien. Il veille à son confort, répond à ses besoins, il l'accompagne dans la vie de tous les jours, propose et anime des activités en prenant compte les spécificités de chacun.

L'équipe est présente tout au long du séjour : un responsable séjour et un accompagnateur ou plus par groupe.

- Ce sont vos vacances et non les nôtres, les propositions de sorties ou excursions ne sont pas figées. Chaque jour, l'équipe et les vacanciers feront le point sur la journée passée et établiront le programme d'activités du lendemain. Aucune sortie ne sera rendue obligatoire !
- La restauration se fera en gestion libre. Des sorties restaurants seront prévues tout au long du séjour, les repas seront préparés à l'hébergement et des paniers-repas pourront être emportés lors des excursions en journée. Il ne s'agit en aucun cas de restauration collective.

Nature de l'accompagnement

Léger

Degré d'autonomie : très bonne à bonne autonomie
La personne prend totalement en charge sa vie courante (toilette, gestion du linge) et gère son argent de poche. Elle se repère dans le temps et dans l'espace. Elle s'exprime facilement et émet des choix dans les activités proposées. Elle n'a pas de problème moteur particulier, est très bonne marcheuse. Aucun problème de comportement. Personne sociable et dynamique apte à suivre un rythme de séjour soutenu. Peut avoir besoin d'un intervenant.
1 accompagnateur pour 3/4 vacanciers

Modéré

Degré d'autonomie : moyenne autonomie – STIMULATION
La personne a besoin d'être stimulée dans les actes de la vie quotidienne (toilette, habillement, activités). Elle est capable d'exprimer ses besoins. Peut monter les escaliers. Se fatigue peu, effectue des balades ne nécessitant pas l'aide d'un tiers dans les déplacements. Comportement stable dans la plupart des cas. Les difficultés sont connues et gérées. À besoin d'un accompagnement lors des activités pour assurer leur bon déroulement et pour garantir la sécurité du vacancier.
1 accompagnateur pour 3/4 vacanciers

Behandi.fr

DOCUMENT 2 Les engagements de Behandi

Profitez de notre expérience
BEHANDI est **expert** dans le domaine **du handicap** et de la conception de **séjours adaptés.** Réactivité et proximité avec nos clients font notre force. Vous venez chez nous pour avoir **un service**, vous l'aurez !

Destinations 100 % accessible
BEHANDI garantit l'accessibilité des prestations. Matériel médical, transport en véhicules adaptés, hébergements accessibles, restaurants et excursions choisis en fonction des possibilités.

Voyages avions & trains
BEHANDI vient vous chercher **à votre domicile**, se charge de la réservation des billets **avec assistance** en gare ou à l'aéroport et s'occupe de toutes **les formalités de VISA** pour l'étranger.

Hébergements de qualité
Partir avec **BEHANDI,** c'est bénéficier d'un **large choix d'hébergements** : hôtels, gîtes, campings, villages vacances... **Accessibilité vérifiée, confort et qualité garantis, installation de matériel médical incluse.**

Accompagnateur qualifié
BEHANDI est la seule agence à garantir un **accompagnement professionnel, salarié et expérimenté. BEHANDI** a pour mission de garantir le **bien-être** de ses **vacanciers** et de répondre à tous leurs **besoins.**

Behandi.fr

DOCUMENT 3 Séjour Magie de Noël en Alsace

La magie de Noël en Alsace

Départ NORD EST

Du 23 décembre N au 2 janvier N
11 jours / 10 nuits

Partez en séjour adapté et profitez de la beauté des villes, de la diversité des paysages en Alsace, ainsi que des marchés de Noël parmi les plus beaux de France. Une destination idéale pour les Fêtes de fin d'année !

Départ depuis votre domicile avec Handivao

- 7 vacanciers
- 2 accompagnateurs
- Autonomie : très bonne à moyenne
- Accompagnement : léger à modéré

Behandi.fr

>>>

3 Accompagner un groupe de seniors en croisière

Vous êtes rattaché(e) en qualité que guide-accompagnateur(-trice) à un tour-opérateur spécialisé dans l'organisation de croisières maritimes thématiques. Une croisière de 7 jours en Méditerranée ayant pour thème « Nos plus belles chansons » rencontre un vif succès : une association de seniors a inscrit 45participants septuagénaires, que vous êtes chargé(e) d'accompagner.

1. **Listez les attentes particulières de la clientèle senior en vous appuyant sur le document, puis indiquez comment vous devez prendre en compte les touristes lors de vos excursions programmées en escale.**

2. **Proposez des activités afin d'occuper le groupe lorsqu'il rentre d'excursion sur le navire jusqu'au service du repas.**

DOCUMENT Résultats de l'étude Vacances Bleues

Référent du tourisme en France et à l'étranger pour les jeunes seniors et leurs familles, Vacances Bleues a réalisé, en mai 2018, une étude auprès de 1 250 personnes âgées de 60 à 75 ans, clients et non-clients de la marque.

La recherche de sens et la découverte font partie intégrante des vacances pour plus de 85 % des jeuniors* : « *Le tourisme n'est pas seulement une source d'évasion et une consommation comme une autre, mais une nourriture de l'être et des autres.* » Pour 1 jeunior sur 4, les vacances sont synonymes de rencontres amicales : rencontre et lien entre clients, activités en petits groupes favorisant les échanges (cours de sport, balades autour de la préservation de l'environnement, visites culturelles...), et même accueil d'artistes en « résidences ».

Une étape de vie construite autour de l'épanouissement personnel et du bien-être : prendre du temps pour soi, pour se détendre et se retrouver. Pour 53 % des jeuniors, être en vacances est synonyme de se ressourcer. Attentifs à l'harmonie du corps et de l'esprit, 43 % des jeuniors aiment pratiquer des activités liées au bien-être. Ils apprécient de disposer d'une piscine ou d'un sauna/hammam et de pratiquer de l'aquagym mais aussi de nouvelles activités zen comme le yoga, la sophrologie... Les massages et soins spa sont appréciés par 36 % d'entre eux.

Les activités et les loisirs au cœur de leur nouvelle vie : près d'un jeunior sur 3 choisit sa destination en fonction des activités et équipements proposés sur place : expérimenter de nouvelles sensations, assouvir sa passion... 28 % plébiscitent les activités sur leur lieu de vacances. Les loisirs culturels ont également une grande importance chez les jeuniors, selon 79 % d'entre eux : « Rencontres à lire », soirée jazz...

Le droit à l'hédonisme : les nouvelles grandes vacances de la vie
Se faire plaisir dans de beaux lieux : pour 76 % des jeuniors, la beauté du lieu est la clé pour choisir ses vacances. Pour 67 % des jeuniors, bien manger en vacances, c'est manger local : Vacances Bleues privilégie des recettes concoctées sur place par des chefs, inspirées du terroir avec des produits régionaux ou de saison.

Tendancehotellerie.fr

* Jeunior : contraction des mots « jeune » et « senior ». Ce terme désigne la plus jeune tranche d'âge des seniors : les 60-75 ans.

PRÉSENTATION DE L'ÉPREUVE E4

Gestion de la relation clientèle touristique (U4)

I Objectif de l'épreuve

Placé dans une situation de GRCT, avec une utilisation systématique du GDS, le candidat doit être capable :
- de maîtriser les éléments fondamentaux de communication et de négociation adaptés en matière d'accueil, de vente, de suivi clientèle et d'accompagnement de touristes ;
- de caractériser la demande d'un client ou d'un touriste dans le but de lui proposer des solutions adaptées ;
- d'utiliser toutes les ressources professionnelles à sa disposition (sites professionnels, documentation, outils de la tourismatique).

II Forme de l'épreuve

- Voie scolaire, CFA ou section d'apprentissage, enseignement à distance, formation professionnelle continue dans les établissements publics non habilités, candidats justifiant de 3 ans d'expérience professionnelle : **épreuve ponctuelle orale** (durée de 45 minutes).
- Formation professionnelle continue dans les établissements publics habilités : CCF étendu – contrôle en cours de formation (1 situation d'évaluation d'une durée de 45 minutes).

III Documents à remettre par le candidat

Le dossier est à remettre au centre d'examen selon les délais fixés par l'académie et doit comporter les documents suivants :

- une fiche récapitulative comportant toutes les compétences de la GRCT ;

- un ensemble de fiches descriptives de situations professionnelles détaillant les contextes et comment les compétences ont été acquises ;

- le(s) certificat(s) de stage (le contrat d'alternance ou le[s] certificat[s] de travail pour les apprentis).

1 La fiche de compétences

L'ensemble des 11 compétences doit être validé par des situations rencontrées sur le terrain (stages, périodes d'immersion professionnelle) ou dans l'établissement de formation (en atelier et/ou en TD) sur les deux années de formation.
Seules les activités et les tâches maîtrisées doivent être cochées. Les numéros des situations professionnelles doivent renvoyer aux fiches correspondantes.

2 Les fiches de situations professionnelles

Il n'y a pas un nombre minimum ou maximum de fiches à présenter. Le candidat doit effectuer un travail de tri pour ne retenir que les situations les plus significatives ou les plus abouties. Une même compétence peut se retrouver dans plusieurs fiches de situations professionnelles et une même fiche de situation professionnelle peut ne concerner qu'une seule compétence ou plusieurs.

IV Déroulement de l'épreuve

- Temps de préparation : 30 minutes
- Présentation orale : 45 minutes
- Coefficient de l'épreuve : 4

La commission d'interrogation est composée d'un enseignant d'économie et gestion chargé de la GRCT et d'un professionnel du tourisme (ou, à défaut, d'un enseignant de tourisme).
La présentation orale de 45 minutes est décomposée en 3 phases.

1 Première phase (20 minutes)

Il s'agit d'un jeu de rôle à partir d'une situation d'accueil, de vente et de suivi clientèle. L'un des membres de la commission d'interrogation joue le rôle du client ou du touriste.
Exemples de contexte : structure touristique (office de tourisme, agence de voyages, tour-opérateur, croisiériste, opérateur culturel…) + profil de la clientèle (français / étranger, individuel / groupe, à besoins spécifiques, affaires / loisirs…) + situation de relation clientèle touristique (accueil, vente, après-vente, litige…).

À partir de la fiche de consignes et des documents touristiques annexes sur support papier fournis par la commission, le candidat dispose d'un temps de préparation de 30 minutes, pendant lequel l'accès à d'autres ressources n'est pas autorisé.
Cette phase, durant laquelle le GDS n'est pas utilisé, permet d'évaluer les compétences C2 à C6.

2 Deuxième phase (10 minutes)

C'est la phase d'interrogation sur le GDS. Elle porte sur la compétence C6 et n'est pas nécessairement en lien avec la situation de la première phase.
Le candidat doit simuler l'achat d'un billet de transport (de train ou d'avion), limité à deux personnes, à l'aide d'un GDS (connu par le candidat). Il doit ainsi constituer le dossier PNR et faire une proposition tarifaire. La commission d'interrogation joue ici encore le rôle du ou des clients.

3 Troisième phase (15 minutes)

Pendant 5 minutes, le candidat présente une situation d'accompagnement (compétence C11) dans laquelle il a été acteur en s'appuyant sur la fiche de situation professionnelle correspondante.
Durant les 10 minutes restantes, les autres compétences (C1, C7 à C9) sont évaluées par la commission par sondage. L'entretien porte sur la situation d'accompagnement mais aussi sur les autres situations rencontrées par le candidat.

V Quelques conseils pour le jour de l'épreuve

- Avoir un exemplaire de son dossier.
- Apporter des annexes qui permettront d'attester des compétences acquises (contrat de vente, facture, mail, plan et brochure, etc.).
- Soigner sa tenue vestimentaire.
- Regarder ses interlocuteurs.
- Maîtriser le débit de parole.
- Proscrire le langage familier.

Crédits photographiques

Couverture : © tns2710 - stock.adobe.com ; **p. 7 :** JethroT - stock.adobe.com ; **p. 10 haut :** catalyseur7 - stock.adobe.com ; **bas :** © OTCM ; **p. 21 :** Aleksei Potov - stock.adobe.com ; **p. 22 haut :** Diana Rui - stock.adobe.com ; **bas :** romaneau - stock.adobe.com ; **p. 24 :** © OT Périgord Dronne Belle - Borne de Mareuil en Périgord ; **p. 25 :** © Destination Albi ; **p. 28 haut :** relif - stock.adobe.com ; **bas :** diego cervo - stock.adobe.com ; **p. 29 :** New Africa - stock.adobe.com ; **p. 31 :** Andrey Popov - stock.adobe.com ; **p. 34 gauche :** PAO joke - stock.adobe.com ; **droite :** Chlorophylle - stock.adobe.com ; **bas :** Drobot Dean - stock.adobe.com ; **p. 42 :** HappyAlex - stock.adobe.com ; p. 44 : © photo Salaün Holidays ; **p. 45 :** Shawn - stock.adobe.com ; **p. 47 :** Maridav - stock.adobe.com ; **p. 49 :** © Dany Deschamps ; **p. 51 :** New Africa - stock.adobe.com ; **p. 52 gauche :** tanuha2001 - shutterstock.com ; **droite :** Ariane Citron - stock.adobe.com ; **p. 60 haut :** © Dany Deschamps ; **bas :** Udo Werner - stock.adobe.com ; **p. 61 :** Efel stock.adobe.com ; **p. 66 :** pictworks - stock.adobe.com ; **p. 68 :** deagreez - stock.adobe.com ; **p. 75 :** https://www.tourisme-handicap.gouv.fr/fr/tourisme-handicap-tourisme-pour-tous ; **p. 77 haut :** Salome - stock.adobe.com ; bas : auremar - stock.adobe.com ; **p. 78 :** hpbfotos - stock.adobe.com ; **p. 80 haut :** David Tadevosian - shutterstock.com ; **bas :** aelitta - shutterstock.com ; **p. 83 :** eyetronic - stock.adobe.com ; **p. 88 :** https://www.agentconnect.biz/FR/fr/local/process/prehome/connexion.wadis?pays=FR ; **p. 90 :** Knipsersiggi - stock.adobe.com ; **p. 103 :** DragonImages - stock.adobe.com ; **p. 104 haut :** jana_janina - stock.adobe.com ; **bas :** © Star Clippers ; **p. 107 haut :** jorisvo - stock.adobe.com ; **bas :** Photo Spirit - shutterstock.com ; **p. 108 haut :** Patrick Foto - shutterstock.com ; **bas :** EA Photography - shutterstock.com ; **p. 109 :** Piotr Krzeslak - stock.adobe.com ; **p. 112 :** tawatchai1990 - stock.adobe.com ; **p. 129 haut :** glopphy - stock.adobe.com ; **bas :** napa74 - stock.adobe.com ; **p. 130 :** Monkey Business - stock.adobe.com ; **p. 134 :** © SNCF ; p. 135 : auremar - stock.adobe.com ; **p. 137 :** Maxim Tupikov - stock.adobe.com ; **p. 138 :** Paulo - stock.adobe.com ; **p. 149 :** Yellow duck - shutterstock.com ; **p. 151 de haut en bas :** NAN - stock.adobe.com ; Richie Chan - stock.adobe.com ; Kuteich - stock.adobe.com ; **p. 152 haut :** Aleksandar Todorovic - stock.adobe.com ; bas : lizavetta - stock.adobe.com ; **p. 153 :** eak8dda - stock.adobe.com ; **p. 155 et p. 156 :** Cristi Kerekes - shutterstock.com ; **p. 169 :** sergzel - stock.adobe.com ; **p. 170 :** Markus Mainka - stock.adobe.com ; **p. 172 gauche :** nito - stock.adobe.com ; droite : Chief Design - shutterstock.com ; **p. 173 :** AnnaReinert - stock.adobe.com ; **p. 175 :** zhu difeng - stock.adobe.com ; **p. 176 haut :** fotomowo - stock.adobe.com ; **bas :** hvostik16 - stock.adobe.com ; **p. 177 haut :** sabelskaya - stock.adobe.com ; **bas :** infadel - stock.adobe.com ; **p. 181 :** yuliaglam - stock.adobe.com ; **p. 185 :** foxytoul - stock.adobe.com ; **p. 186 haut :** sabelskaya - stock.adobe.com ; **bas :** smile3377 - stock.adobe.com ; **p. 188 :** opolja - stock.adobe.com ; **p. 189 :** LIGHTFIELD STUDIOS - stock.adobe.com ; **p. 192 :** Alexey Boldin - shutterstock.com ; **p. 193 :** romanevgenev - stock.adobe.com ; **p. 195 :** Kawin K - shutterstock.com ; **p. 196 :** william87 - stock.adobe.com ; **p. 197 de haut en bas :** Lana Kray - stock.adobe.com ; Dreamer Company - shutterstock.com ; romanevgenev - stock.adobe.com ; **p. 198 droite :** Talya - stock.adobe.com ; **gauche :** Thierry Lubar - stock.adobe.com ; **p. 199 de haut en bas :** travnikovstudio - stock.adobe.com ; Brunopui - shutterstock.com ; pressmaster - stock.adobe.com ; **p. 200 :** paulaphoto - shutterstock.com ; **p. 203 gauche :** skampixelle - stock.adobe.com ; **droite :** Fabio Lotti - shutterstock.com ; **p. 204 de haut en bas :** Oleg - shutterstock.com ; Anna - stock.adobe.com ; TasfotoNL - shutterstock.com ; dehweh - stock.adobe.com ; **p. 205 haut :** fred goldstein - stock.adobe.com ; NLshop - stock.adobe.com ; **bas :** Sergii Figurnyi - stock.adobe.com ; **p. 206 :** emperorcosar - stock.adobe.com ; **p. 207 :** Kavram - shutterstock.com ; **p. 209 :** hedgehog94 - stock.adobe.com ; **p. 211 :** © Parc national des Calanques ; **p. 212 :** helenedevun - stock.adobe.com ; **p. 215 haut :** cthoquenne - stock.adobe.com ; **bas :** Lab_Photo - stock.adobe.com ; **p. 216 :** Frame StockFootages - shutterstock.com ; **p. 217 :** Alexstar - stock.adobe.com ; **p. 219 :** TonyV3112 - shutterstock.com ; **p. 222 de haut en bas :** Brad Pict - stock.adobe.com ; BRIAN_KINNEY - stock.adobe.com ; Alexandre Rotenberg - shutterstock.com ; **p. 223 :** baibaz - stock.adobe.com ; NataliTerr - stock.adobe.com ; M.studio - stock.adobe.com ; **p. 224 de haut en bas :** fineart-collection - stock.adobe.com ; Jacek Chabraszewski - shutterstock.com ; Unclesam - stock.adobe.com ; arthaudphil - stock.adobe.com ; Lakee MNP - stock.adobe.com ; Lukas Gojda - stock.adobe.com ; **p. 225 de haut en bas :** selma - stock.adobe.com ; Tatahnka - stock.adobe.com ; NLshop - stock.adobe.com ; Robert Kneschke - stock.adobe.com ; **p. 226 de haut en bas :** Jasmin Merdan - stock.adobe.com ; Photographee.eu - shutterstock.com ; PKpix - shutterstock.com ; Marian Weyo - shutterstock.com ; **p. 233 haut :** Conques © R.Combal-OTCM ; **bas :** Vitraux-Conques-3 © G.Tordjeman2017GF-OTCM ; Conques-Tympan-nocturne © A.CAUSSE 2018 ; Conques-tablette-numerique © OTCM-A.CAUSSE-2018 ; Parcours pédagogogique – Conques © Service Patrimoine Conques ; **p. 234 :** GAYSORN - stock.adobe.com ; **p. 235 :** dehweh - stock.adobe.com ; kazy - stock.adobe.com ; Marc - stock.adobe.com ; Dmitry Pistrov - stock.adobe.com ; **p. 236 :** biletskiyevgeniy.com - shutterstock.com

Infographies p. 160 et p. 218 : Vincent Landrin

Édition : Laëtitia Hugon
Conception maquette : Anne-Danielle Naname
Conception couverture : Vincent Rioult
Mise en page : Graph'm, Aude Delit Paradis
Fabrication : Laura Milhomme

IMPRIM'VERT
Votre imprimeur agit pour l'environnement

FSC
www.fsc.org
MIXTE
Papier issu de sources responsables
FSC® C022030

N° projet : 10270910 - Dépôt légal : Août 2021
Achevé d'imprimer en Italie par L.E.G.O. S.p. A., Lavis (TN)